泰州文獻

第二輯

泰縣著述考

鳳凰出版社

ISBN 978-7-5506-2020-9

9 787550 620209 >

圖書在版編目（C I P）數據

泰縣著述考 / 陸銓撰. -- 南京 : 鳳凰出版社,
2014.10
（泰州文獻）
ISBN 978-7-5506-2020-9

Ⅰ. ①泰… Ⅱ. ①陸… Ⅲ. ①古籍－考證－泰縣
Ⅳ. ①Z429.2

中國版本圖書館CIP數據核字(2014)第210222號

責任編輯　王愛榮
裝幀設計　姜　嵩
出版發行　鳳凰出版傳媒股份有限公司
鳳凰出版社(原江蘇古籍出版社)
發行部電話 025－83223462
出版社地址　南京市中央路165號　郵編:210009
出版社網址　http://www.fhcbs.com
印　　刷　揚州文津閣古籍印務有限公司
揚州市開發區鴻揚路22-2號(6幢)　郵編:225009
開　　本　889毫米×1194毫米　1/16
印　　張　46
版　　次　2014年10月第1版　2014年10月第1次印刷
標準書號　ISBN 978-7-5506-2020-9
定　　價　650.00圓
(本書凡印裝錯誤可向承印廠調換,電話:0514－87969255)

《泰州文獻》工作委員會

主　任

藍紹敏　陸志鵬

常務副主任

盧佩民

副主任

戴勝利　王學鋒　張培成　佘江涛

委　員（按姓氏筆畫为序）

丁少華　方標軍　成愛君　季春芳　周興安

查學斌　姜小青　奚愛國　陳士宏　黄林華

曹茂良　曹學賦　許大才　張國祥　萬永良

程榮穩　鄒祥龍　賁振鐘　劉　玲　劉仁前

劉宏鳴　潘時常　薛金林　顧維中

《泰州文獻》編纂委員會

主　編

盧佩民

副主編

黄林華　姜小青

執行主編

成愛君　費振鐘

編　委（按姓氏筆畫为序）

王　飛　王　劍　王正奎　卞惠興　朱長順　全　勤

李文華　李明官　吴　迪　吴小晴　吴雙林　汪　政

沈　俊　林世田　莫其康　倪培翔　徐一清　徐同華

高　峰　陳　立　黄　靖　曹學林　常　康　張　定

張永龍　劉仁前　劉春龍　潘浩泉　薛　飛　謝冬榮

竇立成　顧寄南

《泰州文獻》學術指導委員會

（按姓氏筆畫为序）

江慶柏　金良年　茅家琦　華學誠　徐　雁　畢飛宇

程章燦　楊九俊　魯國堯　劉玉才　顧　農

總序

泰州古稱海陵，漢初（公元前一一七年）置縣，晋末（公元四一一年）設郡，南唐（公元九三七年）建州，始稱泰州。

泰州濱江近海，物阜民豐。漢唐以來，糧鹽並舉，商貿繁榮，爲溝通南北的重要港口城市。

泰州素爲文教昌明之邦。唐初立州學，北宋建貢院，明清開學政試院，産出大批科舉優秀人才。

泰州自古人文薈萃。走進泰州的，從范仲淹、富弼、陸佃，到孔尚任、吴讓之、蔣春霖，都留下深遠影響。走出泰州的，從張懷瓘、胡瑗、施耐庵、王艮，到李清、吴嘉紀、柳敬亭、黄龍士、李鱓、鄭燮、劉熙載、李詳、梅蘭芳、高二適，都在各自領域爲中國文化作出巨大貢獻。

泰州遺存的文獻也很豐富。僅據《江蘇藝文志》所載，便有二千七百餘種，涵蓋經、史、子、集的方方面面。其中，尤以明清時期爲夥，占到百分之九十九以上。這當中不排除由於種種原因，致使元以前的一些著述湮没無聞，但明清兩代，確是泰州文化的繁盛期。在這些文獻中，如《書斷》（張懷瓘）、《水滸傳》（施耐庵）、《王心齋先生遺集》（王艮）、《宗子相集》（宗臣）、《陋軒詩集》（吴嘉紀）、《板橋全集》（鄭燮）、《藝概》（劉熙載）、《李審言文集》（李詳）、《黄龍士先生棋譜》等，在中國文化史上都有重要地位和深遠影響。

與此同時，對鄉邦文獻進行整理的也代不乏人。自宋至清，周氏（周麟之等）、宫氏（宫偉鏐等）、陳氏（陳應芳等）、徐氏（徐鳴柯等）等都曾致力其事，爲泰州留下了許多寶貴的文化財富。清嘉道間，鄉人夏荃編輯《海陵文徵》二十卷、附録十二卷，《海陵詩徵》十卷。民國初年，曾任江蘇省省長的鄉人韓國鈞歷經十餘年編成《海陵叢刻》計二十三種六十六册。

二〇一一年九月召開的中共泰州市第四次代表大會，提出了建設文化名城的任務。爲此，中共泰州市委、泰州市人民政府決定編纂《泰州文獻》。這是泰州有史以來對本土文獻最大規模的整理和彙編。它對於保存、利用、研究和開發泰州的歷史文化，尋繹泰州獨特的地方文化價值，爲泰州文化建設提供歷史人文資源，意義重大。

爲了保證編纂工作的順利進行，市委、市政府專門成立了工作委員會、編纂委員會和學術指導委員會。工作委員會由市委、市政府領導和相關部門負責同志組成，負責對編纂工作的領導和協調。編纂委員會由相關專家、學者組成，具體負責《泰州文獻》的編纂出版工作。學術指導委員會由江慶柏、魯國堯、程章燦、茅家琦、華學誠、徐雁、金良年等國内知名文史專家組成，負責對編纂工作的指導和把關。

編纂工作按如下幾個步驟進行：（一）進行文獻調查，建立文獻檔案；（二）精選有代表性、有學術價值的作品影印出版，選目由編纂委員會和學術指導委員會共同審議確定；（三）編輯出版《泰州文獻總目》。

《泰州文獻》分爲四輯：

第一輯『官修舊志』，收録泰州地區現存所有官修地方志。

第二輯『地方史料文獻』，收録泰州地區歷代重要的筆記和史料。按内容又可分爲史地類：收録有關泰州歷史地理方面的著作，包括小志、專志、雜志等；政情類：收録有關泰州政治、經濟等方面的著作；文教類：收録有關文化、教育、圖書館等方面的著作。

第三輯『家族文獻』，收録泰州地區重要的家譜、家傳、家集與名人年譜。按内容又可分爲家乘傳記類：擇要收録泰州家族譜牒中的譜序、家規、家訓、箴言、族約、族記、祠田記、塋田記、雜記、著述等資料；家族總集類：以家族姓氏筆畫爲序。

第四輯『泰州文存』，收録泰州地區作者的詩文著作及其他代表性著作。按内容又可分爲學術論著類：收録泰州作者的經史雜著；文集類：收録泰州作者的詩文集；地方總集類：收録泰州作者的詩文合集。

考慮到《水滸傳》、《封神演義》（《辭海》云『一説陸西星作』）、《檮杌閑評》（學界多謂李清所作）等小説流傳甚廣，版本豐富，故不再收録。其他如堪輿、術數類著作，泰州人撰泰州地區以外的地方志、地理志類著作，一般性的彙編、摘鈔類著作，亦不予收録。

《泰州文獻》原則上收録現轄區内的作家作品。但從尊重歷史出發，泰州學派創派人物、明代思想家、哲學家王艮，平民詩人吴嘉紀等人，歷史上均屬於泰州地區，對泰州地區具有深遠的文化影響，他們的作品亦予收録。

前人給我們留下了豐厚的文化遺産，我們既要加以珍視和傳承，更要在前人的基礎上，創造出無愧於今天這個偉大時代的新篇章。這是我們更重要的使命，讓我們爲之努力。

《泰州文獻》編纂委員會

二〇一三年十月十八日

凡例

一、《泰州文獻》（以下簡稱《文獻》）分爲《官修舊志》、《地方史料文獻》、《家族文獻》和《泰州文存》四輯。

二、《文獻》收録範圍原則上爲現行政轄區内作者的著述和與泰州有關的重要著述，但考慮到歷史上曾屬於泰州地區的人物，如泰州學派的代表人物王艮、平民詩人吴嘉紀等對泰州文化深具影響，對他們的作品亦予收録。

三、所收著作成書年代限於一九四九年以前。

四、《文獻》所收著作，以學術價值、使用價值較高爲原則，適當兼顧版本價值。

五、《文獻》以影印方式出版。如有蠹損、殘缺、漫漶不清處，原則上以相同版本予以補配，以保證完整、清晰。

六、《文獻》對所收每種著作均撰寫提要，置於該著作前面，以方便讀者瞭解作者生平、主要内容、學術價值等。

七、《文獻》除保留所收著作原有頁碼外，均新編頁碼，每册頁碼自爲起訖。

八、《文獻》最後一册編有書名索引和作者索引，以方便讀者使用。

目録

泰縣著述考

陸銓 撰

《泰縣著述考》八卷，陸銓撰，據泰州圖書館藏一九五八年稿本影印。

陸銓（一八九九—一九六二），字次恭（公），泰州人。版本目録學家，其多年任職於圖書館，曾任泰縣民衆教育館長和泰縣圖書館長。除本書外，還著有《泰縣著述考》、《海陵金石略》等。

此爲泰縣本地作者著作總目。泰州市圖書館鈔本係據原稿本傳鈔。作者從事蒐輯四十年，方成此書。全書共收録作者七百餘家，著作二千餘部。按照本書凡例，凡本邑著述家及流寓人士所有撰作，均一并收録。書目以姓氏爲綱，以書名爲目。著述人詳記其年代爵里。各書均一一注明出處。亡佚圖書，亡於何時，有所考證者，必引據以注明之。現存之本皆注明版本，間附『四庫提要』。卷末有題詩一首，云：『生平愛古癖，尤嗜鄉里書。辛勤四十年，搜羅二千種。過目留記載，積累成著録。未敢稱完備，聊以堪自慰。』後署『戊戌春病後自感，時年六十書于大林之居』。戊戌爲一九五八年。全書八卷，卷一至卷七按姓氏編排，卷八爲不著編撰姓名、邑志（附邑人纂修外邑志）、輿圖、族譜，附録訂誤。本書内容極爲豐富，凡書名、版本、出處及其他文獻有關本書的記載，著録得非常清楚。全書以姓氏爲序編排，雖不合傳統藝文志著録慣例，但也頗便讀者查考。

（江慶柏）

泰縣著述考自序

昔班固藝文志本於劉歆七畧其臚載群書祇列目録後世史志皆沿用其例意甚善也近代郡縣志藝文一類徒事採拾詩文轉失其義吾邑舊志亦然道光以後兼附載籍祇以缺乏精富之目録學故舛誤歟多矣考吾邑著述燬於兵燹者什之五六或昔存而今佚或彼有而此無或副墨偶留殘本間出零璣斷錦博訪綦難余從事搜輯垂三十載凡七百餘家得二千餘部昔歐陽修序唐藝文志謂有其名而無其書什蓋五六今者

者所編、亦有類於此矣、爰仿辭典例以著述人姓氏為綱、書名為目、依次彙輯成編、藉以發揚先輩之文采風韻、而俾後之學者、知所景仰、此余之素願也、謹擬凡例、以便檢尋、尚乞 宏博之士、有以教正焉、

丁亥八月海陵陸銓次公氏自識於平圃之素心軒

(注)平園、泰州市人民文化館、旧为園址、有百年前所植素心梅一株、故以名軒、我之志、表現梅於此、

凡例

一本邑著述家及流寓人士所有撰作均一併著録以姓氏爲綱以書名爲目各別目見版本間附四庫提要皆詳記之

二著述以姓氏筆畫多寡爲先後以起筆丶一丨フ乛ノ乙爲順次每姓再以年代爲序

三著述人詳記年代爵里皆從史志家乘及羣書節畧

四書名詳載卷數或册數其無卷册可考者俱從畧每書下注存佚未見輯本殘本以別之

凡例

五目見書名採於歷代史志及省府縣志公私藏書目錄羣書所載皆詳著錄

六佚本起自何時有所考證者必引據以注明之或經後人輯出者則稱輯本

七未見之本不能確定其存佚或見於某藏書家著錄則舉之

八現存之本皆詳記其刻鈔如屬殘缺則注殘本

九版本必詳記其刊刻姓名年代其無年月可考者亦注之刊本分自刻家刻叢書附刻鉛印稱排印新法

攝印則稱影印鈔本分舊鈔傳鈔名人手鈔稿本之
類皆簡畧詳注
十繪圖及金石器物以書式印成卷帙者皆著錄之地
圖不在此例
十一不著編撰人姓名書目另編一類以年代排次其
可考出姓名者仍列入姓氏内
十二邑志另編一類以纂修年代爲序並附錄鄉土志
課本
十三邑人纂修外邑志亦另爲一類附邑志後

十四輿圖另編一類以非書式皆以幅計以實測付印年月爲先後

十五族譜另編一類以各姓氏筆畫多寡排次

丁亥秋次公重訂

泰縣著述考檢目

卷一

二畫　丁

三畫　于

四畫　卞　方　尤　王　支　戈　孔

卷二

五畫　石　田　仇　包

六畫　江　西　全　朱　仲

七畫　宋　沈　汪　杜　李　車　吴　吕

三禮圖二十卷二册 宋聶崇義 光緒同文景印本

文公家禮八卷二册 宋朱熹

欽定春秋傳說彙纂三十八卷二十四册

康熙御注 翻刻本

左繡二十卷八册 晉杜預 華川書屋刊本

五經類編二十八卷六册 清周世樟 原刊本

五經揭要六册 樂善堂刊袖珍本

五經文字二册……刊本

四書通二十六卷六册 元胡炳文 通志堂原刊本

尚書釋天六卷 清盛百二 乾隆刊本 二册

古文尚書考二卷一册 清惠棟 乾隆刊本

毛詩稽古編三十卷六册 清陳啓源 嘉慶十八年龐佑清校刊本 宣紙初印闊大

韓詩外傳十卷 漢韓嬰 以程榮漢魏从書刊本 二册

周禮述注三十卷八册 清李光坡注 光緒刊本

欽定儀禮義疏四十八卷三十册 乾隆御注翻刊本

欽定禮記義疏八十三卷五十册 同上翻刊本

夏小正箋疏一册

文乾隆六有生齋校刊本

二 山房陸氏抄

何佘余阮

卷三

八畫 於性武林易昌周金

卯季竺邵郇

九畫 姜施洪計查胡柳冒

范俞咸紀姚

卷四

十畫 宮唐高馬夏秦桂袁

孫徐倪

卷五
十一畫 章 康 許 凌 郭 曹 梅 陳
陸附家著

卷六
十一畫 張 崔 常 莊
十二畫 湯 堯 彭 費 强 圖 景 華
黄 程 喬 單
十三畫 道 達 揚 葛 葉 董 萬 鄒
十四畫 趙 翟 團 熊

卷七

十五畫 潘 鄧 蔣 劉 魯 德

十六畫 諸 盧 錢 臧

十七畫 謝 濟 薛 韓 繆 優

十八畫 顏 蕭 戴 儲 魏

十九畫 譚 羅

二十畫 嚴

二十一畫 顧

卷八

不著編撰姓名

邑志　附邑人纂修外邑志

輿圖

族譜

附錄

訂誤

檢目　三

泰縣著述考卷一

陸銓次公丁亥訂　庚寅續補

二畫

丁

（宋）丁傳　字傳道，天錫子，嘉祐四年進士，以道義經術為己任，元祐七年卒，王觀為撰墓誌。

丁傳文集二卷　佚

（清）丁日乾　字謙龍，號漢公，順治乙酉舉人，嘗於宅畔構漁園，池亭竹石俱勝，客至則賦詩以自娛。

目見　嘉慶如皋志

漁園詩　未見

目見　詩觀初二集　東皋詩存選其詩最多（共　首）　海陵作如皋人

詩彙　江蘇詩徵

丁

卷一

一　海陵陸氏抄本

龍情

丁元會字天叙 日乾姪

淇園集 未見

目見 詩觀初集引謝龍序淇園詩云吾家天叙篤學深思為文清刻間寄情於詩文間肆可喜洵謝庭之雋哉亦以奄化可歎東皋詩存

丁書玉字文松號艾田貢生

紀竹軒詩鈔 未見

目見 道光泰州志 嘉慶揚州府志

丁渙字文伯一字濟卿諸生任忘思莊性孝友迎養孀妹於家

禹貢輯注 二卷 存

版本　傳鈔本

文伯遺集二卷存　原名槐西草堂吟稿

版本　民國十九年家刊鉛印本　男步蘅集錄孫年同編印上卷

古今體詩下卷古文雜著譚慶藻韓國鈞為之序

辭

丁氏甘泉丁光焕女單毓元妻幼慧工詩性孝父母事翁姑尤盡年四十二卒

國朝閨閣詩集注四卷存

鶴立廣偶録一卷存

鞠盤文賸二卷詩賸二卷存

目見　民國縣志稿俱未刻

丁　二　海陵韓氏抄本

佞

丁憲祖字紹武，一字秋碧，號一癡，又號蓮若，白米縣人。工詩文，尤精於醫學，嘗投稿各報端，主編曲水泰東衛生月報。

競廬醫學論文集　存

目見泰東衛生會報啟事稱：不僅粗知醫學，萃十年心血之所得，成書八九種，未敢出問，爰將近来散登各報之著作搜羅成先付梓人云。按會報登載簡明歐亞藥物學自序及解剖生理學問答二種，未知編入此集中，附錄備考。

秋碧札記初稿　存

目見泰東衛生會報啟事与前集兩書將出問世云，此書已刊登某報之副刊醫藥衛生淺說，報末有民國九年婁樂紅室主跋。

三畫　于

于懷慶字燕侯，伯號老漁，姜堰人

古梅山房詩草初編二卷二編三卷　存

目見　民國泰縣志稿　張文杰序謂詩步武唐賢，詞藻尤其餘事

版本　民國十年姜堰石印本　同里章文杰評點，庚申自序及己未文杰序

四畫　卞方尤王文孔

（宋）

卞大亨字嘉甫，由鄉舉入太學，升舍有聲，靖康中以遺薦調懷寧縣簿，紹興中隱居象山之錢塘村，手植萬松，行吟其間，自號松隱居士，好讀書，善醫藥占算，尤極精妙

尚書類數二十卷　佚

目見宋史藝文志　經義考　道光州志一誤作一百

卷　乾隆浙江通志引嘉靖寧波府志

傳信方一百卷佚

目見世善堂書目　府志　道光州志

松隱集二十卷佚

目見府志　州志　乾隆浙江通志引嘉靖寧波府志　乾隆江南通志

改注杜詩三十卷佚

目見乾隆浙江通志引嘉靖寧波府志

卞圜字子東大亨子紹興庚辰進士按揚州府倅

按揚州府志浙江通志俱作象山人圜以大亨

隱居象山故爲象山人宋直齋書録仍稱海陵當是泰人無疑

論語大意二十卷 未見

目見 直齋書録解題 宋志 文獻通考 乾隆江南通志 國史經籍志 經義考 乾隆浙江通志引嘉靖寧波府志

版本 宋刊本 經義考引都穆説 詳見孟子大意

孟子大意 未見

目見 通考 鐵網珊瑚 經義考

版本 宋刊本 都穆曰予家藏論語大意及孟子大意兩書皆宋刻而無著書人名嘗觀文獻通考以二書爲卞圜撰亦不書其鄉郡其後見劉翁錫嘉話録有圜跋語始知圜爲宋海

陵人梅陵即今之泰州予友儲都憲靜夫欲修州志會聞予以國語之儲君愕然曰吾用心志事而不知此吳修志非君不能益我惜儲君已沒志竟不成念之人未嘗不太息也

唐山集二卷後集三卷 佚

目見 直齋書錄解題卞圖唐佚編唐山 通考引陳氏之 乾隆浙江通志引寧波府志 乾隆江南通志說

（明）

方

誌 字觀如裴莊人自幼出家於上天竺靜默禪思研窮教理遍游名山到處析疑證大暢宗旨

法華正旨品節偈 未見

目見 道光州志

（清）

方

苞 字白英號靖漣

方生詩集七卷 未見

目見 雍正州志 續府志 均無卷數 海陵文徵附錄宗元鼎寄周櫟園乞為亡友方白英刻遺藁書云入夏来每自編輯遺藁七卷寄上乞大序弁重倘可發梓則伏望先達為之行世

蔓羅浮集 未見

目見 道光州志 江蘇詩徵引江都許承宣序

鄰隱園集 未見

目見 吳州文集有鄰隱園集序

蒹葭集、清漣集 未見

原稿本康發祥刪訂 或改句并手寫序 卷首僅題尤子 十未有名 仍其初稿

（清）尤

目見 江蘇詩徵 新柳堂集有清陳集序稱 寫 本百葉 僧無人為之梓行矣

澍字霖三 庠生 衣 與繆湘芷俞太羹杜海樹沈綍之為友 其詩清新和雅 學皮陸嚴劉

古鐵齋詩録二卷 續録二卷 存

目見 伯山詩話後集 聞先生名而未見其遺稿 今蹤跡得之 其生平遊浙最久 故集中詩最多 今録數首

版本 劉劍塘鈔本 同治元年康發祥為之序 此本藏其裔孫尤木生家

尤金城 字村柳 燦次子 上承先志 篤行善舉 咸豐六年 獨力捐貲重建尊經閣 工詩 觴詠城西草堂

城西草堂聯吟集 存

目見 續府志 一名西園十二景酬唱集 按又載西園十二景唱酬集 即聯吟集 實為一集而兩稱也

瑜

版本　尤氏鈔本康發祥程紹昌程守光陳恩溥
趙瑜周葆淳陳文田俞霖澍田
寶臣顔鏡澄顔某民三六年程嵩齡輯刻石印本
雪笠等十二人唱酬
名曰城西草堂詩史輯錄西園十二景酬唱及遊
詠各詩命其子大千刊刻印於河南軍次

悟藤室詩賸一存　作柳村詩集

目見　續府志　尤氏宗譜　伯山文鈔作柳村詩集

版本　尤氏鈔本咸豐辛酉康發祥為之序々稱
尤晋卿筠甫昆季將刻其尊人
詩藁囑序於余余喟然嘆
曰孝哉是為善繼志也

尤

璋　字南卿金鏞長
子善詩工書

尤

湘江詩草未見

六海陵陳氏抄本

目見　尤氏宗譜

宋

王惟熙字伯庸一字國和戴次子景祐元年進士官大理寺少卿兼光祿寺（墓誌銘）

王國和文集十五卷佚

目見　嘉慶府志　如皋縣志　乾隆江南通志

王觀字通叟惟清子少與從弟覿從胡安定學於上庠嘉祐丁酉進士以將仕郎守大理寺丞知揚州江都縣爲作揚州賦上豪賞賜緋衣銀章

揚州芍藥譜一卷存

目見　宋藝文志　通攷　嘉慶府志　如皋志

徒

版本　明翻宋刊王觀全集本見郘亭知見傳本書目　宋左圭百川學海刊本收入癸集中　明正德華理翻宋刻　明汪士賢山居雜志刊本題江都陶珽說郛刊本人誤矣　四庫全書寫本　清海鵬墨海金壺刊本嘉慶十七年錢熙祚校刊四庫本　珠聯別錄本道光辛丑錢氏得金壺燬後殘版補刻印行即改此名

四庫提要　揚洲芍藥自宋初名於天下宋史藝文志載為之譜者三家其一孔武仲其一劉攽其一即觀此譜孔劉所述世已無傳僅陳景沂全芳備祖載其畧今與此譜相較其所謂三十一品前人所定實即本之於劉譜惟劉譜有始絽紅一品此譜改作姑鬈黃又畧為移易其次序其劉譜所無者新增八種而已又觀後論所稱或者謂唐張祜杜牧盧仝之徒居揚日久無一言及

王

七　海陵陸氏抄本

芍藥意古未有如今之盛云亦即孔譜序中諸觀
盖取其意而翻駁之至孔譜稱可紀者三十有三
種具列其名比劉譜較多二種今嘉
靖維揚志尚存其原目亦頗有異同、

天鷟子注一卷佚　國史經籍志作三卷王觀注
目見　直齋書錄　江都縣志宋維揚李易所作觀知江都縣事爲之注
府志作天鷟子脫去注字　乾隆江南通志

揚州賦一卷存
目見　嘉慶府志載入藝文　志頤堂集　脈望館書目
版本　明儀徵張槃刊本嘉靖乙巳張槃重刊序前爲觀撰附宋江都陳
洪範續賦此本丁氏善本書室舊藏　如皋沙元炳彙刻本此賦從萬曆如

王

皋縣志録出以府志互校與笱樂
諸冠柳詞並梓而傳之元炳并序

府元集一卷 佚

目見 直齋書録 府志

冠柳集一卷 存

目見 直齋書録王觀通叟撰號王逐客世傳籍
凡鴛鴦其作也詞格不高以冠
柳自名則 府志
可見矣

版本 沙元炳彙刻本

王覿字明叟惟熙子嘉祐四
年進士官翰林學士

王明叟奏議二卷 存
一作内翰奏議

目見　直齋書録翰林學士海陵王覿明叟撰坐黨籍謫臨江而卒具在朝專論蘇程朋黨之弊以深患　通攷　補宋史藝文志　文淵閣書目

萊竹堂書目　二目俱作内翰奏議未詳卷注二册　府志　嘉慶如皋志作三十卷有誤　志頤堂集有王明叟奏議序

版本　沙元炳輯刊本首爲序々稱搜得八十餘篇釐爲二卷而别爲年譜以表彰之

内制三十卷諫疏三十卷文集五十卷佚

目見　嘉慶如皋志藝文　乾隆江南通志載龍圖諫疏三十卷奏疏三十卷雜著文集五十卷

王俊乂字堯明覿從子宣和元年釋褐狀元官知岳州

閘

堯明易說十卷佚

目見　經義考　道光志　府志

堯明文集十卷佚

目見　嘉慶如皋志　道光志　府志二志俱未注卷數

乾隆江南通志

王禹錫字疇九，紹興丁丑進士，累官通直郎，僉書鎮江軍節度判官廳事，善屬文。

海陵三仙傳一卷存

目見　宋志　絳雲樓書目注宋人記　天一閣書目

藍絲闌鈔本　府志　光緒志稿　脈望館書目

署名結銜

版本　明古今說海刊本　嘉靖中雲間陸楫刊，收入說淵癸集第六種。三

王

九　海陵陸氏抄本

（明）

仙者宋徐神翁、周恪、唐甘卿三人。海陵文徵本全載其傳。傳抄本

紀字理卿，別號順庵，正德六年進士，官至陝西僉事。

王

諫垣遺草　未見

目見　慈亭隨筆：給諫祖在武廟朝疏凡四十一上，後中憲鞠勛公（相）說刻於袁州署中，名諫垣遺草，僅存二十篇。

給諫詩集　未見

目見　慈亭隨筆二集中憲鞠勛公所錄給諫祖詩集共八十一首。聞給諫祖著述甚富，皆爲先叔曾祖奉爲枕秘，頃刻不離，悉携於外館，遂爲火燼。不然，必有流傳，何至寥寥奏疏數篇、詩數十首而已哉！是可惜也。

王　艮　初名銀字汝止號心齋任安豐場卒謚文貞

心齋語錄二卷　存

目見　明史藝文志　浙江採集遺書總錄　道光志　府志

版本　明吳標等初刊本　心齋集云吳標等十二人初刻蔡國賓校刊心齋語　粹張峯刊本　集云初刻遺錄於江浦縣署繼刻遺錄於義陽書院中　程珩等再刊本　集云八人重刻年譜語錄版存王之垣宅　王棟刊本　集云三刻遺錄於姜堰鎮版存本宅　吳一栻等刊本　集云三人四刻譜錄於海陵版存崇儒祠　程洋李祜校刊本　按以上諸刻版久無存而印本亦罕傳　心齋集本

王

心齋則言二卷 未見

目見 道光志 東臺縣志

心齋約言一卷 存

目見 四庫存目 道光志 府志

版本 學海類編刊本康熙間檇李曹溶輯道光
辛卯六安晁氏活字刊印

此書僅入叢當是節本
近時商務館有影印本

印書

四庫提要 此書皆發明良知之旨中有稱先生者
皆指守仁明史藝文志載心齋語錄二

卷此本改其名曰約言又止
一卷亦學海類編之節本也

格物要旨 未見

目見 道光志 按此書未見著録道光志根據何書所載附以俟考

心齋年譜二卷 存 全集作一卷

目見 國史經籍志

版本 心齋全集刊本 門人輯隆慶三年門人董燧後序

心齋類編二卷 存 一名疏傳合編

目見 四庫存目 注王元鼎編 進呈書目 道光志

府志 國學圖書目

版本 明周汝登刊本 天啟元年知泰州事章宗孔序萬曆庚申曾鳳儀張尚儒二序 三賢全書補明刊本 嘉慶二十三年王秉謙整理崇儒祠舊版修補

王 十一 海陵陳氏抄本

刷印訂名淮南王氏三
賢全集編列卷七卷八

安豐袁承業排印全集本

編列卷五仍依舊
本分上下兩卷

四庫提要王元鼎編元鼎王艮之後書中綸音首
簡廟謨首錄二跋自稱艮元孫彙選標紀
題跋又自稱艮之曾孫刊版必有一譌也是書紀
崇禎四年艮從祀孔廟始末上卷為奏疏類編錄
嘉靖間劉節吳悌薦艮二疏并諸廷臣請從祀三
疏請謚一疏下卷為別傳類編錄萬曆辛丑翰林
院課以王艮傳命題諸臣所擬傳十六篇上卷之
前冠以崇禎二年諭旨一道題曰綸音首簡又載
崇禎辛未會試策題一道問明從祀文廟諸人數
及艮名者題曰廟謨首錄以鄉紳揭帖尺牘附卷
末又列諸家著述之有涉於艮者曰彙選標題列
公私祠祀及艮曰禋祀類紀元鼎閲邸報志喜詩
四首亦編其中體例頗為繁碎考明史儒林傳以
艮附王襞傳中紀其終始甚詳然不載有從祀孔

俎

廟事今兩廡俎豆無其位不
知元鼎何以有此書也

心齋全集六卷 存

目見 明史藝文志作二十卷 千頃堂書目 浙江採
集遺書總錄 國學圖書館書目 道光志 府
志據明志亦作二十卷 乾隆江南通志

版本 明耿定力丁賓刊本萬曆乙卯合前諸刻編爲六卷其稱八卷
者包括疏傳合編二卷而言 清六代孫王秉謙補刻本總名曰淮南王
氏三賢全書都凡十二卷心齋集六卷疏傳合編
二卷一庵集二卷東厓集二卷其心齋集卷一爲
誥萬疏象贊墓堂及祥遺集姓名卷二年譜卷三語
錄卷四尺牘雜著卷五卷六祀典祭文碑記諸餘

王

十二 海陵□氏抄本

附以疏傳合編二卷另為起　王世豐重刊本三卷
訖嘉慶二十三年補刻印行
嘉慶二十一年重刊刪去祀典碑記及疏傳合編
卷一為年譜卷二語錄卷三尺牘附一庵東厓兩
語錄末有　姜堰王榮祿刊本五卷道光六年重刊
世豐跋
錄卷一年譜卷二三語錄卷四雜著卷五尺牘弟
子錄李二曲論十世孫宗祿跋
袁承業輯刊排印本五卷總為十一卷附一庵東厓
兩集王東喫等殘稿弟
子師承表民國元年排印首增心齋父子兄弟遺
像攝製銅版壬子汪鎣序自訂凡例其編次卷一
為語錄卷二詩文雜著卷三年譜卷四譜餘卷五
疏傳合編仍分上下兩卷此本從諸刻互校最為
完善

心齋先生弟子師承表一卷　存

版本 袁承業編刊排印本宣統二年自序以心齋弟子録爲祖採輯諸書得其弟子四百八十七人列表分爲五傳詳其事蹟附刻心齋集後

王心齋先生學譜一卷 存

版本 姜堰王士緯輯刊排印本輯録淮南三賢學行分爲六編一傳纂二學述三著述考四學侶考五一庵學述六東厓學述王翌儒爲之序兄王遂跋民三十一年排印

王棟字隆吉號一庵嘉靖中由歲貢生補江西南昌訓導擢山東深州學正並署州事致仕歸

易說 未見

目見 東臺志 光緒志稿

王

會學十規 存

目見 同上 按此規已刊入遺集内

祠堂紀事一卷 存

目見 同上

版本 三水王氏族譜本 自題萬曆六年七世孫棟述凡十則附聖諭歌六解又十世孫元鼎續十則俱刻諸家乘之冠以示子孫

一庵遺集二卷 存

目見 千頃堂書目作一庵會語十二卷有誤 乾隆江南通志作一庵會語一卷 四庫存目

秘

版本　明四世王家俊刊本天啟四年孫之益序
遺像年譜卷上會語
正續集卷下雜著
詩歌黃家瑞訂正　三賢全書補刊本卷下詩歌缺
九十餘首及
梓遺集姓名
弟子錄全缺　王世豐刊本　王榮祿刊本倶附心齋集選
具語
錄　袁承業輯刊本同三賢全書編次
仍有原缺詩文

四庫提要　初王守仁良知之學有泰州學派始於
王艮棟為艮從弟故獨得其傳所至皆
以講學為事集分二卷上卷曰會語正集續集下
卷曰論學雜吟及各體詩文并其門人李扰所記
誠意問答之語黃宗羲明儒學案嘗稱棟意非心
之所發一語為獨得宗旨而又謂泰州之學時時
不滿師說益啟瞿曇之
秘致躋陽明而為禪云

王　王　衣字宗乾號東堧艮長子少隨艮遊會稽山陽明
山中講學誦讀善正並與越中會學文成器之

尚　海陵□氏抄□

東堧先生殘稿一卷 存

版本 袁承業輯刊排印本 承業四先生殘稿總序及合傳從王氏譜暨諸集中搜得詩文十篇乃薈萃成編附刊集後

王

襞字宗順號東厓自號南逸叟艮次子少從其父至會稽傳王守仁之學

東厓遺集二卷 存

目見 傳是樓書目 四庫存目 浙江採集遺書總錄 道光志 府志二志俱誤作三卷 國學圖書目

版本 明門人林訥刊本 焦竑校正林訥程洋同梓萬曆庚戌焦竑為之序天啟間刊丁氏八千卷樓藏有此刻 三賢全書補刊本 王世豐

刊本　王榮祿刊本　兩刻俱選其年譜語錄附之齋集後　袁承業輯刊排印本依據明刊增補歌壽文誌銘三篇　舊鈔本　丁氏八千卷樓舊藏

有月壺藏印

四庫提要是集其門人林訥所輯上卷為象贊墓圖年譜語錄及同時贈荅雜文下卷為所作詩賦附載行狀銘誄祭文世系門人姓氏刊集始末襞少從其王艮至會稽傳王守仁之學沈桐贈之詩云念子賢者後至理早已融譬彼三世醫指授寧無從蓋其父子皆刻意講學非以文章為事者朱彝尊靜志居詩話謂襞如一室風雨過三更月到窗好雨應時早秋花不恨遲坐雨新亭晚閒潮落月時老携杖歸山谷閒看兒孫種水田等句亦有活脫之趣然終非專門也

王

禔字宗飭號東隅艮三子業儒師事王龍谿性孤高行峻善詩歌精翰墨

王

十五　海陵……抄本

先公遺録私繹 未見

目見 東臺志 道光志刊謬 光緒志稿

按此録有德清許敬庵永豐聶予安兩序尚存而袁承業節畧其序文入東隅傳

東隅先生殘稿一卷 存

目見 道光志刊謬 作東隅遺集

版本 袁承業輯刊排印本 搜得詩歌九十三首文二篇其總名曰四先生殘稿附刊心齋集後

王

補字宗完號東同艮四子業儒師事鎮江朱國泉賦性敏捷器宇偉雄早年纂安豐場圖及族譜

周易觚 未見

目見 東臺志 道光志刊謬

天文星宿圖考 未見

目見 同上

東日先生殘稿一卷 存

版本 袁承業輯刊排印本 搜得詩歌五十四首解四篇賦三篇序一篇具總名曰四先生殘稿附心齋集後

王 裕字宗化號漁海民五子十歲能文善詩甫成童注周易年十八而卒

周易箋注六卷 佚

王 目見 東臺志 道光志刊謬 府志

王陳策字師董嘉靖丁未進士歷官
工部郎中出守廣信府知府
王師董遺稿未見
目見 道光志 傳稱其子
之驥梓行 府志
王元鼎字調元一字去質號禹佩之垣子艮之曾孫諸
生師事新安陳復祥立志向學修族譜設義學
大學淺臆佚
目見 東臺志 光緒志稿
喪祭禮提鈔存
敂本 三水王氏族譜本自引稱考家禮及明會
典參以郎（邱）瓊山羅廣源
周海門諸説訂名提鈔内詳五服考證及不作佛
事説末有光緒四年十七世王鶴齡跋此書久無

完本而目錄具在文有散佚
今刻諸族譜之冠以貽子孫

投壺譜 未見

目見 東臺志 光緒志稿

天真先生殘稿一卷 存

版本 袁承業輯刊排印本 總名曰四先生殘稿搜得詩歌雜咏十六首

王之驥字德仲師董子庠生住丁溪場精古文詞以康㒺自礪家範最整

德仲遺稿 佚

目見 道光志 乾隆鹽法志作遺稿 仲子府志 咸豐興化志

王

古今文選 佚

司見 鹽法志 府志 興化志

芙蓉集 存 與周世臣同輯

司見 鹽法志 府志 興化志 伯山詩話後集云友人案頭見周夢翁(世臣)王德仲(之驥)二君所輯芙蓉集豪本唐宋諸家詞多五百餘首采擇既勤弁言亦妙中附德仲之作亦佳二君自署泰州人集成於崇禎改元之歲而餘未可考

王之垣 原名士蓉字得師號印心東堧長子私謚曰孝義先生

印心行概 性鑒摘題 未見

司見 乾隆鹽法志 東臺志 心齋弟子錄

王相說字懋弼號鞠初三重子天啓壬戌進士官至湖廣參議同修崇禎邑志

四書講義合編二册未見

目見　窓亭隨筆中憲公任袁州時所著爲臨川門人所刊致仕後授徒所著其一則晚年課子所著近託門人應氏裔梓爲之校訂彙成一書刪其重複者刪其萬曆年間舊解者共得二百餘葉竹紙可裝二本簡紙可裝四本云

趣園詩未見

目見　詩觀二集

王言綸字鴻寶諸生心齋裔孫與同里吳嘉紀沈聃開友善稱爲三逸隱於樊村以詩自娛

棘人草存

王

人　海陵陸氏抄本

目見 道光志 東臺志

版本 舊鈔本爲吳嘉紀所選

王樹 字大樹，居北綿孫家莊，順治間歲貢生，有文名，兩阮於有司，以候選訓導終，藏書甚富

碎金集十卷 未見

目見 義門王氏譜分門摘錄自天文地理帝王卿相以及山川艸木鳥獸蟲魚分別門類箋注旁訓匯爲十卷

王勵品 字子隅，邁觀子，歲貢生，性沖淡，搆茅屋數椽，與門人研性命之奧，偶得賦詩，以性情爲主

澄觀錄 未見

目見 雍正志傳稱彙宋儒諸說參以心解爲其子譽處輯次語錄雜著名曰澄觀錄

王衷丹字大丹幼孤貧長耽學書法仿懷素蕭疎曠放求者恒滿户外工詩

朝爵齋集 未見

目見 東臺志 府志

版本 袁承業輯本搜得殘稿詩僅數十首

王雍鎬字京如號山漁庠生居姜堰鎮

懷新堂稿 未見

目見 詩觀初集 道光志引譔

王大經字倫表號石袍一號侍庵居士又號修水子原籍江西南康人父本部遷居安豐場康熙間纂修十場志及靖江縣志卒年七十二

字書正譌 佚
自為前後序 載
獨善堂文集

周易釋義 毛詩備攷、三禮折衷 四書逢源録
字書正譌 史論 鄉城塾課 茗罏續編 佚
目見 獨善堂集石袍傳
按柳城每安故名大經讀書之地茗爐隨筆崇化顧大經著
大經与之友善乃纂成筆
醫學集要 未見
目見 獨善堂文集有自序 退思堂集靖江朱鳳台著
有醫學集要序
康熙辛亥徵修靖江縣志時已
成是書靖江朱鳳台為之序
自怡集 未見
目見 東臺志 府志
獨善堂文集八卷 存
目見 東臺志作之卷 府志作石袍集

版本　嘉慶丁丑錢塘周右刊本　嘉慶乙亥周右知東臺縣事得其元孫王家福藏遺集授梓行世屬同邑王榮春江陰夏時同校凡雜文一百二十篇陸舜爲之序

闕名石袍先生傳

嘉慶丁丑周右序

王孫驂字參馬號愛軒相說子康熙己酉舉人官宜黄縣知縣

慈亭隨筆八集　存

目見　伯山詩話再續集余見其第八集俱有關於梓里聞見　退庵筆記

版本　傳鈔本原稿不分卷第凡三百六十七條皆述所聞所見之事中多訓戒格言之語首有康熙戊寅自序乃弟吳寅臣評點此其第八集尚有七集今未得見

王　二十　海陵陳氏抄本

卷

蕊亭隨筆摘要 存

目見　抱經堂書目七期八册　海陵王孫騤著　康熙王蕊亭手録　鮑容閲

全部硃筆圈點批注按此書係摘要八集原稿惜未獲見

敘本　傳鈔本二集凡一百三十條　首有甲戌自記於羊城抄寄長孫常置坐右云中有鮑夫子評點此存其第二集乃摘要本

蕊亭隨筆二卷 刊

敘本　夏退庵選鈔本依第八集及摘要第二集二本各選其半刪去評點編入辟疆山房叢書之一　此本未刻[illegible]

王孫騤字白舫諸生相潑子家近孝女巷自稱孝女巷詩人

入畫广詩二卷 存

目見 道光志 伯山詩話再續集余祇見其五七律而餘槩

未見 續府志

版本 傳鈔本為同里李拔卿黃雲同選評并為之序僅五七律詩一百餘首其裔孫王耔增繪小像徵題詞原稿亦藏耔處

王 讓 字子謙

菊村詩集 未見

目見 詩觀

王 鴻藻 字彤飈 號目山 居姜堰鎮 康熙二十年貢生 考取教習 授內閣中書

王

廿一

詩模一冊 存

版本 手稿本

自題王伯徵并抑仰所選自唐起迄近時止邑人如黃雲鄧漢儀并自作皆五七律詩前附凡

鷗吟集六卷未見

目見 道光志 府志

王 錦字文度號湘舫

瞻白廬詩未見

目見 江蘇詩徵 府志

王九鵬字臨川自號羅塘邈士雍正己酉舉人

周易聯珠 左傳評選未見

目見 道光志

蟄龍吟 夢春草未見

目見 三水王氏譜

王晉原 字雪樵孫驤子 雍正癸卯解元

雪樵文集存

版本 手稿本存沈本淵處

王梅 字鹽梅 號遜雪

吳陵集未見

目見 道光志 府志

王栻 字茂寒號敬夫康熙武庠生性純孝與邑令張兆瑞爲莫逆交日與名士吟詠自娛壽年八十二

看竹亭詩鈔一卷存

王

廿二 海陵陸氏抄本

敘本　傳鈔本首有曾孫王朝慶序、各體詩一百餘首

王　鶴字九皋號野亭，工騎射精醫術

松軒集未見

目見　道光志　府志

王　輔字左相號左亭，監生，與同里諸子結芸香社，道光卷元年舉孝廉方正力辭不就

經史紀餘未見

目見　續府志　光緒志稿

雪蕉堂吟草四册存

目見　續府志作詩草　光緒志稿作詩存　羣雅集作詩抄

版本　傳鈔本 未分卷次首有李慶華葉汝彬題詞各體詩三百餘首原稿藏其裔孫家今傳抄從此錄出

匏瓠尊老屋圖題詞一卷　存

版本　依原册鈔本 周樽繪圖宋翔鳳夏文燾康發祥至徐天璋等十七人題詩

王世豐 字沂中號筠舫嘉慶己卯舉人官金山縣訓導（通州學正）祀鄉賢

毛詩集解　兩廡先賢考畧　未見

目見　續府志　光緒志稿

青箱塾課藝三集　存

版本　道光九年刊本 初集選邑前輩二集同時諸友三集同堂兄弟及子

王

廿三　海陵陸氏抄本

王世泰 字世豐堂兄 增貢生

蘭亭秋吟草　未見

目見　世豐鄉試履歷

金山縣訓導王世豐行狀

版本　道光十六年刊本 其子廣叶述 湖北巡撫楊健填諱

王世豐鄉賢錄
道光九年寫刊本 仲著
嘉慶數十年與王禮部事
咸豐十八年准入祀鄉賢

經諸作道光九年賀長齡序

王世晋字觀來諸生與兄世仟讀書一室皆善吟詠

倦施遺草一卷存

版本 家刻本 制藝試帖之作嘉慶戊辰宮錫祚為之序

王華封字堯民號叶衢監生任海安鎮天性孝友喜讀書工吟詠卒年八十四

璧合聯珠二卷 未見

目見 徐聰撰傳 沈濚考古錄序 所刻璧合聯珠已風行海角云

海安考古錄四卷存

目見 伯山詩話作二卷 續府志作古今錄

版本　原稿本四册未分卷次康發祥沈㒶陳篤慶余穀諸序及崔辰錢乾跋俱各手書并押印每類附補遺較刻本刪易甚多　海陵叢刻排印本為汪鋆校訂脫去錢乾後跋及分縣公呈數篇民國十二年印列入第十三種

水災詩　未見

目見　惕齋文集　是集咸豐三年錢乾序稱叶繼手錄百篇遠搜二百年前以迄今日其中縣令紳耆隱逸之作皆悲憫為旨附陳怡庭治河議

輞川別墅詩鈔　未見

目見　續府志

輞川同人題贈詩二卷　存

王

曹

海陵陸氏抄本

版本　稾本今存殘本上卷道光癸巳庚戌祥徐信崔琴諸序及崔琴撰傳目録所載諸家贈答詩三百餘首各體俱備今僅存詩數十首約十之一

王廣業原名佐業字子勤世豐子道光癸未進士宦室福建汀漳龍兵備道致仕歸僅宴恩榮里

鄉蹟世德録一卷存

目見　光緒志稿

版本　傳鈔本所録王世豐之懿行以覩氏家訓為題詠成五律八十八首以示子孫許乃普為之序另繪屏燈置於家祠

聽花軒詩一卷存

目見　民國志稿

青箱塾詩集 未見
目見 伯山詩話
四續集

版本 道光五年京師刊本 以朱柏廬治家格言摘句分詠試帖詩大
十三首錢唐許乃普鑒定并為之序刊
於京師會館之聽花軒故以名其詩

陰騭文試帖合編 存

版本 同治十三年刊本 蘇州雲邑人俞國鑑高
鈞王廣業分詠道光六
年曹振鏞為之序

青箱塾試帖一卷 存

版本 咸豐元年本衙刊本 分詠上下平韻得詩
一百八十首俱有批
注首有廖鴻藻等
題詞刻工極佳

青箱塾試帖合編注畧四冊 存

海陵陸氏

版本　咸豐六年青箱塾刊本凡上下平韻得詩三百首陸續付梓廖鴻藻爲之跋光緒四年自序

青箱塾課藝二集　存

版本　咸豐八年青箱塾刊本選同時邑人四書制藝闈墨咸豐八年李聯琇序同治庚寅鮑深源補序

海陵竹枝詞七卷　存

目見　光緒志稿

版本　同治三年青箱塾刊本高郵金長福邑人康發祥趙瑜儲樹人朱餘庭王廣業朱寶善七人分詠掌故各爲百首甘泉李肇曾爲之序

重宴鹿鳴詩徵二卷 存

版本 光緒六年刊本 光緒四年恩諭原唱八首上卷爲外邑名公下卷爲同里諸子和作

國朝詩一齋集 殘

目見 光緒志稿

版本 鈔本 選清初迄道光時本邑諸家詩加以圈點原本今已散佚所存僅四册

福建汀漳龍兵備道王廣業行述一卷 存

版本 光緒九年家刻本 李鴻藻撰

王熙業字竹垞監生

王

艾 海陵陸氏抄本

青箱塾詩集一卷 存

目見 伯山詩話四續集

版本 道光甲申家刻本 首爲戊午花朝六十自壽次即仿唐人排律詠史八十首道光甲申友人周系英序

王

桐原名柱字子實一字稷甫咸豐庚申進士官户部主事晚年主講胡公書院工書法宗北海雪松

知悔齋文集 雙桂軒四六 雙藤吟館詩集 未見

目見 王桐墓誌銘 光緒志稿

王致祥字伯箴字小亭輔子優廪生佐徐剛毅公幕

圜鎸所見記 未見

目見、光緒志稿 續府志俱作王輔著據王蓀鄉試履歷作致祥著

當以為是正書搜集其父輔所蓄古泉數百品加以注釋故稱所見記乃不廣之意歟

安定紀要　未見　伯笙詩抄一卷　存

目見　王蓀鄉試履歷　與徐穆峯合著

版本　王鎬編抄本　搜集古近體詩及時文若干首

王貽清　字篠岑廣業三子同治辛未會魁翰林院編修擢湖北襄陽府知府卒於官

五壺冰清館分韻試帖二卷　存

版本　光緒壬辰襄陽署刊本　上下平分韻在都中之作光緒壬辰自序

王敬淵　字簡卿鴻業子亦號墨芸光緒丙子[illegible]中式第二

憶舊圖記一卷　存

王

芝　海陵陳氏抄本

版本　傳鈔本詠邑中名妓十二人每人多至四闋首有自識署竹間詞客

王朝慶字倩山號景純栻曾孫優貢生住姜堰鎮性剛直工詩卒年七十五

醉經室詩草二卷存

目見　光緒志稿　三水王氏譜

王成憲字芝泉住東鄉工鐵筆

版本　家藏鈔本丹徒姚文馥選光緒元年并為序跋

朧園印譜一卷存

版本　藍格硃拓本無序跋自鐫名號及閒章約六十方板心下有芝泉鐫篆樵石軒藏八字

青箱閣蘭譜一卷 存

版本 手鈔本 輯録種蘭諸法分為各類附蕙譜

王荔泉 字子畬成憲弟 邑令汪仲山弟子

硯香館詩草一卷 存

版本 手稿本 首有拳石山房小照圖 咸豐三年兄宸獻序

王鏊 字小庵 歲貢生

緑天吟社詩鈔 未見

目見 光緒志稿

王寶庸 字小崖謝王河人嘗蓄古碑帖圖籍尤工鐵筆

王

海陵韓氏抄本

小竹里山館各種題跋二卷 存

版本 手稿本 光緒十四年自序所錄碑帖書畫跋尾

王輅 字乘之一字雲軒

陋室銘印存 存

版本 硃拓本 刻名號私印

王荃 原名放曾字詠梅一字心沂致祥子同治十年諸生為江都于齊慶所推重延主師席

四書隨筆 存

版本 稿本 與叔孫合著

黄河南北考 未見

目見　家傳

王貽年字笠農，廣業第七子，廪生，博學工詩，善草書

草隸鈎沈　隱囊雜録　存

目見　泰縣志稿　墓誌銘

黄雪山莊詩四卷　存　文一卷　存

放本　傳鈔本

王貽典字石逸，廣業十一子，光緒十六年進士，官法部編置司郎中，充丞參廳會辦，卒於京師

笠寒樓詩鈔　未見

目見　光緒志稿

三　廿九　海陵陸氏抄本

王崑源 字閬仙 工篆刻

龍鶯齋印譜 存

版本 光緒間藍格硃拓本 承其父志摹刻通室銘感應篇讀書樂之句千餘方續補完成前後并序

王蓀 字孝芸號九聲道人致祥次子光緒壬午副榜內務府景山官旗教習生平以琴韻發明平仄為九聲欲普通全國設研究所教授生徒入民國政府嘉許卒年七十一

四書隨筆 存

版本 稿本 與苞合著

希雨齋華文初稿一卷 存

版本　光緒三十年自刊本選其說文部首五百四十字畧加百餘字皆取偏旁切韻便於初學下注訓詁以釋義自訂凡例十則韓重洸為之序及自序附以蒙学筭款及学堂六刹

九聲堂韻聲三册　存

版本　稿本未分卷

九聲亭詩鈔

版本　稿本以上各稿未刻俱存桂家

希両齋課藝五卷　存

版本　光緒二十年刊本知州章介人創設希両齋經課彙其甄錄王心

卅

海陵陸氏抄本

課等官課齋課各藝付梓分四書文五經文詩鈔賦鈔雜鈔算策論各編一卷皆爲一時之傑作首有自序及劉馨璋序俞樾書目首

目見 孝芸行述以上各稿俱未刻藏於家

王希聖字仰山諸生有文譽主講淘水書院

引玉集文稾一卷存

目見 泰縣志稿

王諶謀字野庭貽璋子光緒丁酉舉人

青箱書屋詩文集二卷存

版本 民國十一年自刊石印本詩爲感應篇分句試帖文則爲

王星衍 字樹人，別號天目山樵，善詼。館於江村錢百城家，與運糧河宋菊帆同

五聲新譜識字捷訣十四卷 存

版本 稿本錢百城家藏。此書字便於啟蒙，以五聲爲目，與錢百城、宋菊帆合輯，光緒癸卯自序，并凡例及劉肇光序

駢體各有自序，先刊其詩，後刊其文

王錫衡 字陰湘，望子。諸生。少從蔣子明游，習洙泗濂洛之學。後謁黃葆年，住蘇州，請益造詣益深。卒年七十

壽鄉齋文詩集 存

目見 泰縣志稿 詩集中有壯遊詩草、汴梁吟、桃李吟、吳門吟、河橋集諸作，皖人楊士晟序

王國謀 初名昌謀，字蘭谷，貽牟子。江蘇省議員

新訂蟋蟀經一卷 存

版本 民國九年自刊石印本。論養法、忌戒及種類，編成歌訣，并自序

王

廿

海陵淩氏抄本

泰縣物產誌二册 存

版本 稿本 分動植物以今產證舊志名物詳加攷訂繪圖說明

王念慈 字釋塵世居謝王河性恬淡習醫以詩畫自娛

止一居詩集 存

目見 泰縣志稿

王耔 字直之號楚武別號歷溪村人廋子擅長六法題作俱佳人物傳真彝不工秀尤精鉄筆名聞中外能於方寸間刻字數千而字跡娟秀歷獲中外展覽會優獎卒於民國三十一年

歷溪邨人畫集一册 存

版本 民二十三年金屬版印本 首有劉慶嵩序自刊於京口伯先公園

王紆運字翼吾号天恨寓滬上任世界
书局编辑多年後主编、
有中国文学提要等
书署王朋名刊行。
言文对照春秋左传
句解六卷存

王漢民字光國號溪隱世居姜堰馬灣鄉白楹社友

溪光室唱和集二卷存

版本 民國己巳排印本 自述三十初度原唱和者二百人分為初二集各編一卷游昌甲楊遵路廖桂馥諸序及趙逸琴跋

王天恨字翼吾生平嘶喜於小說投稿之作甚多後居滬上任書局編輯

第一夜存

版本 十九年文華書局排印本 性愛小說分六個短篇

紅粉青鋒記存

目見 泰東衛生會報十一年與醒公合譯文章已登會報

廿一

版本 民国三十六年上海文益書局鉛印本。據英譯本州行本，務求能使本書譯文淺顯通俗，加以統一語體作文，並以自修，可以示左氏要旨，自修入雅，自淺入深為主要。並有三十三年自序及凡例，每篇後附以譯文、評語、作注釋，平裝訂上下兩冊

王萬鍾 字粟雲 曲塘人 東大教育系畢業

孫文學說疏證 存

目見 台灣圓月刊

王 夔 字蔚華 白米人 大同大學畢業

物理與人生 存

版本 三十九年中華書局排印本

王光哲 王餘謀女

萍影詞 上卷 存

版本 稿本 三十六年刊 載泰縣日報

四書白話句解　上海鉛印袖珍本
一冊　存　三十六年國光　三十七年上
版本
海文益書局鉛印本
依宋朱熹集注本加以白話注解，為經，以群經為緯，於朱注有疑義之處，則參以考群書，會眾說而折其衷，以開蒙學。書前為三十三年自序，後凡例，列有聖賢畧傳，附以繪像。

王雅　字正子，寧波人。先世多顯達。奉母避亂渡江至泰州，包咸任泰州學正，依以居焉。工詩，工古文。

閑居客遊詩稿　未見

目見　道光志

王步青　字漢階，號已山，金壇人。雍正癸卯進士，官翰林院檢討。

羅浮七子　存

目見　退庵筆記

版本　乾隆十五年刊本。選其邑人宮增祜、俞墺、羅克承、張紹齡、徐泌、陳臆、朱昊七人制藝八十五篇，并為之序。此書繼七子言志編之後。

王蔭福　字梅叔，正定人。貢生。同治初署沛縣，去任，偕弟蔭祜僑居泰州城内，再攉蘆金於泰

王

三百樹梅花庵詩 雜著 未見

目見 正定王氏家傳

王蔭祜 字子受，號鞠龕，蔭福弟。同治初由附貢生授兩淮鹽經歷，改署通州分司角斜場鹽大使。八年與兄奉母僑居泰州，光緒元年卒，亦葬於泰。

尚詩徵名二卷 存

目見 宣統志稿 家傳

版本 光緒三十四年家刻本，其子耕心校刊，分兩篇：邶風柏舟至閟宫六十篇為甲篇，關雎至邶十五篇為乙篇。同治十三年自序。

覺華龕詩存一卷 存

目見 同上

版本 光緒二十五年家刻本 其子耕心裒輯其遺稿得詩百首詞曲雜文十六首釐訂校刊首有盧 序 及耕心序

王筊

筊字小河甘泉人咸豐間避居泰州水西園側與錢桂森黃筋唱酬工書

受辛詞二卷 存

版本 光緒十年自寫刊本 同里郭晉超序劉淮年等題詞詞中在泰之作甚多自寫樣付梓

王耕心

王耕心字穆存一字道農蔭祐子自號龍宛居士官徐州府運河同知學兼儒佛深究天人之故五十後尤篤好賈子之學著述甚富校刻王氏家集行世

王

新訂周易傳義 毛詩音詁 董子 蘇子 龍樹

篇未見

目見 賈子次詁後跋

賈子次詁十六卷存

版本 光緒二十九年自刻本 凡內篇五十八 外篇

九翼篇十六首 有自

序末有陳兆琛後跋 版存泰州寓宅龍樹精舍

佛說摩訶阿彌陀經衷論一卷存

版本 光緒三十年自刻本 彙輯魏源王蔭福兩家注釋 附以衷論 提

要鈎玄 補其未備 前有自序 同本大正續藏經本

摩訶阿弥陀經一卷存

版本 大正續藏經本 收入印度撰述 作了王耕心会譯

綴

龍宛居士集六卷存

版本　光緒三十二年自刻本雜文五卷詩詞一卷

鹽格手稿殘本存詩稿一册署壬戌年有道農耕心二印

王夔立字阜如又號克庵居士鹽祜次子入錢塘籍補附學生工詩古文辭及駢體文少從父兄研求佛學游江鄂佐郡縣鹽司公文終於鄂交涉公郎幕游四十年卒年七十五

韋蘇州年譜一卷詩文集三卷覺後編十四卷存

目見　泰縣志稿

版本　覺後編排印本輯錄勸善文籍擷其英華計文七十七篇分為十四門各以義類序列弟宗炎校正并輯以跋民十九年刊行

王文戈

笠

誠

劉

支偉成丹徒人任清史館協修年未三十而卒

吳王張士誠載記五卷 存

版本 民二十一年排印本 首有韓國鈞序凡例及參考書目圖像鑄銅攝製正編二卷記張士誠編年詳紀以正史為綱群書為目附編三卷記張士德李伯昇軼事以及詩文散篇別為附錄此編韓國鈞屬支偉成纂正編甫成遽歸道山繼其纂者旌德任致遠續成附編任君年十九偉成弟子也

戈頌平字直哉研究醫理有本源古今醫籍無不瀏覽尤服膺仲景富於著述

黃帝素問指歸八十一篇 首有光緒三十三年自序

金匱指歸十卷 神農本草經指歸五卷

傷寒雜病論指歸六卷

版本 傳抄本 戈氏依據仲景六經的篇目，分為六卷，臚列原論條下，或有方或無方，其論皆治病之法，屢試有效，僅注以指歸。另有金匱十卷，取傷寒金匱並一書非兩書，合兩書總名為傷寒雜病論。其傷寒金匱仍分兩書卷次起訖。傷寒指歸以六經分為六卷，附以霍亂篇及辨陰陽易差後勞復脈證諸篇。前列表裡陰陽六經各説，分兩升尺攷，讀法及旧序。光緒十一年自序，光緒十四年泰州知州張文熙序。末有光緒丙戌同里張麟友，門人楊佐清、支斌、陸費灼、李肇璋、閔祖瀛等跋，此書未刻，皆是傳抄行世。

本依陶垣重加注
增補主要人物傳
像十六人，多幽藝術

目見 四庫存目 伯山詩話、八千卷樓書目注
刊本又載別 瀚女樓書目 經六
本六卷

板本、康熙戊辰刊本 以奉命淮揚疏理海口 古揚州為五湖之
本六卷

板本 康熙戊辰刊本 以奉命淮揚疏理海口 古揚州為五湖之
歷東海之表 康熙丙寅至己巳作 首行
此故名湖海集 有海陵黃雲鄧漢儀等
為修訂 正并有評語 黃鄧有序 及廣陵宗
之長序 約文三年及各作編次 集中有在泰
唱酬極多 關於掌故頗有
可採 乃呻吟疾痛之作 一九五七年古典
文學社排印本 周南京圖書館藏康熙刊本
印行 原之長序前缺 卷八文
首篇缺 首缺鄧漢儀序及

目見　光緒志稿　覆瓿文存有傷寒指歸序

版本　傳鈔本原稿向藏其裔孫處待刊及門弟子俱有錄副

戈講藝字琴譜與父湯休同入邑庠性孝友喜作駢文教授生徒循循善誘卒後文稿散佚

芹圃詩鈔 存

目見　泰縣志稿藝文稱其門人搜集古今體詩二百首

孔尚任字東塘號云亭山人曲阜人官至户部郎中奉使淮揚駐節泰州疏濬海口

桃花扇傳奇二卷 存

目見　井眉居詩鈔海陵雜詩注云康熙間曲阜孔尚任適刑部侍郎孫在豐疏濬

戈　孔

共

海口羈旅，下河之坂

埝莊成，桃花扇傳奇

版本　康熙間介安堂刊本　乾隆七年邑人沈默及

成垣重刊本，末有沈成垣跋，世多不見　光緒乙未蘭雪堂刊本

四卷　此本卷首序跋并攷證最為完善，按此書內有演柳敬亭逸事　光緒甲午宜

湖海集十三卷　存

目見　四庫存目　伯山詩話、八千卷樓書目　注刊

本又載別本六卷　翰怡樓書目六卷　羅氏六卷

首有乾隆七年壬午（?）序

善本局石印繡像本，依沈成垣重刊本，增補主要人物繡像十六人，多插（?）數（?）

板本　康熙戊辰刊本　以奉命淮揚疏理海口，古揚州為五湖之

泰縣著述考卷二　　陸銓次公丁亥訂

五畫　石　田　仇　包

（明）

石光霽　字仲濂，張以寧弟子，洪武十三年以薦為國子監學正，擢春秋博士

春秋鉤元四卷　存　一作春秋書法鉤元

目見　文淵閣書目　菉竹堂書目　一冊未分卷　千頃堂書目　經義考　以上俱作春秋書法鉤元　明藝文志　州志　府志　乾隆江南通志

版本　明萬曆淡生堂餘苑刊本　山陰祁承㸁編刊，皆有缺名序

序載文徵附錄

清吳玉墀藏寫本　浙江採集遺書總錄載　吳氏寫本即四庫祖本　四庫全

石　卷二　一

書本以吳玉墀藏傳鈔本盧江劉氏藏
本析分四卷依文瀾閣本

四庫提要稱光霽明史文苑傳附載張以寧傳中史素長於史以寧長於經素宋元史藁俱失傳而以寧春秋學遂行閒人石光霽作春秋鉤元云云則以此書猶以寧之傳也大旨本張大亨吳澂之意以春秋書法分屬五禮凡失禮者則書之以示褒貶因考周禮經注詳錄吉凶軍賓嘉五禮條目其有五禮不能盡括者如年月日時名稱爵號之類則別為雜書法以冠於首每條書法之下採集諸傳之詞以切要者為綱發揮其義者為目大抵以左傳公穀胡氏張氏為主義有未備者亦閒採啖趙諸儒之說而總以己意析衷之其所稱張氏即以寧也史稱以寧長於春秋著有春秋胡傳辨疑及春秋正月考今辨疑已佚賴光霽能傳其說是編所引以寧之言為最多尚可見其梗概前有序文一篇無撰人名氏言啖趙之纂例詳於經而畧於

（清）

傳纂疏會通之書備於傳而畧於經茲能損益其所未備其稱許頗當朱彝尊經義考作四卷此本不分卷數疑傳寫者所合併今從彝尊之説仍析為四卷著録焉

標散集一册未見

目見　文淵閣書目一册完全　菉竹堂書目注一册

石和鈞原名如嶽字岱庵諸生工詩古文辭輿衍似諸子書法鍾王年四十二卒

古槐軒詩集存

目見　民國志稿

石抱中字朴存和鈞次子善詩工書山水又擅長篆刻年十五卒

神童遺詩一卷存

石田

二　海陵儲氏抄本

版本　傳鈔本　友人陳程習搜其遺稿編抄存於圖書館

（明）

田狩龍字鍾宇號遯庵居溱潼鎮顯吉之父抱道鄉居不歷城市孝友誠篤著作甚富

明道大意　良知說　誠正解　勸學語　教子格言

遯庵詩集佚　乾隆江南通志

目見　道光志　東臺志　府志

（清）

田毓芝字明符狩龍次子諸生屢試不遇遂究心理學

樂天堂稿十卷未見

目見　道光志　續府志

田敬錫字公燮號左拾毓芝子由歲貢生考授中書舍人歷官員外郎々中

青棠閣稿十卷 未見

目見 道光志 續府志 東臺志

田廣運 字右君，號慎齋，敬錫子（發幽錄作太岳子）。康熙壬辰進士，官福建惠安知縣，擢用入京，卒於邸中。

芸香筆載集 螺陽集 揩英集 未見

目見 發幽錄 子雲鶴校錄藏於家

金臺偶存一卷 楚游草一卷 存

版本 康熙閒自刻本 孔尚任為之序 各體詩百餘首 傳抄本

三十二芙蓉軒詩二卷 存 沈本 淵藏

版本 康熙四十三年自刻本 王士禛、尤侗、宮鴻歷、唐麟翔為之序

田

三 海陵沈氏抄本

首爲秋雨山莊集一卷家居之作附吳游雜詠燕游途紀則爲游詠之作各有目錄另爲起訖其芙蓉軒乃總集之稱也尤序謂田子慎齋枉過山斋出所著三十二芙蓉軒詩二卷並燕楚游紀見示細讀之時則博大秀雅自成一家王序云芙蓉軒集並秋雨山莊近稿請余評次展閱數過有陶韋王儲之風

田昌運字書歙

就園詩集　玉紅詞未見

目見　黃鑪集　道光志　佝山詩話續集

田雲鶴字廻抱一字輪長號蓬壺居士廣運子沈酣書史工詩古文詞放意山水嘗爲仙霞武夷之游

金鐃集未見

目見　黃鑪集　伯山詩話　道光志

按汪觀清詩大雅二集選其詩三十首俱隨父游仙霞武夷之作間注有甲辰年月當從此集所錄選

蓬壺漫稾一卷　存　余家藏

版本　自寫本　癸亥詩稿乾隆八年游崇川之作詩僅十餘首與崇川李方膺胡作肅丁有煜黃煒王新銘呂廷鶴巢中等唱和附和作首有田寶臣印鑑為其家藏

田

琳字林玉號鶴舫諸生與同里諸公結芸香社

鶴舫詩鈔　存　沈本淵藏

目見　道光志

版本　湯懋齋選鈔本　此稿道光庚午為其友湯治招所選遺詩百餘首加

田

以許語並序之其姪寳臣補傳
原本有湯治昭及寳臣諸印

田寳臣字少泉號竹家諸生工制藝詩派眉山而加以
精鍊解經確有心得尤貫通許學咸豐戊午卒
年六十七臨川李聯琇為
撰墓表劉師培撰其傳

小學駢支八卷 存

目見 續府志 縣書目記 光緒志稿 井眉居詩集詩注作十卷

版本 傳鈔本依藍格手寫稿傳錄凡一百五十
三條參較駢雅訓纂之遺故名曰
駢支咸豐三年自序其原稿計三百
四葉藍格板心下有獨秀山堂四字 民國五年北
京鉛印本邑人陳啟彤較正鹽康君率海陵叢刻
牽刊印誤字特甚遂改石印
石印本民國十年付印列入
第五種末附校勘記

少泉詩鈔 未見

目見 續府志

少泉賦鈔 存

版本 徐子沾鈔本

賦鯖初集二册 存

版本 道光庚子王梅垞寫本 道光庚子評選六朝唐賦凡九十篇採録孫月峯何義門評語間有總評道光己亥自識同録後有庚子校畢偶記云梅垞先生借録此本良自愧矣

增補類腋 存

增補類腋序

田仇包

五 海陵陸氏抄本

角山樓增補類腋六十七卷 存

目見 井眉居詩抄据海陵雜事約小紀駢文考

語云增補類腋一書亦先生所撰髮逆猖獗共沉淪搜研

田多荒鎮江趙君小樓頗能時共困之而資助

之故書成歸之角山樓中

先生之名遂不著云

版本 咸豐七年刊本 丹徒趙克宜小樓增輯原書依姚培謙原本

校正加以新增分天

地人物四部有趙序光緒丙戌年同文石印本

少泉詩鈔 未見

目見 續府志

少泉賦鈔 存

版本 徐子沾鈔本

賦鯖初集二册 存

版本 道光庚子王梅垞寫本 道光庚子評選六朝唐賦凡九十篇採錄孫月峯何義門評語間有總評道光己亥自識目錄後有庚子校畢偶記云梅垞先生借錄此本良自愧矣

增補類賦 存

田仇包

五

其困乏而資助故書成歸之
角山樓中先生之名遂不著

田

溥字春農諸生
家貧力學

周易釋義　耕税山房詩藁未見　有抄本未刊

目見　宣統志稿

仇

筠字竹生號簃翁諸生少孤貧勤
學從黄蒟遊工詩夙韵越逸

琅玕軒詩草四卷存

目見　宣統志稿

包

咸字自根號南川吳江人康熙
進士二十七年任泰州學正

七子言志編未見

目見　退庵筆記

版本　康熙二十九年刊本包彧任學正時選其邑人徐鼎鎮顧崧陳厚耀朱士模王鳳藻唐麟翔朱治七人課藝凡九十一篇皆戊辰己巳三作

六畫　江　西　全　朱　仲

（清）江對山 字曉峯 工詩

思白堂詩存二卷　存

目見　光緒志稿

版本　同治九年自刊本 為趙瑜刪選并序之

瑜

江鎮 字麗春 袁輔治弟子 通醫理 學術東垣 主溫燥而升清氣

仁術肩墻録十卷　未見

溫病抉微一卷　存

目見　光緒志稿

版本　傳抄本 男祖韓 祖范同輯 刊登光華醫藥雜誌第三卷至六期止 疑即仁術肩墻録之一種

（明）西竺和尚 不詳其姓字幼業儒既長學佛棄家為僧住持金陵傳通內典弟子鍾伯敬譚友夏其法嗣密正延請住虎墩化城庵年八十五圓寂於化城

楞嚴合轍 未見

目見 東臺志 大正續藏經目錄載楞嚴經合轍十卷明通潤述

（明）仝 英 字文實號東軒成化丁酉舉人少時與儲柴墟共學文望並重於時 草創泰州志

東軒雜識 未見

目見 徽尚錄 存 退庵筆記云此書未梓宮紫玄太史家藏鈔本

今未及見 庭聞州世說引圖山出雲走馬摘杏二則下注東軒雜識

（明）朱 成 恕 字惟一幼孤貧事母孝慕心齋學因號如齋闡明理學配享崇儒祠

西仝朱

海陵韓氏抄本

就正臆說十卷 佚

目見 道光志 府志誤作就正庵記

朱光岳 字會瞻號樂圃淑熹三子附貢生

古香亭詩草 未見

目見 詩觀 道光志刊謬 府志作詩集

朱光巒 字青嶽號竹村淑熹四子廪貢生

牧鶴軒近詩 未見

目見 詩觀 道光志刊謬 府志

朱士模 字庭三號蓉樵憲文三子康熙癸未恩貢生工制藝膾炙人口稱海陵七子之一

解經評史　蓉樵文集　未見

目見　道光志

朱品奇　字玖林士模子庠生

蓬窗鈔異八十卷　存殘稿

版本　稿本首有乾隆八年自序抄撮群書異聞以天文地理分部仿類書之例卷七十九補編現缺十餘卷并有朱品奇名號硃印確為原稿

朱東啟　字曉先號輿亭志喬孫貢生由主事授平越知府

靜壽齋詩鈔十三卷　存

目見　道光志作詩集未注卷數　府志

朱

版本 乾隆二十二年刊本 淅水胡天游 王介眉評點 天游為之序 同里俞堉等題詞 末為男端揆跋 自刊於浙江官署

朱謙 服 字白村 諸生 居白米鎮

解經 王笥山房集 未見

目見 道光志 續府志

朱端揆 字錫嘉 東啟子 貢生 乾隆癸巳官廣西平樂府同知

妙契詩鈔 未見

目見 道光志 續府志

黔晋燕豫粵游草二十卷 未見

目見 續府志

幼穎異性耽吟詠

卷 未見

朱秉䆁，字槐墨，生于乾隆二十三（一七五八）年，卒于道光二十三（一八四三）年癸卯。乾隆四十二（一七七七）年歲貢生。著作除《日月吟》外，尚遺手稿數十卷，在一九六六年燬于火，僅存賸稿《長庚集》、《周天日記》以《干支歷覽表》一本。

為古模書卿

朱 宜 字馭時咸豐元年舉孝廉方正性慷慨好施通醫理施藥濟時

喉方集解四卷 未見

朱

九

目見　續府志　光緒志稿

朱寶善字櫻船芳柱子工詩善畫以縣丞需次閩垣官海澄知縣

紅粟山莊隨筆四卷存

版本　稿本記其福建風俗物產間有邑中軼事自訂清稿藏於家

紅粟山莊詩六卷存

目見　光緒志稿

版本　同治九年福州刊本自道光癸卯迄同治庚午之作以年編次杭州譚獻所選評并為之序以及諸家題詞自刻於閩垣　民國乙丑補刻續集本其孫崇官校刊首增小像并贊表鏕撰傳補刻其缺版

目見　續府志

朱希洛字範川謙服子歲貢生幼穎異性至孝好蓄書能博覽尤耽吟詠

寶燕堂詩文集八卷詩餘一卷未見

目見　道光志、續府志

朱乘驄字槐里荃子貢生

目月吟四卷未見

目見　光緒志稿

朱　宜字馭時咸豐元年舉孝廉方正性慷慨好施通醫理施藥濟時

喉方集解四卷未見

朱

九

目見　續府志　光緒志稿

朱寶善字櫻船芳桂子工詩善畫以
縣丞需次閩垣官海澄知縣

紅粟山莊隨筆四卷存

版本　稿本記其福建風俗物產間有邑
中軼事自訂清稿藏於家

紅粟山莊詩六卷存

目見　光緒志稿

版本　同治九年福州刊本自道光癸卯迄同治
庚午之作以年編次
杭州譚獻斯選評并為之序
以及諸家題詞自刻於閩垣民國乙丑補刻續集
其孫崇官校刊首增小像并
本貫袁鏸撰傳補刻其缺版

朱餘庭 字篆軒号竹仙又嘯溪一号鈍道者 蓮池村農

停雲山館詩一冊存

版本 抄本

紅粟山莊詩續六卷詩餘補遺一卷存

版本 民國乙丑朱崇官刻本自同治庚午迄光緒丁亥各體詩譚獻選訂長樂陳春瀛同里王貽牟劉法曾為之序戊寅自序其孫崇官校刊附正集之後

古詩十九首說一卷存

版本 手稿本藏其孫崇官處

朱裕庭 字仲仙後名丙炎餘庭之弟諸生工書畫善詩

紫薇花館九十春吟稿一卷存

版本 光緒二年自寫刻本同治七年董錫祺序及自序壬申姜淅跋

朱慶鏞 字友笙同治辛未進士官浙江松陽縣知縣

朱

十 海陵陸氏抄本

友鹿山房詩存一卷 存

版本　民國十四年北平石印本 其子甲昌編印 詩百首文一篇

朱希淵 字肖船 寶善子 官福建雲霄廳照磨 丙寅馮煦戊辰韓國鈞 均序此补抄

海客詩存一卷 存

目見　泰縣志稿

朱

煇 字月樵 別號混俗道人 晚更巧工山人 大隱觀羽士 工繪事 尤精墨龍 水墨渲染 得其神妙 嘗游戲七巧版 演成草書屏聯 生平極喜臨池 雖老弗倦 卒年八十九（民國二十四年）

畫龍淺說一卷 存

版本　光緒三十二年排印本 論畫龍要訣凡九十則 末有序 自句刊

凌文淵刊於南洋官報局

巧工圖集七卷 存

版本　稿本 以七巧版鬭成行草書千餘字作屏聯詩句具筆畫縱横精緻首有光緒三十二年自序

於冬青山館

九真要訣圖說一卷

版本、稿本 究心道藏，遂有所得，著爲圖說，以示入道之門徑

朱春木 字稚仙，又號蓮池村農，餘庭次子，增貢生，浙江陞用縣丞，聽鼓十年，兼主講曹娥書院，仍不得志，倦游歸里，以詩酒自娛

蓮池村農七十壽言酬唱集一卷 存

版本　民國十八年排印本 自作述懷四律并序，和者百人，陳恩洽揚

十

朱

鴻鈞陸仁淵爲之序張治祖朱
維植翟芾爲之跋自刊於常州

朱　觀　字近吾

親屬法之商榷一卷　存

版本　稿本凡六章論親屬改制之商榷用新舊
法律再繹其原理民二十年載泰報
披露以供商討

朱德甫　嶽人寓居泰州工吟詠

繪像孝女傳試律一卷　存

版本　光緒辛卯泰州刊本取列女傳中孝行得二十四事編韻成詩
又得清初蔡蕙張巧姑二則邑人劉法曾爲之序
高爾庚等題詞程朴生汪鏕後跋丹徒毛鄂江歙

詞

縣程吉人合絵光緒辛卯刊于泰州寓廬

（宋）

仲并字彌性紹興壬子進士官知湖州

按府志稱江都人徵尚録存除興化人宋時興化屬泰州屬江都固為不一考并實為興化籍其縣隸泰州當為泰人

登瀛秘策三十卷佚

目見道光志　府志

浮山集十六卷存　輯本十卷

目見直齋書録解題（誤作仲并）　宋藝文志　菉竹堂書目

四庫總目作十卷從永樂大典輯出　道光志　府志

啟本　四庫全書寫本原本久佚外孫南安太守孟猷編周必大為之序據

十三

仲

（清）

大典所載排傳鈔本常熟瞿氏歸安陸氏俱有藏本 四庫珍本影
次輯成十卷
印本選四庫全書未有刊本者名曰珍本已出一集

仲蜀巖字天池啟文子（道光志誤作玕子）康熙五十年舉人南巡召試授內閣中書
餘力集 未見
目見 道光志 續府志 仲氏支譜

仲 素字芍坡邦文子，鶴慶之父諸生
茗叟詩草一卷 存
版本 嘉慶辛未興寧署刊本孫振奎裒次殘稿里官增祐為之序其孫振履刊得詩五十餘首同於粵東官署附併逌暇集之首

仲鶴慶字品崇號松嵐素子乾隆十九年進士官四川大邑知縣善詩工寫蘭菊

蜀江日記一卷 存

㪍本 鈔本記赴任途中名勝之作間以吟詠自爲編次首有自序及題詞其稿已付寫樣未及雕刻今稿畧有殘缺

追暇集古文二卷 未見

目見 道志 府志作雲香文集一卷

追暇詩鈔十四卷 存

目見 道光志作追暇集六卷 府志作追暇初集一卷

㪍本 嘉慶辛未興寧署刊本 凡四集以編年爲次乾隆壬午程盛

仲

十三

獻

修壬寅吳廷燮諸序及自序其子振履刊於官署

仲蓮慶字碧香泰女洪仁遠室

碧香女史遺草一卷 存

目見 江蘇詩徵

版本 仲氏女史詩刊本 姪仲振奎搜其遺詩編入女史詩中振履梓行

仲振奎字春農號雲澗鶴慶長子監生

脈約 未見

目見 海陵文徵載有自序

綠雲紅雨山房詩鈔二册 存

傳奇未刻稿十四種 未見

目見綠雲紅雨山房文抄外集，載其目，未曾刊行。

火齊環傳奇 自序：「壬子客都門，虞生示我洞仙歌，並乃删排旧譜，凡兩易稿而成」。

紅穗溫酒傳奇 自序：「予既成火齊環，自譜紅穗溫酒事」。

看花緣傳奇 自序：「關逢攝提格之歲，予客淮濱，与所謂王生者密，因为附情緣，亦未偶也。戊午夘上遂为譜之」。此又作於嘉慶三年，俞因盤有題詞。

雪香樓傳奇 自序：「梁生乎，汝所謂情之偶諧，而更溺於情乎，爰因其事而譜之」。

卍字闌傳奇 自序：「癸卯秋雲溪子客白門，得奇遇於秦淮市肆，歸述其事，請为傳奇」。

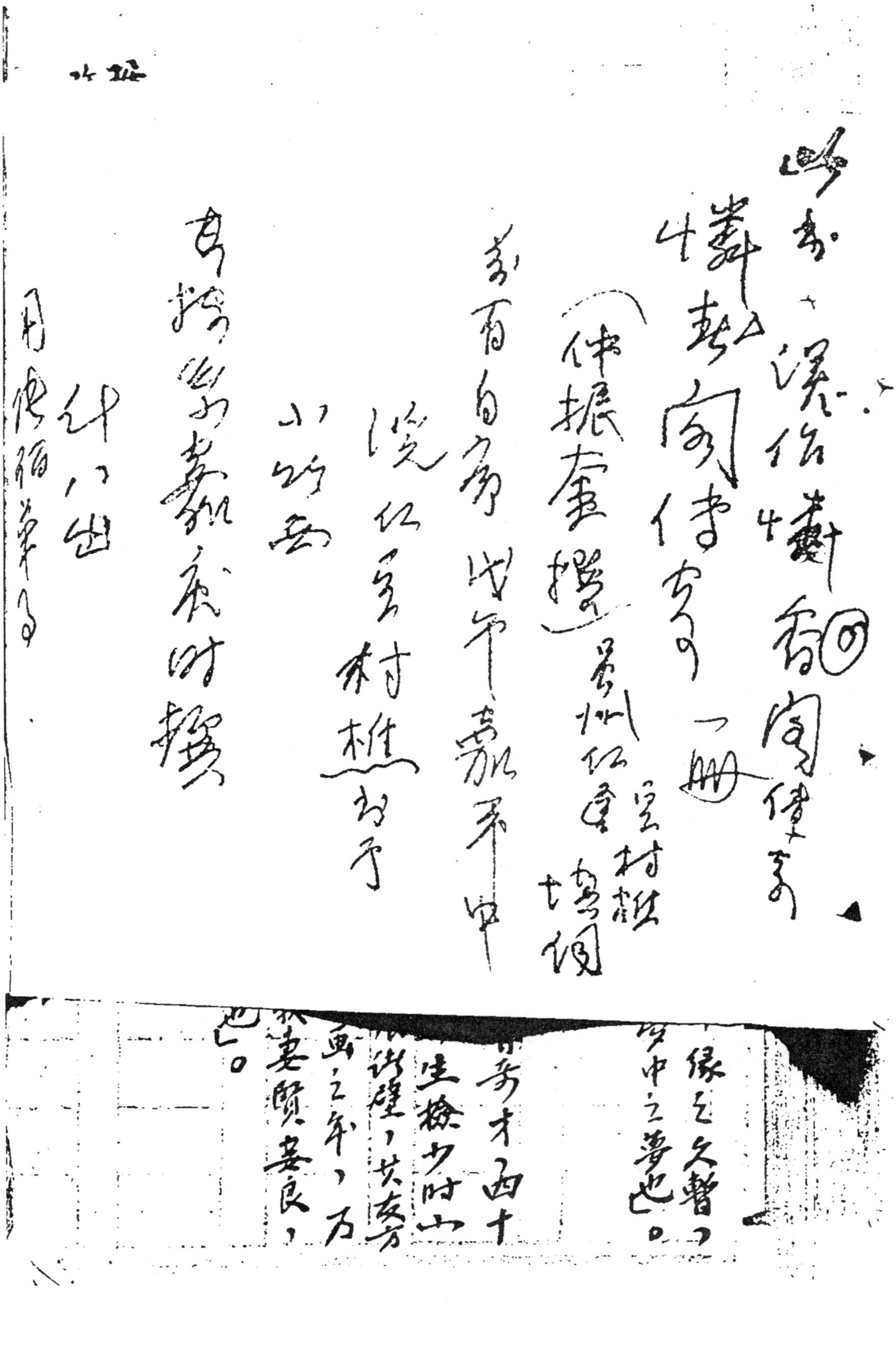

傳奇未刻稿十四種　未見

目見緑雲紅雨山房文抄外集，載廿種，未曾刊行。

火齊環傳奇　自序云：「壬子客都門，虞生示我洞仙歌，遂乃翻排舊譜，凡兩易稾而成」。

紅襦温酒傳奇　自序云：「予既成火齊環，自譜紅襦温酒事」。

看花緣傳奇　自序云：「閒逢攜榼樝之歲，予客淮濱，與所謂王生者密，因少附情緣，亦未偶也。戊午卯上遂為譜之」。此只作於嘉慶三年，俞日盤有題詞。

雪香樓傳奇　自序云：「梁生乎，汝勿謂情之偶諧，而更溺於情乎，爰因其事而譜之」。

卍字闌傳奇　自序云：「癸卯秋，雲溪子客白門，得奇遇於秦淮水閣，歸述其事，請為作傳奇」。

霏香夢傳奇　自序：「情之厚薄，緣之久暫，
离合皆夢也，李生之於霏香，「夢中之夢也」。

香囊恨傳奇　自序：

畫三青傳奇　自序：「上海祝生有奇才，四十
不遇，貧甚，妻將無子，欲置妾無力也，生於少时山
以，有捧茶双鬟，貌極娟麗，愛而怯於礙，其友方
生見之，詳其酷似侍兒珊珊，叩之，则所画之年，乃
珊珊生年也，以為奇緣贈之，友義妻賢妾良，
三善备焉，而因以有子，祝生之幸也」。

似

風月斷腸吟傳奇　自序：

憐春閣傳奇　自序：

招仲侯說：更改為春字

後桃花扇傳奇　自序云：「演百餘年前舊事，李香兒事，亦以桃花扇傳，其人同，其事同，其歸禪亦同，則意其李香兒即香君之後身耶」。

懊情儂傳奇　自序云：「明金陵妓齊錦雲，與王生傳春相愛，春遭誣下獄，錦雲脫簪珥鬻卧褥以給，春去，錦云閉戶不出，未几而没。今榕邸未嘗下獄，而若濤以三百金馳贈，固無異於錦云之簪珥，然濤與生初無一夕歡，情之所鍾，乃亦閉戶而死，丁巳予遇生於邗溝，述其事請為歌詞」。丁巳嘉慶二年。

牟尼恨傳奇　自序云：「蕉子演劇場屋四十年，僅得副車，又無徐卿生雛之喜，數奇矣，為牟尼以傳，及四條仿示予，乃摭拾選聲，蕉子命之曰年厄恨」。

水底鴛鴦傳奇　自序：「偶檢旧稾得金鳳花，
乃於枕上譜之，將雅遞使俗爭傳，賢愚共賞」。

朱，板心上俱云仁雨山房集

目見　道光志作詩集　續府志

版本　興寧署刋本 未分卷 第以五七言編次 湯貽芬爲之序 嘉慶辛未弟振

覆刊見

綠雲紅雨山房文鈔外集殘卷　存

版本　黑格 稿本 存二冊 卷一 下空白未填 論著數十篇 卷次皆生情艷之文 分類

研蠶軒文鈔外集四卷　存 偏次，凡皆從撰序，集傳，計三十五篇，此其外集，當有正集

版本　黑格 鈔本 雜文約百篇 皆其游戲之作 按文鈔僅見存外集 當有正集

紅豆村樵詞二卷　未見

目見　道光志　續府志

看花緣曲 未見

目見樵月山房稿有看花緣曲題詞

紅樓夢傳奇二卷 存

版本 嘉慶二年刊本 署名吳州紅豆村樵填詞 同里判亭居士按拍 乃其別號 每卷分上下 凡五十六齣

凡五十六齣 卷上一之三 卷下一之二 計五卷 目次凡例 又春舟居士（吳震）曾煥然跋 序

卷首繪像并贊及自序 此光緒丁丑上海申排印袖珍本 印書屋

書爲友人刊於京師

仲氏女史遺詩一册 存

版本 嘉慶辛未興寧署刊本 輯其仲氏女史遺稿自仲蓮慶迄仲振宣五人 附仲貽鑾二人 振履刊於官署

仲振履 字臨侯 號雲江 又號柘菴 鶴慶次子 嘉慶十三年進士 官廣東興寧等縣知縣 南澳同知

北行日記一卷 存
版本 …
抄本

作吏九規一卷 秀才祕籥一卷 存
目見 道光志 續府志
版本 嘉慶辛未興寧署刊本 記宮箴及科場應試之事
虎門攬勝二卷 存
目見 道光志 續府志誤作虎門紀游稿
版本 粵東自刊本 官東莞縣奉檄修築虎門砲臺為海防要隘所記之事
家塾邇言五卷 存
版本 嘉慶中通州芸暉閣刊本 凡天文至珍寶廿類 嘉慶癸亥
見振奎序及自序 此其初集 惟二集鋼刻
仲
十五

畝得菜根堂詩文稿未見

目見 道光志 續府志 羣雅集作柘莽詩鈔

棄餘稿六卷存

版本 嘉慶辛未興寧署刊本自編四十歲以後之詩蕭鳳臺爲之序及自記末附鉄橋贈答自刊於署中

羊城侯補曲一卷存

版本 鈔本道光間武林繆蓮仙評選刊入文章游戲三編

雙鴛祠傳奇存

目見 鄭振鐸中國文學論集 說與戲曲注巴黎國書館藏刊本文

章游戲四編 劉華東書双鴛祠傳 奇後弁緣蓮仙識語

板本 嘉慶庚辰歲得築根堂刊本 題泰州羣玉山農編輯全

書共八齣演廣東別駕李亦珊殁於官貧不能歸葬其妻蔡氏憂鬱自縊死粤中傳其事爰為傳奇汪雲任為之序此書不見於著録且刊本流出海外不易録副識為遺憾矣

汪序畧云李君亦珊福建閩侯人任廣東別駕不得於其親一第亦絲驚不可馴自甘涼解餉歸抑鬱成疾疾且篤且死一棺以外四壁蕭然其妻蔡氏謂老婦曰吾夫甫死無過問者既久殯此其何以歸我將死之聞者咸憐我之節送我夫婦我翁姑亦藉以同歸我無憾矣乃冠帔拜堂上自縊死移棺於庵人莫不哀蔡之節亦卒無議歸其葬者同官某之妻聞老婦而憫之乃屬其夫啗金以助仍已出二百金送以歸且立廟祀之粤中傳其事久矣柘庵先生卸事閒居素工音律爰

仲 吳

宰

屬為傳奇
被之管絃

冰綃帕傳奇二卷 存

版本 鈔本 題覽岱庵木石老人填詞并自序凡
二十四齣演任鳳舉與妓女秦瑤娘
事邑人高䣊民藏本民國二十三年刊入珊瑚月刊

目見 井眉居詩鈔 王蔭槐蠙廬詩鈔載重題張瑤娘
遺像序云嘉慶辛未孟棠赴試春明携其姬人張
瑤娘同車卒于宣武旅舍載柩南歸丁卯通籍出
宰者偶同官泰州仲柘庵明府 按孟棠姓汪名雲
為冰綃帕傳奇付鶴部演之 盱眙人張瑤娘
卒于嘉慶十六年柘
庵諸為二十二年

仲振宜字綺泉號薌雲鶴慶長女崔爾封室

綺泉女史遺草　存

版本：仲氏女史遺詩本　嫂趙箓霞合序與瑶泉詩總名碧雲閣合稿

仲振宣字瑶泉號芝雲鶴慶次女張祥鳳室

瑶泉女史遺草　存

版本　同上

仲貽勤字受之小字蓉賓振履子神清性敏髫齡脱口成詩隨父粤東染疾垂危吟詠不絶口卒年十七

蓉賓遺草一卷　存

目見　光緒志稿　續府志

仲　十七

版本　嘉慶辛未興寧署刊本父振履編刊并為之序凡制藝十三篇古今體詩百首陳嗜等跋

仲彬字約齋

泰縣戰事始末記存

版本　民十九年自刊排印本記民國十六年四月六日張中立師守城聯軍周蔭人鄭俊彥會師攻克泰城事

（清）

七畫　宋　沈　汪　杜　李　車　吳　呂　何
佘　佘　倪

宋懋宫　字柳溪，號亮工，監生（生明萬曆乙巳）

一見便知録　未見

目見　港口宋氏族譜

宋學賢　字士雅，光緒十五年舉人，善書工詩賦，究心經世之學

杏雨堂詩文集　未見

目見　宣統志稿

宋尹東　字守清，居運糧河鄉

紅杏樓唱和詩存　二卷　存

宋沈

大海陵隴氏抄本

版本　民國二十年刊石印本自述原唱徵和者近百人上卷為先姚黃太君冥壽感賦下卷為五十述懷劉法曾方佛生為之序

（宋）姚

宋伯仁字器之號雪巖苕川人舉宏詞科嘉熙中歷監淮揚鹽課多與高九萬孫季蕃唱和亦江湖派中人也

海陵稿一卷存

目見　南宋羣賢小集

版本　朱述之藏六宋人集鈔本總名雪巖吟草此其一　民國四年宜秋館刊宋二十家集本凡詩二十三首南城李之鼎據朱述之舊抄本校訂頗有異同末有乙卯李之鼎跋言之詳盡并附校勘記

（明）

沈良才字德夫號鳳岡嘉靖乙未進士官至兵部右侍郎其為吏科給事中時嘗劾嚴嵩頗力

沈鳳岡集四卷 存

目見 四庫存目 浙江採集總錄 道光志作沈

司馬府志 乾隆江南通志

集

版本 明刊本凡雜文三卷奏疏占其大半詩一

卷新安汪校同里陳應芳王相說

諸序附沈道隆上復祖原職疏二 康熙六世孫默

通本有曾孫沈傳曾重校一行

修補本目錄後有康熙三十六年六世孫默識語

修補本稱此集鏤版於明季至國朝康熙丁丑版

久漫漶始傳鈔本無汪王兩序

加修補云 及沈默跋

沈晉陽字康侯別號羼提道人龍翔之祖萬

曆時郡庠生平著述貧不能梓

沈

治清水潭議 釆山堂集十卷 佚

九峰精舍沈氏抄本

（清）

目見　道光志

沈聃開字贠季號兼山居安豐場與季大來同學王大
成王大經吳嘉紀以詩文相唱和號稱東淘四逸

汲古堂詩存二卷　存

目見　道光志　東臺志　府志　待觀二集

版本　嘉慶十二年袁承福刊本　首有王大經袁承福兩
序版已無存安豐袁承

業擬重刊增大經後序
并撰其小傳未及排印

爾爾詞　未見

目見　同上

沈復曾字大復號
林公諸生

旦園詩集 未見

目見 詩觀 道光志 刊謬

沈嘉植字子厚號桓雙康熙十年拔貢生父傳曾工書法能紹其傳晚年任清河教諭終

山雨樓集 羅浮偶存 未見

目見 道光志 府志

沈龍翔原名熙字興之號讓齋晚號遯叟康熙五十二年進士

發幽錄一卷 存

目見 道光志 府志

版本 沈成垣刊本撰錄清代邑人列傳三十五人分為十五門以應徵國史

沈

癸未房書啟秀編
三科詩義
癸未小題啟秀編
遯叟書義
遯叟詩義
目見雍正泰州志
出籍俱是各制文

因名發幽首為之序末附唐建中撰龍翔傳及男成垣詩並跋 海陵叢刻本 民國十三年排印編列第十八種
清芬堂集二十卷 浮客危言一卷 未見
目見 道光志 府志
沈
均字平與遂子貢生蒙城縣教諭覃精六籍旁涉百家為文沈浸穠郁晚年遂户家居士論惜之
蘊香閣試草一冊 存 鍵
版本 乾隆己酉重刊本 舊鈔本 自訂生平四書文試藝文為膾炙人口原刻散佚其子文鉦重刻之受業弟沈成渭為之序此為原鈔本
沈成渭字南谷號午橋乾隆乙卯進士官徽州府教授

聽泉書屋詩文集八卷 未見

目見 道光志 續府志

沈光祖字繩武貢生

雙松閣詩稿 未見

目見 同上

沈夔字宿蘇諸生研究地理測繪諸試取冠軍調往南菁書院肄業年二十四卒

班書地理志沿革考 存 九邊圖說訂譌 未見

目見 光緒志稿

版本 稿本 班志考存上册現存沈本淵處

沈

沈隱 字洛亭，樂善好施，與顏駉、高爾庚相唱和，詩境益進。

蘅茅詩集 存 未刊

目見 光緒志稿

沈亮 字朗亭，長洲人，胡公書院山長，精六書，道光丁酉舉人，与程宇光同榜，佐魏茂林校駢雅訓纂，與夏荃友善。

松籟閣詩集二冊 未見 一作詩鈔

目見 少佳齋存稿 道光壬寅魏茂林序，謂朗亭殁後詩稿屬余點定云云，又程祥棟序。居泰州不久

沈道寬 字栗仲，大興人，嘉慶進士，官茶陵知州，咸豐三年避亂徙居泰州，年八十二卒於泰。

話山草堂詩鈔四卷 詞鈔一卷 文鈔一卷 雜著六卷 存

版本 光緒三年刊本，男敦蘭校刊於潤州權署，首有趙佑宸序及家傳。

栗

話山草堂遺集
詩鈔四卷 詞鈔一卷 文
鈔一卷 雜著六卷 目列下
六叉鈔鄴 一卷
八法筌蹄 一卷
六書糠秕 三卷
論詩語北 一卷
操縵易知 一卷

（清）

沈榮字戟門江都人避[illegible]亂寓泰州居初為黃涇祥館賓後署句容如皋教官

補蹉跎室詩文集 未見

目見 宣統志稿

汪乾字健夫附監生工書畫篆刻晚年以歧黃濟世嘗刻其保產萬全經

集驗新方三卷 存

目見 汪達源貢卷履歷

版本 乾隆三年刊本 輯錄諸病驗方間引用海陵劉氏袁氏宋氏秘傳效方附刻保產萬全經後

沈 汪

廿一

（清）

汪達汝字桐軒諸生文章磊落有奇氣復究心性理之奧

窺破機關二卷 未見

目見 光緒志稿

汪鎣原名師古字鐵生廪貢生居海安鎮少習目錄攷訂之學中年始研究古文預修邑志如皋縣志

鏡堂文鈔 未見

目見 泰縣志稿

汪璪字佩珍旌德汪承澤長子璸之兄监生善詩工畫洪北江太史極賞其詩早逝年二十九

鴿門詩草一卷 存

目見 伺山詩話續集 伺山文鈔 載其序

版本　汪瓚輯刻本洪亮吉康發祥兩序　舊鈔本無康發祥序

汪　瓚字仲玉號蓉湖初字幕僑晚號信天拙叟旌德人恩貢生父承澤家於泰州瓚生於泰仍試祖籍少肆業於洪亮吉先生工詩精於金石善八分書得程蔡之法卒年七十七　康發祥撰其墓誌銘

蓉湖詩鈔三卷　存

目見　伯山詩話　光緒志稿

版本　咸豐四年刊本　是集洪亮吉宋翔鳳評點并題詞卷上為白雲茅舍集卷下為紅雨花簃集續存[illegible]南[illegible]搜經室詩附補遺末有男時益跋　民國二十四年曾孫贊文重刻排印本　後增墓誌銘并行畧

汪瀛洲字石亭璪從弟僑寓泰州時稱汪氏多才詞清思雋惜不永年與兄璪先後而殁

汪

廿三

楊

石亭遺稿一冊未見

目見 佝山詩話續集哲兄琳樂山示余輯載其詩

汪時益字壽芝瓊次子詩能承其家學幼失怙又喪配耦所賦之詩言哀而歎

紅梨新館詩藁未見

目見 汪蓉湖行略云禾 佝山詩話

汪宗沂字仲伊歙縣人洪楊時舉家避居泰州[illegible]作紅羊書

後緹縈南曲一卷存

版本 光緒十一年夏氏刊本演縈孝女慧上書救父之事凡十齣

邑人夏嘉穀評點同治癸酉劉貴曾序及諸家題詞袁錦後跋

汪鋆 字研山儀徵諸生工詩畫法三王名重一時咸豐中客泰州喬勤恪公尤傾重之

揚州畫苑録四卷 存

目見 光緒志稿

版本 光緒乙酉刊本 所輯揚屬畫家自清初以迄咸同靡不甄録尤於郡城殉難諸友採摭無遺首有自序凡例 揚州陳恒和書林翻刻本

十二硯齋文録一卷 存

版本 自刊本 寫泰之作中有三峯園書頡燹小多函記上吞中丞書皆闕於御邦文獻未詳刊刻年月

沙學浚

國防地理新論一冊 存

版本 民三十二年重慶初版自二十八年至卅二年在大公報寄載凡十八篇 民三十五年上海商務再版

汪杜沙

茁

（清）

杜光先字佩山號海樹康熙庚辰進士工制藝善詩

楓山詩集　浙游草　未見

目見　道光志　續府志

楓山制藝存　一名海樹真稿

目見　道光志　退庵筆記　杜海樹真藁以斗室閒吟公餘偶筆康熙乙未合刻之名曰真藁首有德清徐倬江都楊維漢二序計文七十篇皆鄉會闈墨及戊子分校浙闈擬墨末其子湊徽應浙督觀風文二篇

杜鴻漸字五沙一字南帆又字東坨

五沙詩集　未見

目見 府志

（明）李存文 字應魁，號曲江，嘉靖乙丑進士，官至湖廣參議，工書法，稱為三絶

曲江諫草 佚

目見 道光志 仕績傳 稱館課 府志 又載曲江諫草遺佚不傳 江館課

（清）李嘉胤 字爾孚（道光志作嘉蔭，字爾止），號孟齋，存文曾孫。順治六年進士，官至貴州黎平府，遷守順德，康熙六年以病乞歸，工制藝，善詩

草樓集 未見

目見 詩觀 江蘇詩徵

李

草樓制藝未見

目見 海陵文徵附録許東草樓制藝序

李拔卿字易庵順治丁酉拔貢生官通判

論古堂集未見

目見 道光志 佝山詩話

李炳石字存齋康熙丁卯舉人官雲南曲靖府同知

花隱軒詩前集十二卷後集四卷未見

目見 府志 興化縣志

存齋詩十二卷存

目見 國學圖書目康熙刊本有木樨香館范氏藏書石湖詩孫丙卯

李 穎字篔山能詩工篆籀尤擅山水在北苑大癡間賞鑑家爭寶之

十二竹草堂詩稿未見

目見 伯山詩話再續集詩多秦晉齊魯遊覽之作

李于濤

畫樹園稿未見

目見 道光志 續府志

李 寧字壕峯號靜川乾隆十八年鄉魁博洽工詩與程盛修宮煥文相唱和築別墅顏曰守逸山房

守逸山房詩鈔未見

李

阿

目見　光緒志稿

李　祺　字晋堂號青岩諸生工詩古文詞

松蔭堂詩文鈔　未見

目見　道光志

李亨衢　字雲谷號南阿歲貢生

南阿詩稿三册　未見

目見　天橋遺稿夏荃序稱道光己丑春徵南阿先生詩於李君思源出南𨻶詩稿三帙屬余選訂云

李　宸　字楓厓諸生任山東河屯官工詩與名流結芸香社課

粤游草四卷存
目見、光緒志稿
版本 舊鈔本未分卷次凡偶然吟粤游雜詠附以雜文詞約五百首
香囊記未見
目見 草堂詩牘香囊記題詞
李兆蓉字鏡芙廩貢生博學能文尤精易理書法得晉人之奥生平著述甚富惜多散失
周易析義十卷殘稿 水經注辨證四卷未見
目見 光緒志稿
版本 周易殘稿僅存三冊綠格板心有雲程閣三字

日省録一冊　存
版本　手寫本　光緒辛卯至甲午凡四年日記

李長漣　字鑑湖　廩生　博學精醫
四書滙解三卷　未見
目見　光緒志稿

李恩涵　字秋江　光緒壬午舉人
秋江文稿　秋江賦草　都門游草　未見
目見　同上

李星南　字柩仙　拔貢生　為人重孝弟　於經史諸子皆手加丹黄　研求貫通
二曾堂雜説　二曾堂詩文集　未見
目見　同上　按学思録光緒庚寅作詩經稿或生雜説之一種

二曾堂文稿二冊　存
版本　手稿本　起光緒壬午迄[illegible]辛卯凡八十四首

李順觀 字光國諸生 天性純篤繼譚古今陰騭同善堂壇下戒子取名明開

醒世編一卷 存

版本 光緒三十二年同善堂刊本 叙聖學覺世經近句分題擬成七律一百八首 首有自序及單蔭棠序

李金臺 字寶燕 同治庚午舉人 江寧縣教諭歸里後教授生徒 工詩

藏雲山房詩鈔 未見

目見 宣統志稿

李甲生 字義侯

天南游記一卷 存

版本 稿本 戊寅於役滇康 道經南安 凡遇名勝新奇景物異聞趣事 記之以詩 丁亥自序并披露於泰報

李氏 海安李祖退女 徐灃室 孝子徐壞之母也

女則一卷 存

李

艾

目見　光緒志稿其子壞梓行丹徒柳棠宗爲之序

李承霖字雨人丹徒人道光辛丑廷試第一官翰林院侍講學士後居泰州杜門謝客卒年八十五

劫餘勵存三卷　存

目見　光緒志稿誤作劫餘僅存稿

版本　光緒十二年自刊本光緒甲申七七叟承霖自序於泰州之休息廬　上卷古文中卷詩下卷時文試帖

李光炘字晴峯號平山又號龍川儀徵人道咸間石埭周太谷講學於揚州爲其高弟從游四方以傳道自任嘗居泰州講學

龍川先生詩鈔一卷　存

羣玉山房詩鈔二卷　存

版本　傳鈔本較龍川詩鈔有

光緒戊午黄葆年排印本錄有及門受業王政校黄葆年同

版本　光緒丁未南䄂草堂排印本門人黄葆年校訂凡古今體詩二百四十首已巳南䄂為之記并跋及劍心跋校心下有佚叢甲集南䄂草堂八字

李肇漕字冰叔甘泉人諸生博學善文咸豐中避亂旅寄於泰

琴語堂文述二卷續集一卷存

目見　光緒志稿　琴語堂文稿　販書偶記

版本　咸豐丁巳活字本續集同治甲子刻

李慎儒字子鈞號鴻軒承霖子同治甲子舉人官刑部郎中天性高曠侍父居泰不與外事潛心於學

禹貢易知編十二卷存　預

目見　光緒志稿

李

光

增易後附劉道人跋辞及雜文數篇

龍川先生詩稿一冊存

版本　劉大紳抄始印本　用南城草堂本增補詩文附後名曰補本并增李氏遺文及詩若干篇三首劉大紳印本無之劉未有大紳跋未注刊刻年月大約民國年間

版本　光緒二十五年自刊本 根據欽定彙纂以蔡傳為主徵引諸
說辨蔡氏之謬悉詳案語首有自序及總論

遼史地理志攷五卷 存

目見　同　上 未注卷數

版本　光緒二十八年自刊本 補遼史之佚採輯羣書而參攷悉為
案語仍分諸道附以遼地考天祚播遷處考首為自序及總論

邊疆簡覽三卷 存

版本　光緒二十八年石印本 內分東疆即東三省西疆即西藏海
疆即青海凡三篇詳其山川風俗首為之序退思齋滬上石印

瀛寰新志十卷 存

版本 光緒二十八年石印本 述五大洲全國補徐志之不足積十餘年之搜求而成此志其篇幅長者則分為上中下卷呂海寰夏霖為之序跋

鴻軒隨筆八卷 存

版本 傳鈔本 首有自序及吳丙湘序此書未刊原稿現存邑人沈本淵處

鴻軒詩稿四卷 存

、目見、 光緒志稿作詩文集

版本 民國十九年胡筆江刊本其子壽開搜集癸酉以後之作而壬申以前詩稿四冊為沈子培索去未歸壽開屬同邑胡君筠刊其遺稿以行世

李

李愼傳字子薪承霖長子同治庚午舉人江寧縣訓導
去官歸泰州寓宅侍父持家教子十八年益肆
力著述光緒八年
卒于泰年十五

植菴集十卷 存

版本 光緒十年家刻本 自訂初名植菴詩文抄
中有天津事紀畧及罪
言二十首新樂府五十首以觸犯忌諱概行芟去
卷一二古文卷三至六古近體詩卷七詞卷八至
十時文試帖光緒九年山陽丁壽祺爲
之序及叔承銜序并申送詩文鈔詳稿

李壽開字元之愼儒次子寓居泰
州選任泰城商會會長

楹聯雜誌一卷 存

版本 民二十六年石印本 追憶舊作數十則附
以述懷詩并爲之序

（清）

車元春字竹君儀徵人咸豐甲寅徙居泰州僧舍與康伯山昕夕過從工詩

劫灰餘稾二卷 存

目見 光緒志稿作劫餘詩稿李肇曾為之序

版本 同治十二年蕉餘軒詩鈔刊本 此稿後編入蕉餘軒詩鈔卷一至卷二癸丑寓居海陵之作自刊於鄂垣

（明）

吳嘉紀字賓賢號野人一輔第五子幼質異資成童時習舉業就州試第一入清朝輒棄去專工於詩歷三十年絕口不談仕進隱居海濱家貧破屋數椽不蔽風雨顏其門曰陋軒苦吟其間海內名流樂與交遊善書法家六朝

卒年七十九

車

吳

高爾庚校賴古堂本用夏刊本硃校字句并補抄失載詩若干首并有王凡馬（孫駿）手批亦照過錄可以勝抄清本

陋軒詩六卷存　詩觀二集　乾隆江南通志

目見　千頃堂書目　傳是樓書目作五卷　四庫存

目作四卷　禁書總目內有送盛大均之白門應請銷毀　道光志續府

志　東臺志　販書偶記　國學圖書目

版本　康熙元年賴古堂初刻本一卷　大梁周亮工選刊凡

詩百首以體分次康熙改元亮工自書序及王士

禎汪楫兩序每頁十六行行十九字楷書付梓周

序版心下有賴古堂鐫四字安豐康熙六年東台

袁伯勤云首有陋軒圖兩頁未見

分司刊本錢塘汪芾斯裒其全集得詩四百首續

梓以行吳周祚序言之甚詳汪芾斯當

有序惜此本久不傳　康熙十八年方千雲重刊本　歙縣友人方鴻遠合

又有周序刊本。版式編次同方刊本，亦毫無異，僅首有「康熙元年歲次壬寅端月楔下旧学周亮工題于賴古堂」序，自寫隸書行の「序」，版心下有「賴古堂藏版」の字。首封面寫隸書「陋軒詩」三字。整版本與方刊本相同。

吳

先生前後詩得一千九十二首重付剞劂康熙戊申計東及汪懋麟陸廷掄諸序及吳周祚原序每頁二十行二十九字板心上下線口卷五首有送屈翁山之白門二首乾隆間陳瑩侗補刊方本邑人陳瑩得其方刻舊版缺者補之末有瑩後序封面署玉蘭堂藏版字様即陳氏所印本也嘉慶甲戌拼茶繆竹癡刊本十二卷方依本翻刻析分十二卷詩中違礙語句一律俱避或作空匡板心下有一草亭三字嘉慶丁卯徐崇烱序甲戌繆中重刊道光十年秀水王惜庵信芳閣跋其版後歸夏氏活字本重刊方本編入國朝十家詩之一違礙字句概不避遂未有道光王相跋板心下有信芳閣三字道光二十年夏氏補刻繆本邑人夏氏得其版刻去一草亭字樣并除繆序跋首增王士禛汪楫兩序及四庫存目提要不知當紹去一草亭字樣其

日

廿二

數何意民國九年丹徒楊程祖刊本附續集補遺重刊信芳閣本首有庚申方碩甫楊程祖二序又銅版小像及鄭方坤撰傳續集夏荃選刻本

四庫存目提要 泰州多以煮海為業獨食貧吟嘯紀詠所處東淘自名所居曰陋軒因以名其詩頗為王士禛所稱尤刊版散失此本乃其友人方千雲裒集重刻者也其詩風格頗適運思亦復幽刻而生於明季遭逢荒亂不免多怨咽之音

銓按存目提要稱其友人方千雲重刻而不止四卷因卷五首送屈翁山之白門為當時禁忌進呈者所抽去故二卷以免遭銷毀也

陋軒詩續 二卷 存

目見 光緒志稿 續府志

版本 道光閻夏荃選刊本選其陋軒未刻稿得詩一百七十五首

增周亮工、孫枝蔚二序及汪懋麟撰墓誌銘，刻附正集以行世。丹徒楊程祖重刊本附正集，增劉文淇序。夏氏宋石齋底稿本，道光戊戌寶應劉寶楠同選訂。而夏氏硃書刪改字句，寶楠則用墨批其校改之處，與刻本同，惟可見原作。

陋軒未刻詩二冊 存

目見 退庵筆記：一為孫豹人手訂，一為陋叟自鈔。乾隆戊子，宮丈節溪游東淘，於施井亭處見之，携抄本歸，後此本贈余。前二十三頁自抄，體兼隸楷，古趣盎然；後五十頁別人所抄。計詩三百六十首，已見陋軒詩刻者約十之一，餘詩多可傳。余與宮丈曾三選，得詩一百七十五首，謂抄不如刻，與全相輔而行。

按：此稿今藏邑人許仲遷家，秘不示人，余親見之。

吳 濤 字又山。父銓病，泣禱於天，願減壽益父，愈。撫姪如己子，州牧獎之。

芙蓉閣詩集 未見

吳

目見　詩觀三集

吳崇先府志作榮光字式武號鶴山順治泰州籍歙縣人十八年歲貢生考授宏文院中書

經濟鴻書見乾隆江南通志　正覺編　志遠堂新編　桂籍軒詩未見

目見　道光志　府志

世綸堂稿未見　　目見　詩觀二集作稿

目見　江蘇詩徵　詩觀三集

吳伊訓字步尹號筆農歲貢生幼善屬文卒無嗣同學張馨纘之

步尹遺稿一卷存

目見　府志同學張馨並梓遺稿　道光志

(清)

版本　傳鈔本門人鄒鎣彙鈔小題文一册道光十八年弁序○門人鄒自厚彙抄四書文一册道光二十六年康發祥吳樹蘭序及自序跋二藝俱為步尹遺稿

吳

椒堂遺集　未見

陵字又徐號椒堂力貧而豪詩才捷如風檣脫口成章

目見　芸香詩鈔許浩有讀椒堂遺集有感詩

吳

渙字待軒甘泉籍泰州人游於江淮諸壇坫閒三十餘年至貧不能自給苦吟不絕

枕流閣詩鈔　未見

目見　海陵詩彙阮梅叔題詞云乾坤雙眼白風雨一燈明文筆千秋壇詩名四海驚其見先我集推如此

吳

吴會字曉嵐嘉慶甲子舉人

春秋摘要六册 存

版本 同治十三年費巽齋鈔本節錄十二公參以國維墉袁一之説便於春秋題義為家塾課本首有費巽齋序

竹所詩鈔四卷 存

目見 道光志 續府志

版本 道光七年家刻本徐步雲儲夢熊陳道坦為之序卷一至三為古近體詩卷四為詩餘男樹蘭校刊

竹所詞稿一卷 存

版本　道光五年吴儲合稿刊本　儲夢熊合刻并爲之序

曉嵐時文存稿　未見

目見　少佳齋存稿　其子杏莊以原稿屬魏茂林校訂并爲之序

吴廷璟　字綬章，晚號醒庵。性孝友，讀書穎悟，嘗究心閩之學

西銘語録　未見

目見　汪宗沂撰墓誌銘

吟香詩草　未見

目見　宣統志稿　泰縣志稿

哀思録　未見

吴

目見　光緒志稿其子寶和乞名士作傳誌詳辞編為哀思録未梓

（明）

吳寬字原博號匏庵長洲人成化壬辰進士第一禮部尚書謚文定

平吳録一卷　存

目見　千頃堂書目　浙江採進總録

版本　明刊金聲玉振集本袁褧編刊題皇明平吳録

四庫存目提要　不著撰人名氏末有袁褧跋稱此書相傳為吳文定公所撰千頃堂書目別載有黃標平吳録一卷與此書同名其書見陸楫古今說海中與此本詳略不同截然二書則謂此書為寬作或亦有傳聞所紀皆張士誠據吳始末起元順帝至正十三年迄明太祖洪武元年敘述頗有條理然亦多史所已具者惟明初書檄之文皆全載之則他書所未及耳銓按說海作平夏録

（明）

吳國倫字明卿興國人嘉靖庚戌進士
官至河南布政司參政

張士誠本末畧一卷 存

目見 四庫存目 張士誠與李伯昇等起事之由
附方國珍諸弟本末 首有自序
曰每聞祖言國初陳張事
甚悉因誌其始末大畧云

版本 明刊陳張本末本 借月山房彙鈔刊本
嘉慶間張
海鵬輯刊 學海類編刊本 道光六安晁氏刊澤
古齋叢鈔刊本 道光陳
璜校刊 ○商務館影印

（清）

吳

吳 澍字雨三號蒼銘休寧人入高郵籍遷居泰州由
歲貢生考授歷任晋黔楚三省知府擢岳常澧
及汀漳龍道所至皆有政
聲以老乞歸年八十九卒

海陵陳氏抄本

勤江課士録 未見

目見 吴日甲鄉試履歷

楚些遺韻一卷 存

版本 康熙間光裕堂精刊本 其子廷偉編刊彙集前三哀輓之詩各以體分次泰人占多數首有海陵施震鐸引緣刻精絶棉紙初印

吴廷偉 字端人一字潛羽尉子官陝西同州知府擢兆泯隴右道調臨兆驛鹽道三攝臬篆以明允聞卒年七十九程盛修銘其墓亦善書法自序係其手筆

唐詩體經六卷 存

版本 康熙癸未自刻本 選訂唐詩取其切要必讀者以體編次 秦陵蘭

元標依詩經注釋定名體經其選注之精覈可稱
双璧張玉書顧元標爲之序及自序于吳陵別墅
康熙癸未刻于家塾每卷有海陵宮
鴻歷繆沅俞廷梓參校當刊於泰州

吳文煌字 號凌雲居士湖孫高郵籍附貢生官川
北兵備道乾隆庚寅四川鄉試監試年逾六十
退歸不仕工
書法善詩

凌雲詩鈔 未見

目見 同甲鄉試履歷

吳授皂字涇陽興化
人寓居泰州

七律詩選二卷 存

版本 嘉慶間刊本寓泰所選同時諸子
之作泰人占其二三

吳

海陵陸氏抄本

吳登鰲字自號笠湖居士文煌子隨父任所佐理刑名工詩淮海英靈集選其詩

筠亭詩鈔 未見

目見 同甲鄉試履歷

吳文錫字蓮芬儀徵人道光十一年舉人歷官四川鹽茶道回籍隨辦江北團練寄居泰州工詩善書畫

半螺龕雜誌四卷 存

目見 光緒志稿

半螺龕詩存前後編 存

目見 同上 作六卷

版本 咸豐元年刊本 己未自序於海陵蟄園之三峯草堂後編為試帖

吳芝軒名未詳歙人道光間寓居泰州工篆刻

芝軒印稿一卷 存

版本 自鐫硃拓本 文昌聖訓全文逐句約九十方道光壬寅邑人丁楚玉沈潔為之序墨校框硃印

吳師機名安業字尚先錢唐人洪羊時與弟官業奉母移居泰州東鄉北俞家垛以醫術為人施治

理瀹駢文一卷輯遺四卷 存 原名外治醫說

目見 中國醫學辭典 醫林尚友録

版本 同治三年海陵刊本 外治醫說撰成駢文并注釋以子華子醫者理也藥者瀹也取以名之許楣髙橋散人為之序及弟官業序并同治四年自跋刊於海陵

吳

廿八

慎

吳熙載初名廷颺號讓之儀徵諸生五十後以字行咸豐中寄居泰日於姚氏遲雲山館精於金石考證善各體書兼工鉄筆餘事偶作花卉詩不多作光緒初年歸里

吳讓之印存 存 一名讓之印譜

目見 光緒志稿作晋銅鼓齋印存 西泠印社書四卷 李維之輯

目 吳讓之印譜十冊 印譜集目

版本 岑氏懼盈齋綠格硃拓本 甘泉岑仲陶所用名號收藏諸印九十餘方彙拓成冊板心上刻師鄭軒印存下有懼盈齋 陳子偉藏手拓本

在泰所刻諸印遺手劉麓樵硃拓本 姜堰劉漢臣延請至其家印存間有手寫識語

鐫名號收藏諸印數十方彙印一冊 王白齋藏硃拓本二冊 未署標題凡所集岑

仲陶汪硯山張午橋陳守吾張澍伯諸印葉大根彙集本樓集邑中所存者諸名字印約數十方拓存一冊西泠印社拓本

吳嵩泰字岱雲一字少秋高郵籍貢生能文工書精篆刻少從興化劉融齋游劉器之妻以女中年游浙泰生平淡於仕進晚年閉門謝客子同甲按吳氏由吳尉居泰已六七世矣仍隸高郵籍

課餘偶存一卷游秦小稿一卷修桂軒詩餘一卷存

目見 三續高郵州志

版本 民國己巳楊蘅刊排印本偶存咸豐丁巳至辛酉少壯之詩小稿同治壬申奉祖母至陝西漢陰廳署途中之作為其子同甲裒輯并注略子婿楊蘅校刊并跋此集於丁卯繕付石印未竣毀於兵燹其後楊氏付諸排印始行

卅九

吳昱

（清）　樓

呂潛字孔昭號半隱別號石山農四川遂寧人大器子崇禎癸未進士值蜀亂避居泰州工詩文書畫嘗𧼈奇雨草堂酬唱甚多傳為盛事

懷歸草堂集　課耕堂集（詩現二集　樂草子）　守閒堂集　未見

目見　明人詩鈔　感舊集　道光志

呂清字一清新安人僑居泰州鹽場其先業鹽因家焉康熙中為虹縣教諭旹以老乞歸

太平盛事　未見

目見　發幽錄　謂產鹽宜有定額復古鹽法則諸弊盡絕考訂典籍成此書將上大憲途次吳門卒其子德良刻成於家　道光志作太平善政

恕堂真源詩稿　未見

目見　道光志　東皋詩存

（清）何永倬　字雲章　儀徵人　遷居泰州

景曾錄　佚

目見　道光志　按黃雲著有此錄　未知孰是

何　鐵　原名霖　一名鏐　字龍若　一字金雨　號忍冬子　京口人　僑寓泰州牛市　自號牛市長者　工詩善畫

秋墳集八卷　未見

目見　光緒丹徒志　詩觀初集　江蘇詩徵

（清）余振行　婺源人　洪楊時避居姜堰鎮　精於醫學

痘疹辨證　未見

呂　何

陳埭、一賦詩信今多吟社

目見 宣統志稿

余鑑字鏡湖，振行子，幼隨父避亂居姜堰鎮。戊辰進士，入翰林，工詩。

文室天花集 未見

目見 同上 其子文海編，外甥曹學曾校刊，未及付印

余文海字仰蘇，别號漁村逸史，鑑子。[illegible]世其家學，工詩文，築室姜堰鎮北栖家德居

漁村詩集一卷 存

版本 民國二十五年泰州排印本 有王翌儒序及曹學曾跋 外甥曹學曾編刊 癸酉

漁村鼓盆求應錄一卷 存

版本 民國十五年石印本 為其夫人徐氏悼亡之作，徵應者吳同甲

清

袁鑣等詩文外
甥曹學曾跋

冷香吟社詩選二冊 存

版本 民國己未（八年）石印本 余文海等結社酬唱之作 為邑人劉法曾評選

并序及譚啓瑞序（後改作未收）

余儀曾 字伯來 號羽尊 一號黍村 先世自莆田遷居泰州 明諸生 工詩書 得二王家法 嘗游如皋冒巢民 待之以阮脩故事

瞿瞿草詩畧六卷 未見

放鳥亭詩 未見

目見 詩歌之餘

目見 東皋詩存卷四十三選其詩八十一首

柳溪內外篇□卷 未見

目見 嘉慶如皋縣志傳稱所居窓外有老柳額曰柳溽因以名篇云

詩槩未見

目見 退庵筆記 慎墨堂詩拾引用採輯羣書目汪儀曾手抄本

像其所選同人之作當未付梓故無行世

（清）阮

焱字晋明餘杭人幼奉母避兵居泰同治乙丑年十八始為詩後任阜寧知縣

誰園詩鈔六卷存

原本 光緒三年自刊本此集卷一有岳墩松林庵等詩皆在泰之作

泰縣著述考卷三　陸銓次公丁亥訂　庚寅續補

八畫　於宗姓　武林易昌周

金邱季竺邵郇

（清）

於震字亦川號秋水丹陽人徙居泰州南門後居小紀鎮工詩古文辭乾隆乙酉召試二等與俞塒昆李友善繆永煦為其壻

太河秋水集　未見

目見　霄崢集

冰玉集三卷　未見

目見　退庵筆記　為其壻繆永煦選訂名曰江表英靈集與靜軒詩合選取歸翁新水清玉潤之意手自勘寫

（清）

亦川詩鈔三卷 存

目見 江蘇詩徵 伯山詩話 云曹孫以抄本全集見示

版本 舊鈔本 以年編次自癸酉至丁丑之作凡詩三百首附以雜文八篇首無序

跋 此本或爲伯山所見之詩稿也

宗源瀚 字湘文上元人咸豐庚申寄居海陵佐喬中丞幕僚工詩與康伯山欽辛白唱酬

頤情館詩鈔四卷 存

版本 民國九年其子舜年刊本 前二卷自定稿咸豐壬子至光緒丙子詩外一卷丙子以後作續抄一卷無歲月以別於自定本金壇馮煦爲之序己未其子舜年刻之并跋

（清）

性　慧字炳一號幻雲江西古處州黄氏子主光孝寺詩宗三唐書畫在香巖北苑之間尤善畫蘭

幻雲詩鈔一卷存

目見　道光志　續府志

版本　碧雲存稿刊本徒孫煥然搜其殘稿徐步雲選詳并序之及姜鳳喈為之序嘉慶十二年與香雨詩鈔合刻名碧雲存稿

武國良字簡侯一字簡子善草書精於醫理著述甚富曾任本縣圖書館二十餘年

仲聖方證合一要訣存藏

版本　稿本採傷寒論金匱要訣二書方證編成歌訣旁徵前賢及日本古方足資依據者其中有證無方有方無證者亦補及之

宗　性　武

證候學 存

版本 稿本 搜羅新舊諸書有關於證候之作者
辨別陰陽虛實生死難易醫者於此
自能明決治法而
無舉棋不定之嫌

方劑應用法 存

版本 稿本 以經方治病為準則間採用後世方
之歷驗者均根據前賢準此療病自
無方圓鑿
枘之弊

藥證學 存

版本 稿本 爰取新舊藥物諸書及關於藥物試
用確效之論為類其效能定其適用
計十二類八百餘種與方
劑應用法相輔而行

武

中西各病證治會要 存

版本 稿本 彙集新舊證狀病理診斷治法四類其中所採單方外治針灸諸法係各家秘傳與經驗所得者雖非醫家亦可隨便採用

中西花柳病學 存

版本 稿本 博采新舊學説及繁簡有效治法隨證使用紙以中醫無系統專書故治此病者甚少成其缺憾乎

小兒適用推拿法 存

版本 稿本 小兒舊疾病不慣於藥石舊法推拿雜亂無系統今刪繁就簡以求適用并附簡明按摩術等於後醫人能兼之庶法推微

三

外治學　小兒百病外治學　婦科雜病外治學　存

版本　稿本　中醫諸外治諸法散見古今醫籍者
甚多未能成爲有系統之學今盡力
收集分類部居挍法使用
内附有效單方爲佐治

疾病食養法　存

版本　稿本　飲食之宜忌與治療之法摭拾新學
說間附舊說可採者分類病名編之

中西病名類證　存

版本　稿本　西醫病名與中醫不同猶言語之異
爰爲分類並列俾便曉於病名

中醫診斷補　存

版本　稿本　補其診斷
學之不足

針灸要穴集驗　存

版本　稿本　採取日人管周圭氏七十穴治法附奇穴灸法醫家得此易學易精

內科外科婦科兒科單簡經效方　存

版本　稿本　採擇古今及民間相傳之方經驗試用效見分科彙集

婦科方證會要　存

版本　稿本　婦科普通異者僅在胎前產後病狀而已其他無別若以普通療法治之每不能愈茲編會合有效方劑療法而歸之也

中西病理合釋　存

版本　稿本　醫理不能確定診斷當代中醫漸有發明新病理解釋昔彙集之

又三

武

簡子自笑録 存

版本 稿本 為人治病醫案用小説體裁叙述病狀療法見有許多奇病為中西醫所不能治者而於短期治愈故以名自笑

冷齋醫話 存

版本 稿本 平日所閲有價值醫事可以增醫人知識而資警悟者筆之於册自謂行醫二十餘年業務冷淡因名其居為冷齋

（明）林 春 字子仁號東城其先閩人以從戎泰州守禦所占籍焉嘉靖壬辰會元官至吏部郎中

林東城文集二卷 仔
目見 國史經籍志 明史藝文志 康熙府志
誤作四卷 道光志 乾隆江南通志
攸本 嘉靖二十三年浙中刊本 其稿乃公歿後為同里張淳輯
公子曉等取稿走會稽謁王龍谿通乩尚文督學
浙中因謀付梓屬唐荊川校正嘉靖丙午王鐵許
穀張淳為之序壬子馮艮亭後序庚戌曉跋上卷
序記雜著詩類下卷書簡類通計一百二十九首
此本如皋沙元海陵叢刻本民國十年從沙氏頤
炳有藏本并跋 志堂藏本校印列入
第五種並未載沙跋
林 林訥字公敏號白宇福建莆田人初貢淮南嘉靖甲寅
諭倭亂舉家遂居於泰拜受東崖門下卒葬安豐場
四

漁樵答問 遺集未見

目見 心齋弟子録 道光志 東臺志

林枚生原名節字仲和諸生咸豐八年順天鄉試挑

取實録館謄録游存順天府尹卒年七十三

籌算乘除法一卷未見

目見 宣統志稿

林景亮

評注古文讀本六册 存

版本 民國五年中華書局排印本選古文一百八十篇便於高小 首有編輯大意

初學課本每篇詳注篇法章法句法字

法注釋五類并眉批已出三十六版 至十三年二十二

田稄制藝 未見
目見 春雨草堂集卷二十一載其序

（清）易東 字田稄維時子辛卯戊子兩中副榜
曉堂詩 未見
目見 江蘇詩徵 府志誤作易來

易之炯 字凌洲東子康熙乙丑進士
秋錦樓集 未見
目見 同上

（清）昌泰 字雪笠道咸間詩僧所為古今體詩無蔬笋氣丹徒趙彥俞題其詩稿
白蓮集 怡雲稿 未見
目見 伯山詩話 光緒志稿

易 昌

五

（宋）

周孟陽 字春卿歸貞子寶元戊辰進士官至天章閣侍制

易義一卷佚

目見 通志 國史經籍志 經義考 道光志

周種 字仁熟熙寧癸丑與弟秩同榜進士官至右文殿修撰出知廣州

周種行狀佚

目見 遂初堂書目

周秩 字仲實與兄種同榜進士官至集賢殿修撰贈徽猷閣侍制

易說十卷 周集賢集十卷佚 以乾隆江南通志

目見 經義考 道光志 府志

周麟之字茂振紹興十五年進士中宏詞科任起居舍
人擢兵部侍郎直學士院給事中知制誥翰林
院學士官至同
知樞密院事

海陵集二十三卷外集一卷 存

目見 直齋書録解題作三十二卷 通攷 宋藝文志
焦志作三十二卷 傳是樓書目集無外 道光志亦從宋陳直齋
書録明焦志作三十二
卷蓋為二三倒寫之譌 開有益齋讀書志 江寧
府志注麟之江寧人據中興館閣録 乾隆江南通志
以江寧籍登第遂為江寧人

版本 四庫全書寫本 影宋鈔本歸安陸氏錢
唐丁氏均有
藏海陵叢刻本從江南圖書館鈔本
本排印列入第四種

作周樞密集二十二卷

周

迎

四庫提要宋史藝文志載麟之海陵集二十三卷與此本合前有淳熙癸卯周必大序亦稱其子舉裒遺稿得二十三卷蓋猶舊帙序稱其久官於朝故其詩文因事而作者少集中內外制詞居其半今觀其集非為贈答唱和寥寥無幾即奏議奏劄亦多不關軍國大計蓋其珥筆禁庭坐躋通顯與王珪約畧相似而文章嫻雅亦猶有北宋館閣之餘風非南渡諸家日趨新巧者比未可以專工儷偶輕也別有外集一卷其中使金諸詩稱紹興己卯考徐夢莘三朝北盟會編載紹興二十九年周麟之為告哀使蓋以韋太后事而行時金國方謀南伐詩中造海船一章亦知其徵由膠州浮海水陸並進而所載中原民謠十章乃盛傳符讖以燕京小為康王坐之兆以迎送亭為迎宋之兆以洲沃為天水之兆皆附會牽合亦何異呂紳棄通州而逝乃表言夜夢赤幟朱甲為中興之瑞乎二老堂詩話又載麟之使金主愛之享以牛魚簽糟其首以歸獻時有魚頭公之嘲則當時

詆

必有所取悅於金主者，而其詩誇金誠宋，與事實絕不相應。又前後亂歌三十首，虛張虞允文瓜州采石僥倖之功，殊為過實。詞句亦多鄙俚不類。鄧之池詩考諸宋志，亦無外集之目。豈其子諱而削稾，後人又掇拾附存歟？以原本所有，姑仍其舊錄之，而附訂其謬如右。

別本海陵集一卷 未見

目見 四庫存目 此本僅詩六十三首，文四篇，即外集一卷，書賈削標題外集字，別作偽帙以售欺耳。

周

邦 煇之父。南宋渡江，寓居錢唐。紹興初主丹陽簿，除江東漕司幹官。

政和大理入貢錄一卷 佚

目見 遂初堂書目 書錄解題云：右功郎錢唐周邦撰，其祖稱

周

松窗雜志二十卷 佚

目見 退庵筆記 吳興陳晦翁稱松窗先生有雜志二十卷，藏於家。

昭私所爲宜繼前作
爰之郡所共采志惜
不傳

爲集賢殿修撰知桂州時歸明人黄瑀招來大理
國入貢詔穜考究其真僞穜言妄不可還乞依熙
寧故事支馬價發還瑀至京師力主其事穜一通攷
諸職奉祠久而讞其詐乃改正復職知廣州

世善堂書目　府志　光緒志稿　乾隆浙江通志

周

煇字昭禮邦子試宏詞未第除授張子正爲賀金生辰使
掄之同行司筆劄寓居錢塘清波門外隱居不仕尤
嗜學工文藏書萬卷

北轅録一卷　存

目見　焦志　傳是樓書目　絳雲樓書目　府志　光緒志稿

版本　明刊説海本　明刊續百川學海本　吴江吴永
刊　明刊歷代小史本　豊城李械刊　説郛刊本　明陶珽輯刊　海
陵叢刻本　民國二十年排印列第二十種　舊鈔本　記淳熙丙申十一月從使者張

南燼紀聞一卷　存

目見　光緒志稿

版本　寒瘦山房鬻存善本書目

版本　辟蠹山房鈔本　穴硯齋鈔本　首有
阜昌丁巳黄冀之序
駱光啟手抄本

首有嘉慶二十年光
啟手跋，附曹勛北狩
見聞錄合訂一冊，見
寒瘦山房善本書目
著錄。
絳雲樓書目注云阿
計替記徽欽北狩困辱
之事周悉極其艱苦
言必是宣和政間不得志
小人偽造此稗史耳

子收至全國經中往返凡九十六日之日記 說郛明鈔本 十六年涵芬樓排印

清波雜志十二卷 存

目見 宋藝文志 文淵閣書目 汲古閣秘本書目 菉竹堂書目
書目 注影宋抄本 傳是樓書目 四庫總目 天祿琳
琅書目前編 注影宋鈔本并乾隆甲午御題云適
鈎晉蹟隔一閒明影宋刊非兩岐世道人心斯繫
矣南遷北戍早卑之清波門外西湖水洗盡當年
訣墓詞并鈐有所寶惟賢 鐵琴銅劍樓藏書目 宋刊
乾隆御筆二璽
本 府志 光緒志稿 乾隆江南通志 注作二十卷誤 上之人
版本 宋刊本 首有淮海周煇昭熙壬子自序及癸丑張貴謨序跋每頁二十四
周 後有紹熙癸丑[illegible]斯中張訢淮陽宋晟慶元二年龔頤正跋似從

逸

叢刊續編本附
校勘記

印善

行二二十字書中徵慎悖字缺末筆 影印宋本 民
舊爲儔是樓藏書後歸鐵琴銅劍樓 影印宋本 國
十七年商務印書館續古逸叢書影印依原本 影宋鈔
民國二十二年四部叢刊續編影印（商本後有校勘記）
本 天祿琳琅舊藏本 四庫全書寫本 知不足齋叢書刊
本 乾隆中鮑廷博校刊入第十八集 小說筆記大觀本 民國十六年石印
明刊稗海本 萬曆間商濬編刊 說郛刊本 陶珽編 卷（刪去）
敖〇涵芬樓據鮑以文校抄本 附別志每頁二十行二十字并有以文跋語 印
明爲本排印 刊入知不足齋叢書之祖本
清波別志三卷 存
目見 宋志作二卷（菉竹堂書目） 府志 嘉慶 光緒志稿 文
淵閣書目 儔是樓書目 四庫總目 浙江採

日

周

集總録作二卷刊本煇淮海人寓居臨安之清波門著有雜志三卷刻商濬稗海中此其別志以續前書也

版本　影宋鈔本汲古閣舊藏　四庫全書寫本　知不足齋叢書刊本　舊鈔本有青浦王昶印韋碧樓舊藏　小說筆記大觀本

煇字昭禮邦彥之子屬鵠宋詩紀事作

四庫提要載馬曰璐之言曰舊本清波雜志有張貴謨序書中煇俱作煇應從之案是編為影宋精本書中俱作煇張貴謨序亦存恐璐所見者或轉是偽本煇自題曰淮海人而兩浙名賢録載之書中有祖居錢塘後洋街語則煇實自浙遷淮也是書之末有張斯中張許陳晦楊寅張巖龔頤正徐似道等七跋皆同時人似道稱煇為處士然煇

九

挺龔頤正跋稱正集三志提要疑誤不可以據惟稱別志或有後志續志之類當不止此二志也

慶

嘗試宗詞奏名見之書中或當時未就官耶別志又自稱嘗至金國蓋不可解或隨出使者行也清波為杭州城門之名紹興中焯寓其地因以名書所記皆宋人雜事方回桐江續集力詆其尊王安石之非考書中稱焯之曾祖與安石為中表蓋親親串之間不無回護猶之王明清揮麈諸錄曲為曾布辨渾知其私意所在則可以盡廢其書則又門戶之見矣是書原本十二卷商濬稗海作三卷蓋明人刊本多好併合刪削不足為異諸跋並稱二志惟龔頤正跋作三志考宋人著書率以前後別續新分為五集則別之前似乎當有後志然別志但稱前志不及後志嘉靖戊申姚舜牧跋亦但稱雜志十二卷別志三卷則自明以來惟此兩集或頤正跋三字誤歟

（元）周

湛淵靜語二卷 存

陳字伯陽號方山又號識字耕夫工詩浦江吳渭宋遺民於家創月泉吟社陳第十九人也

目見四庫總目元白珽撰周暕編按珽字廷玉錢塘人仕元官江浙等處儒學
副提舉秩滿署淮東鹽倉大使謝事養痾光緒志
海陵再遷蘭溪州判官致仕結廬西湖
稿
版本 四庫全書寫本 知不足齋叢書刊本乾隆
間刊編入第九集首有至大庚戌周暕為
之序及自序嘉靖丙午儒允跋何焯跋

（明）

周
沂字公魯諸生安豐場洪武初濱海年山朝命賑
饑有司未行沂上疏得直典任九江刺史抗直
犯上謫戍遼北七士論惜之
梅莊詩鈔 刺史遺集佚
目見中十場志 東臺志 府志

周盤字崇壽號西野心齋妹婿八歲能詩文受業於心齋

文莊遺集 佚

目見 同 上

周 瑞字大祥號源溪明儒鄒守益門人亦湯明私淑心齋之嫡姪也

餐蕉堂詩集 存殘稿

版本 民國二年周氏三先生殘稿排印本 袁承業輯

刊從周氏家乘錄出古近體詩及鄒守益題辞顧大信吳之雋撰傳項世林像贊名曰殘詩

周思兼字紹旦號得齋庠生師事東厓配享東淘精舍

定庵周公遺稿 佚

目見　心齋弟子師承表　東臺志　宣統志稿

周士弘字正夫，號少溪，瑞子，庠生，東厓弟子

志學堂詩文稿存殘稿

目見　心齋弟子師承表　宣統志稿

版本　周氏三先生殘稿排印本，袁承業輯刊，得詩二十首，附凌儒壽序、韓貞、李大來等贈答詩、顧大信撰傳，仍名殘稿

周世臣字燮翁

芙蓉集未見

目見　伯山詩話（詳前）與王之驥同輯

十二

周

（清）

周莊字元度，一字楚狂，號蝶園，士弘孫。諸生。與季大來同學、同志、同節。

桴寓草 蝶園草序 殘稿

目見 府志 作蝶園詩鈔

敞本 周氏三先生殘稿排印本 袁承業輯刊蝶園草，得詩一百五十首；桴寓草存詩七首。自萬曆乙卯至康熙九年止。季大來為之序，顧大信撰其傳，附以贈答詩。

周淑媛字又洲，杭宣澤室。

淩雲岩草 佚

目見 宮閨小名録

周姞媛字室楨

梅林居詩佚

目見 宮閨小名錄

周貞媛字瑤石同邑施千里室

闋〻集佚

目見 宮閨小名錄 道光志 名媛詩話 海陵人知

瑤石又洲西女士負才名鮮有知其妹室禎者殆亦有幸有不幸耶

周鳳鳴字鳴岐號桐岡邑增生遷居如皋授生徒數十年

華襛舍詩稿未見

目見 東皋詩存卷二十三選其詩十五首

周

十三

周虹字虹起一字天橋布衣工詩善騎射

天橋初集四卷不休編一卷未見

目見 道光志 府志

版本 手抄本藏其甥李南阿處存三四兩卷五七律二百九十首佚其一二兩卷古體詩手寫稿草書拙率邑人夏荃從此稿選錄

天橋遺稿一卷 存

版本 夏荃輯本得其殘稿選五七律詩九十首李亨衢為之傳道光己丑為之序編為辟蠹山房叢書之一未刊行世僅有傳鈔

周錫爵字公侯中學國文教員

史漢志疑二卷 存

目見 稿本 民二十五年刊登泰報

（明）

周汝登字繼元號海門嵊縣人萬曆十八年任泰州分司重建社學置泰東書院講學論文後官至尚寶司卿

王門宗旨十四卷 存

目見 四庫存目

版本 明刊本 載王守仁講學之語附以王艮徐曰仁王畿之說首有汝登自序

（清）

周潔華字藩石貴筑人以進士出牽江蘇任泰州監掣僑居泰州學教胡公書院

海陵從政錄一卷 存

十三

周

目見　光緒志稿

版本　道光十九年家蔭堂刊本 其子項校刊所錄皆仕泰州監掣時鹽政公牘附以廣陵從政錄

周

庠字西苓東臺人道光癸未寄居吴陵三峯園與曹艮甫高紫嵐唱和嘗詠三峯園十四景

海燕草堂詩四卷　存

版本　道光四年自刊本 以年編次甲申自序

（清）

金玉聲字稚貽

笑翁草一卷　佚

目見　道光志　府志

金長福字雪舫高郵人貢生避居泰州與王廣業趙瑜
談藝論詩著有海陵竹枝詞

小墨莊詩話 未見

目見 光緒志稿

海陵竹枝詞一卷 存

版本 同治三年青箱塾刊本一冊 列於卷

（清）

卯文田字石農歲貢生工制藝擅詩賦里中名流出其門者甚夥

石農文鈔 未見

目見 光緒志稿

（明）

季來之原名應甲字大來號綺里枉子崇禎十五年舉人鼎革後棄之終身服先朝之衣巾著書盈篋

十四

金 卯 季

不以示人得心齋學最為深切一夕夢心齋與語
遂署其居曰誠心堂康熙六年卒年七十五

六要箴 佚

目見 道光志

孝廉李大來遺集 存 殘稿

目見 東臺志 傳下注參遺集 道光志

版本 袁承業輯鈔本 輯錄文一篇詩二十四首

郎懷成詩為其弟元圃殁於
京師扶櫬以歸里傷懷之作門人宮偉鏐為之序馬士奇
撰其傳承業為之跋並摹遺像刊印國粹學報中

季先生詞 存

目見 惜陰堂彙刻明詞 提要云從遺集中錄出

(清)竺　堂 通州人康熙丙午癸丑先後住錫海安西寺著有西寺八景詩行世

竺堂語錄四卷 未見

目見 海安考古錄 吳州文集 有序

(清)邵　笠 字潛庵黄杜若室

薛蘿軒集 未見

目見 清代閨秀詩人徵略 眾香詞云詩媛徐淑秀為潛庵之庶母故遂工吟詠適黄杜若秀才中更家難不幸而卒病中悉焚其全稿僅得數闋斷然寸璧為足寶

引許觀和集

(清)邰福基 字學庵廩貢生居曹莊性至孝有文譽研究性理杜門謝客門人私謚安貞先生

春秋攷異 性理外編 未見

竺 邵 邰

泰州……抄本

目見 光緒志稿

肆（清）

海陵詩學源流考

未見

目見　聲玉山齋詩集卷十和桐軒先生見贈原韵云精心歷々考溯源，并注先賢海陵詩學源流考

九畫　姜　范　俞　咸　洪　紀　姚　計　查　柳　胡　冒

姜鳳喈　字胄儀，號桐軒，舒祺次子，諸生，嗜經史，肆力於詩古文辭，尤善談論

叢談偶録一卷　存

目見　退庵筆記

版本　民國十九年古物保委會石印本　凡三十餘則

十桐軒詩話一卷　抱書樓識餘一卷　存

目見　退庵筆記

版本　辟蠹山房鈔本　夏荃編二書，所録皆有關掌故，入辟蠹山房叢書之一

蛾術軒詩文集　未見

姜　九畫　十六　海陵叢刻抄本

集作蛾術軒
集

目見　姜氏族譜　海陵文徵附錄有法式善桐軒詩鈔序
光我

姜
淓字若泉號南舸工繪事善山水人物花卉翎毛

蟠壑山房繪事二卷　存

版本　手寫稿本所錄論山水六法及諸名家作品甚詳道光辛丑孫廷鈴為之序

姜選樓改名文炳字午泉一字塞翁貢生少受知於李學使小湖渠蒙獎許迢往未就以詩酒自娛

清橋詩集一冊　未見

版本　手稿本

清橋書屋老人吟一卷　存

版本　光緒十一年自刊本　依王子勤原韻三十首附示兒四首劉天縈跋

（清）

姜海田字石舟號鶴儕選樓子監生棄儒就醫改名琴舫

蕉雨室詩集一卷存

版本　手稿本自訂各體詩三百餘首汪時深鄒鼎徐球朱慶燾爲之題詞

洪湘蘭字畹雲儀徵洪錫璋女仲振猷室

綺雲閣遺草一卷存

版本　仲氏女史遺詩刊本仲振奎所選

洪文翰字筱園增貢生歙人先世賈於泰因家焉少工詩中歲遍游山水以唱詠爲樂

梅溪節烈雙褒録二卷存

目見　光緒志稿　行述

版本　光緒五年自刊本

廿四孝圖説試律一卷

版本　光緒癸巳晚薌吟館刊本
同里戴望繪圖
前爲題詞後系

以詩同人分詠
一律癸巳自跋

海陵雜事詩二卷　存

目見　行述　光緒志稿
作一卷

版本　稿本

晚香吟館詩草十二卷雜著二卷識小録二卷所見

録二卷晚悔筆記八卷　未見

目見　光緒志稿　行述

海上聯吟稿二卷　存

目見　同　上

版本　同治八年自刊本　上卷同治丙寅感懷丙癸亥寅詠物下卷己巳詠物

和者趙瑜等十八人鄭維淦爲之序文翰刻之光緒二十一年補刊本首有吳同甲序及自序

洪承儒字紱士歙人業賈少學於康發祥其詩得力陶潛有自然沖融之致

畬經書屋詩勗　未見

目見　光緒志稿

十八

洪

洪載福字右橋號子厚歙縣籍諸生純士之姪工詩年未中壽而歿

敦復軒詩稿二卷 存

版本 手稿本 自爲評訂硃緑墨批語壬子三月并記癸巳程宗沂甲午施思老人戊戌江鈺諸跋

洪寶興字鈺侯歙人世居泰州與繆蒙袁祖成友善時稱海陵三才子工詩文歿後遺稿散失

海陵竹枝詞一卷 存

版本 傳鈔本 集謠諺語撰成若干首民國二十一年刊載江泰報藝林中邑志又收録數首

洪榮棣字鄂棠號白威文翰孫嘉紱子少有俊才工詩詞與程瑞泰相唱酬年二十餘卒

（元）

詩詞歌賦稿一卷　存

版本　手稿本　僅詩詞未及百首，就正於程宗沂，并爲之跋。

計東　字甫草，吴江人。順治丁酉舉人，以江南奏銷案被黜。康熙間徙居泰州。今城內計姓製花業即其族裔也。

改亭文集十一卷　詩集六卷　存

目見　宣統志稿　國學圖書目　四庫存目（文集作十六卷）

版本　康熙（癸酉宗學）間續春樂園刊本

施耐庵　以字行，原名耳，一名子安，白駒場人。元至順辛未進士，官錢唐二載，棄官歸里，閉門著述，追溯舊聞，每成一書，必與門人校對，羅貫中爲尤多。吳王張士誠屢聘不至，乃懼禍舉家遷淮安，歿於洪武庚戌

十九

洪　計　施

年七十五淮安王
道生爲撰墓誌
志餘 佚
目見 耐菴墓誌 中國人名辭典 亦據耐菴墓志

三國演義 存
目見 耐菴墓誌 古今書刻辭典著錄都察院與水滸合刻
版本 明宏治甲寅刊本凡二十四卷題三國志通俗演義後學羅本貫
中編次前有宏治甲寅庸愚子（金華蔣大器）序黑
口版每頁十八行二十七字楷書甚精其文不深
語不甚俗且根據史志非穿鑿附會可比明李
李卓吾毛宗崗金聖嘆諸本皆從此出 商
務印書館影印本

施

嘉靖壬子翻刊本卷數及標題俱同宏治本首有
壬子修髯子（關西張尚德）序及
庸愚子序世稱宏治本蓋因時人抽去修髯子序
以充宏治本而嘉靖壬子距宏治甲寅未及三十
年即有兩刻嘉靖本遂罕見據庸愚子序稱書成
士君子之好事者爭相謄錄以便觀覽云以未刊
行則在嘉靖始刊之見於著錄有都察院本即此
刻每卷十節共分二百四十節每節
一標目目皆單句句皆七字

萬曆辛卯金陵周曰校刊本題新刊校正古本大字音釋三國志通俗
演義其內容與嘉靖本相同惟併合為十二卷仍
依原分二百四十節又增插圖加以音釋圖為上
元象水王希堯寫白下魏少峯鎸刻後有序萬曆
辛卯季冬吉望刊於萬卷樓一行板
心下有仁壽堂刊四字

明夏振宇刊本標題同前亦分十二卷板心
上有官版三國志字樣

廿三一

萬曆壬辰余氏雙峯堂刊本題新刻按鑒全像批評三國志傳凡二十四卷二百四十節每頁分為三闌上闌載批評中闌載圖下闌最長載本文與嘉靖本無大區別為余象烏批評本象烏字仰止與兄象斗同為閩南著名書賈善詩作小說

萬曆乙巳閩建鄭少垣聯輝堂刊本題新鐫京本校正通俗演義按鑒三國志凡二十卷首有顧亮序每頁上端為圖下為本文距余氏後十餘年其翻刻標題別名乃書賈易於銷售之故

萬曆庚戌閩建楊起元閩齋刊本題重刻京本通俗演義按鑒三國志傳凡二十卷二百四十段每頁上端為圖乃是翻刻余氏本無疑

明閩書林楊美生刊本題新鐫按鑒演義全像三國志英雄志傳亦分二十

施

卷二百四十段每頁上圖下文首有閩西吳翼澄序亦翻刻余氏本

明閩瑞我鄭以禎刊本題新鐫校正京本大字音釋圖點三國志演義凡十二卷二百四十段有圖封面題卓吾先生評釋圖點三國志金陵□學原版賛善堂梓每卷標題卓吾李贄評注其注則夾在正文之中其評則在闌外

明建陽吳觀明刊本題李卓吾先生批評三國志與鄭以禎本同有眉批及總評繪圖甚精題書林劉素明刻像首有李贄繆尊素序無名(即庸愚子)序全書不分卷以原本二百四十節每兩節併為一回即毛宗崗之祖本按劉素明嘗為陳眉公刻傳繪奇圖者清代有翻刻如綠蔭堂藜光閣楠槐堂諸刻皆吳郡書林也

明吳郡寶翰樓刊本題卓吾先生批評三國志真本亦一百二十回不分卷次

廿二

有圈惟眉批及總評與他本不同故刊行者稱其真本

明熊飛雄飛館刊本題精鐫合刻三國水滸全傳三國志凡二十卷二百四十回亦有李贄批評板心有二刻英雄譜字樣此其總名附圈亦精崇禎間刊行

清初毛宗崗批評本不分卷凡一百二十回自謂得古本即指李卓吾評本但易舊觀矣

清初李漁批評本不分卷凡一百二十回順治年間刻食切本光緒間翻刻衣切

清初金聖歎評點本題第一才子書乃根據原本釐訂一百二十回加以評點改易舊观遂失原來面目矣

按羅貫中本自明宏治刊行而平話本遂廢稱圈

自萬曆辛卯周曰校本始流傳至今批評亦始於萬曆二十年余象烏本其分卷分回乃刊者分併之故世稱羅貫中所作而不知羅氏為施耐庵门人耐庵每成一書必與門人校對其得力於貫中者為尤多詳見耐庵墓誌

隋唐志傳 孫

目見 耐庵墓誌 中國人名辭典

版本 明萬曆己未金閶龔紹山刊本 題鐫楊升庵批點隋唐兩朝志傳凡十二卷一百二十二回東原貫中羅本編輯西蜀[illegible][illegible]升庵楊慎批評首楊慎序次為林瀚序半頁九行行二十字板心題隋唐志傳十二卷後有萬曆己未金閶書林龔紹山繡梓木記日本尊經閣藏詳見孫楷第日本東京所見中國小說書目按褚人穫清唐演義改篡羅本氏文辭鄙俗已非原本

二十字，板心題「隋唐志傳」。十二卷後有萬曆己未金閶書林龔紹山繡梓木記。日本尊經閣藏。詳見孫楷第日本東京所見中國小說書目。按褚人穫隋唐演義改篡羅氏本，文辭鄙俗，已非原本。

三遂平妖傳　存

目見　耐庵墓誌　人名辭典　中國小說史略

版本　明泰昌元年刊本。題「天許齋批點北宋三遂平妖傳」，凡四十回，宋東原羅貫中編，明隴西張無咎校。首泰昌元年張無咎序，謂書見武林舊刻本，止二十回，疑非全書，兼疑非羅公真筆。云半頁九行，行二十字，全國四十頁，日本內閣文庫藏。

明金閶嘉會堂刊本。題「墨憨齋批點三遂平妖傳」，凡四十回，宋東原羅貫中編，明東吳龍猶子補，首張無咎序，不記年月。半頁九行，行二十一字。圖

收錄、
共爲四冊八

自萬曆辛卯周曰校本始流傳至今，批評亦始於萬曆二十年余象烏本，其分卷分回乃刊者分併之，故世稱羅貫中所作而不知羅氏為施耐庵门人，耐庵每成一書必與門人校對，其得力於貫中者為尤多，詳見耐庵墓誌。

隋唐志傳 存

目見 耐庵墓誌 中國人名辭典

版本 明萬曆己未金閶龔紹山刊本，題鐫楊升庵批點隋唐兩朝志傳，凡十二卷一百二十二回，東原貫中羅本編輯，西蜀升庵楊慎批評，首楊慎序，次為林瀚序，半頁九行，行二十字，板心題隋唐志傳，十二卷後有萬曆己未金閶書林龔紹山繡梓木記，日本尊經閣藏，詳見孫楷第日本東京所見中國小說書目。按褚人穫隋唐演義改竄羅氏本，文辭鄙俗，已非原本。

十頁、日本內閣文庫藏、二刻俱見中國小說書目、

卷四十回有楚黄張無咎序云是龍子猶所補其
本成於明泰昌元年

忠義水滸傳存 初名江湖豪客傳

目見 耐庵墓誌 百川書志作一百卷錢塘施耐庵著羅貫中編
次按一百卷當乂修類稿一百回及一百二十回
是一百回 皆題施耐庵集撰羅貫
中篋修按明代諸本水滸傳標題皆施羅氏並列
元末明初祖本亦如今本三國志演義雖脫胎也
於元人施耐庵之作頗有不同之處

眉批不抄

水滸傳作者考存
版本 古今半月
刊 謝興堯著 三十二
年五月刊登二十三
二十四兩期分爲五段
引用胡適之說耐
庵与世中傳說与
收疑、俱為詳盡
興堯四川人也

日本享保戊申翻刻（眉批在印本下）
前十回及寶歷九年續翻
之十一回以次

是園書目 水滸傳二十卷 作羅貫中著 古今書刻 著錄都察院 水滸傳 三國
志演義 當 興化縣續志 辭典
是合刻

版本 嘉靖武定郭氏刊百回本 題施耐庵集撰 羅貫中纂修 明
嘉靖間武定郭勛得舊本重刊於新安 汪道昆爲
之序 繪圖有新安刻工姓名 此本刪去田虎王慶
兩段 而增以
遼國一段

明李卓吾批點刊本 凡一百回 重刊郭本 民國十
加以評點 有李贄序
四北年京排印本 李玄伯據李卓吾批點本翻刻 日本岡島璞翻
刻卓吾本 僅前二十四回 又翻譯印本

明刊一百二十回本 明末楊定見重刻 首有自序 自首至招安事略與百十五

施

廿二四

水滸圖（眉批不抄）

明陳洪綬繪　明末刻本（見中國印本書籍展覽目錄）

鄭振鐸藏

回本相同文詞與百回本幾無分別惟田王兩段概未刪去　萬有文庫排印翻刻本收入第一集

以上稱為繁本

明坊刻百一十回本崇禎間節本與三國演義合刻總名英雄譜其中有征四寇一段與前三國志傳為雄飛館合刻本

明坊刻百十五回本題東原羅貫中編輯崇禎間刪節本與三國志並行

坊刻百二十四回本有乾隆丙午序刪節更甚

以上簡本

金聖歎評點七十一回本標題第五才子書水滸傳署東都施耐庵撰吳郡金人瑞聖歎評釋據百回本而截去後三十回坊間遂將其後半部印出單行本為征四寇一名水滸續傳貫華堂原刻亦稀見而坊肆翻刻漸多　坊肆翻刻本有數十種以及近時

鉛印或石印行世

茲不復一一枚舉

按東都南唐時揚州地泰州屬東都故以古地名稱之又稱錢塘人乃官於錢塘二載而羅貫中亦錢塘人或誤為錢塘貫中有殘唐五代史演義二卷六十回湯顯祖批評見日本內閣文庫書目而耐庵墓誌未載此書遂未能確定耐庵手筆以隋唐有志傳或可作殘唐五代之稿則貫中成書今所傳耐庵諸小說皆屢經後人增損真面目無從復見矣

施查　廿一

（明）

柳敬亭（逢春字）本姓古太 二古宇充（宋）

柳下說書 未見

目見 盧前冶城話舊卷二康氏文子說書引云（清）

明末有柳敬亭說「有柳下說書」一集，「武昌劉禺生藏，其說「爭襄陽」，以茶蔡米有詩，以書，說襄陽完，至何屬，博引旁徵，淋漓盡致。

查

查道 字湛然，歙人，年十六中南唐進士，宋平金陵，奉母渡江居海陵，仕端拱戊子進士，工部員外郎

查龍図集二十卷 佚

目見 道光志 府志作查湛然文集無卷數

柳榮宗 字翼南，諸生，丹徒人，咸豐間避居海安

尚書逸傳 未見

目見 光緒丹徒志

書經補義 存

目見 同上 第九年國學圖刊附刊尚書解詁（皋陶謨）以下（殘）又稱洛書訂詁尚書解 涉四山房雜著凡四種

（宋）

說文引經攷異十六卷 存

目見 宣統志稿 光緒丹徒志 作經字異同攷十二卷

版本 咸豐三年自刊本 考十一經俗書譌字以訓詁辨正咸豐五年自序同治六年姪春霖修補并跋

胡訥 瑗之父仕宋為寧海節度推官

春秋三傳評十卷 佚

目見 焦志 光緒志稿

孝行錄三卷 賢惠錄二卷 民表錄三卷 佚

目見 書錄解題 京兆胡訥撰始得此不知訥何人也所記多國朝初人已而知

柳 胡

廿一

其為安定先生翼之之父仕為寧海節度推官贇
惠錄記婦女之賢者民表錄記循吏之者事贇
宋藝文志 作二卷 通考引陳氏語 郡齋讀書志 焦
志賢惠錄光緒志稿 作三卷

胡

瑗字翼之由布衣薦拜校書郎歷太常博士致仕歸謚文昭

周易口義十二卷 存 一作易傳

目見 宋紹興四庫闕書目 作二十卷 郡齋讀書志 胡先
生易傳十卷右皇朝胡瑗撰益門人倪天隱所纂非其自著故序稱先生曰 直齋書錄
解題 口義十三卷 宋藝文志 胡瑗易解十二卷周易口義十卷繫辭說卦三卷
通考 易傳十卷 文淵閣書目 周易安定口義一部八冊 授經圖 作二十卷

退庵筆記
倪天隱作阮元說

南通志載易傳十卷易解十卷易口義十卷係其重複未經詳攷實乃一書而分爲三

焦志亦同 淡生堂書目作十 萬卷堂書目作十三卷 傳是樓書目作十三卷 經義攷卷 胡氏瑗易傳十卷 口義十卷 繫辭說卦二卷存 引董真卿曰胡氏易傳十卷經二篇傳十篇上彖一下彖二大象三小象四文言五上繫辭六下繫七說卦八序卦九雜卦十又曰胡氏者周易口義十卷繫辭說卦三卷援其弟子記之大抵祖王弼 道光志 如皋志 皕宋樓藏書志作十五卷明刊本 乾隆江

版本 明刊本十五卷題安定胡先生周易口義首有倪天隱序未詳刊刻年月此本為皕宋樓舊藏後歸日本金澤文庫 康熙丁卯李振裕撫蘇刊本 十卷附繫辭二卷說卦一卷首題湯斌李振裕鑒定丁德明校梓李振裕為之序丁德明及二十三世孫其柔兩跋卷首載定安遺像並贊及事實後題此稿藏公二十三世孫其柔家振裕撫蘇

胡

芸

訪其稿捐廉付梓屬
丁德明力任校鐫　四庫全書寫本　即李振裕刊本

四庫提要　宋倪天隱述其師胡瑗之說瑗傳從遐
天隱始末未詳葉祖洽作陳襄行狀稱
有二妹一適進士倪天隱始即其人董棻嚴陵集
載其桐廬縣令題名碑記一篇意其嘗官睦州也
其說以義理為宗邵伯溫聞見前錄記程子與謝
湜書言讀易當先觀王弼胡瑗王安石三家三原
劉紹攽周易詳說曰朱子謂程子之學源於周子
然考之易傳無一語及太極於觀卦辭云予聞胡
翼之先生居上為天下之表儀於大畜上九云予
聞之胡先生曰天之衢誤加何字於夬九三云
安定胡公移其文曰壯於頄有凶獨行遇雨若濡
有慍君子夬夬無咎於漸上九云安定胡公以逵
為逵考伊川年譜皇祐中游太學海陵胡翼之先
生方主教道得先生文試大驚即延見處於學識
意其時必從而受業焉世知其從事濂溪不知其
講易多本於翼之也其說為前人所未及今校以

傳

程傳良然朱子語類亦稱胡先生易分曉正當則是書在南宋時固以義理說易之宗也天錫臣盧史曰安定胡翼之皇祐至和間國子直講朝命廷主太學時千餘士日講易是書殆即是時所說宋志載瑗易解十卷周易口義十卷彝尊經義考引李振裕之說云瑗講授之餘欲著述而未逮其門人倪天隱以非其師手著故曰名口義後世或稱口義或稱易稱實無二書也其說雖古無明文然考晁公武讀書志有云胡安定易解蓋門人倪天隱所纂非其自著故序首稱先生曰其說與口義合又列於易傳條下亦不另出口義一條然則易解口義爲一書明吴宋志蓋誤分爲二也

按倪天隱字茅岡桐廬人官至縣尉晚年主桐廬講席見安定學案以補提要之遺

易繫辭說卦三卷 存

目見 宋志 經義考作二卷 道光志 乾隆江南通志

版本 李振裕刊本附口義 四庫寫本同上

尚書全解二十八卷 一作會解 佚

目見 宋志 經義考引朱子曰胡安定書解未必是安定所著蓋偉破古說不是似平日意又間引東坡說東坡不及見安定必是僞書 道光志 如皋志

二志均作會解 乾隆江南通志

按四庫總目收有尚書全解四十卷宋林之奇撰之奇侯官人在安定之後不知宋志何據爲瑗作而經義考引朱子說雖定爲僞書頗爲合理疑是林著故引東坡說

洪範口義二卷 存 輯本 原本一卷

目見 郡齋讀書志 作洪範解一卷皇朝胡瑗撰皆其門人所錄無詮次首尾

胡

云通志　通考　玉海（作洪範論一卷）　宋志　文淵閣書目（注一冊）　菉竹堂書目　世善堂書目　焦志　經義考　四庫總目　道光志　如皋志　江南通志

版本　明人鈔本（見菉竹堂世善堂書目）　四庫寫本（從永樂大典輯出）　舊鈔本（從四庫抄出）善本書室藏本　嘉慶十七年照曠閣刊本（虞山張海鵬校刊入墨海金壺叢書中）

四庫提要　是書文獻通考作洪範解朱彝尊經義考注云未見今其文散見永樂大典中尚可排纂成書周易口義出倪天隱之手舊有明文晁公武讀書志謂此書亦瑗門人編錄故無詮次首尾蓋二書同名口義故以例推其為瑗所自著與否固無顯證至其說之存於經文各句下者

廿五

象

先後貫徹條理整齊非雜記語録之比與晁公武所說不符豈原書本無次第修永樂大典者為散附經文之下轉排比順序歟或公武所見又別一本也洪範以五事配庶徵本經文所有伏生大傳以下逮京房劉向諸人遂以陰陽災異附合其文劉知幾排之詳矣宋儒又流為象數之學惟圖書同異之是辯經義愈不能明璞生於北宋盛時學問最為篤實故其說惟發明天人合一之旨不務矜奇如或天錫洪範為錫不取神龜負文之瑞謂五行次第為箕子所陳不辨洛書本文之多寡謂五福六極之應通於四海不當指一身而言俱駁正注疏自抒心得又詳引周官之法推演八政以經注經特為精確其要皆歸於建中出治定皇極為九疇之本辭雖平近而深得聖人立訓之要非讖緯術數者流所可同日語也宋史本作一卷今校字斷句為二卷

吉凶書儀二卷 存 未見

目見　晁志皇朝胡瑗撰畧依古礼而以今礼書疏儀式附之　續編到四庫闕

書目　通志胡先生書儀二卷　通考　焦志　道光志

中庸義一卷一作傳　存　輯本

目見　宋藝文志胡先生中庸義一卷盛喬纂集　遂初堂書目

作中庸說未注卷數　通志作中庸傳一卷　焦志　經義攷注未見　宋

元學案司業盛先生喬曰安定在太學先生已仕安定使為堂長中庸講義一卷先生所述

道光志　如皋志　志頤堂集　江南通志作傳

版本　如皋沙元炳輯本并序稱予讀胡九峰四書通得其片義又據衛

氏禮記集說衆義俱在衰輯成編

胡

春秋口義五卷 存輯本

目見 書録解題胡翼之撰至宣公十二年而止戴岷隱在湖學嘗續之不傳

通考 宋志 經義考 道光志 通志 焦志 二志均作二十卷 志頤堂集有春秋義跋 江南通志

版本 沙元炳輯本并跋稱元鄭至春秋闕疑引二十九條宋元學案引又條衰而輯之存其崖略不敢定為口義而但題曰春秋義云

春秋要義三十卷 佚

目見 焦志 通志 道光志 金華府志 朱臨先家吳家吳興五季避亂遷浦陽從安定胡受春秋發著春秋辨要謂惟臨所得為精案所謂辨要即要

義也當為一書 江南通志作二十卷

論語說一卷 佚

目見 道光志 安定學案載八條

景祐樂府奏議一卷皇祐樂府奏議一卷 佚

目見 直齋書録解題 通考 宋志 乾隆江南通

志 又載教授奏議二卷 道光志

學政條約一卷 佚

目見 湖州府志

武學規矩一卷 佚

胡

目見 道光志 如皋志 朱子名臣言行録仁宗朝上書請興武學畧曰每日講孫吴使知制勝禦敵之術於武臣子孫中選有智畧者教習之又則必有成效臣已選成武學規矩一卷進呈議難之 乾隆江南通志

資聖集十三卷 佚

目見 安定墓誌 乾隆江南通志 道光志 如皋志

皇祐新樂圖記三卷 阮逸同撰 存

目見 晁志 皇祐樂記三卷右皇朝胡瑗等撰皇祐二年下詔曰國初循用王朴樂太祖患其聲高令和峴減下一律然猶未全命瑗同阮逸等二十餘人再定四年樂成奏之上御紫宸殿觀焉此其説也 通志 作皇祐樂圖記三卷 書録解題 屯田員外郎阮逸光

禄寺丞胡瑗撰凡十二篇首載詔旨次及律度量
衡鍾磬鼓鼎鸞刀圖其形製刊板頒之天下虎丘
寺有本當時所頒藏之名山者也其末志頒降歲
月實皇祐五年十二月二十一日用蘇州觀察使
印長二神字余平生每見承平故物未嘗不起歎
因録藏之一切依元本摹寫不少異 絳雲樓書目

通考 宋志 焦志 四庫總目 乾隆江南通志 作樂記

版本 影宋寫本 標題上冠以聖宋二字分上中
下三卷凡十二圖末宿爲之説
每半頁八行〻十五字末有皇祐五年十月初三
日奉旨開版印造兩行又陳伯玉吳壽民趙清常
三跋汲古閣述古堂鈔 四庫全書寫本 商務館印書
琴銅劍樓均有藏本
景印四庫寫本二十六年影印 嘉慶十年照曠閣
套印硃格
刊本 張海鵬刊入學津討原叢書

胡

廿八

四庫提要仁宗景祐三年二月以李照樂穿鑿特
詔校定鐘律依周禮及歷代史志立議
範金至皇祐五年樂成奏上此其圖記也舊本從
文淵閣錄出後有陳振孫嘉定己亥跋云借虎邱
寺本錄盖當時所賜藏之名山者又有元大歷二
年吳壽民跋明萬曆三十九年趙開美跋叙是書
原委頗詳考初置局時阮逸與房庶等皆驛召預
議詔命諸家各作鐘律以獻而持論互異司馬光
主逸瑗之説范鎮主房庶之説往反争議至不能
以相一具往反書牘具光傳家集中而鎮所作東
齋紀事亦畧存其槩大抵逸瑗以為黄鐘之管積
八百一十分容一千二百黍又以九章圜田算法
計之黄管每長一分積九分容十三黍三分黍之
一空徑三分四厘六毫圍十分三厘八毫圍徑用
徑三圍九古率而改圍九分為九方分别還就之
術也司馬光曰古律已亡非黍無以見度非度無
以見律律不生於度與黍將何從生非謂太古以
來律必生於度也特以近世古律不存故反從度

法求之耳其論最明范鎮譏其以度起律誠為過當然鎮以秬黍律尺龠斛算數權衡鐘聲者必相合而不相戾然後為得亦不為無見也以律起度以度起律源流本無異同而二家算術不精遂迭等得之於橫黍而失之於圍徑又以大黍累尺小黍實管自相乘反覆庶以千二百黍實之管中隨其長短斷之以為九寸管取三分以度空徑則空徑不生於黍而別有一物為度以起分竟不必實黍於管亦未見其為通論也是書上卷具載律呂黍尺四量權衡之法皆以橫黍起度故樂聲失之於高中下兩卷攷定鐘磬晋鼓及三牲鸞刀制度則精核可取云

按阮逸字天隱建陽人天聖中進士官太常丞皇祐中與瑗同典樂事遷尚書屯田員外郎著有易筌詳見安定學案

安定先生言行錄二卷 佚

存輯本

目見 書録解題 雜録胡瑗翼之事及通考 告詞誌哀祭文等 遂

初堂書目 宋志 不著撰人 文淵閣書目 注一册 焦志

蔡竹堂書目 册 注一

康熙府志 注太學博士錢塘門人關注編 道光志 注門人輯 乾隆浙江

通志 引成化杭州府志關注撰 乾隆江南通志

版本 光緒六年歸安丁寶書輯刊本 原書久佚 寶書採摭

羣籍裒輯成書仍析為二卷 公傳誌規範議樂弟子著述雜文為類冠以紹興十年汪藻原序稱

闕注與公孫滌裒輯言行為一

帙云丁氏刊入月河精舍叢鈔 按此錄明代尚存 文淵

安定先生世系述一卷 未見

目見 毘志 淳熙中沈大臨述 胡瑗世系源委也 右焦志 未詳撰人

尚及蔡竹堂均著錄。

胡文昭八公家史一卷 未見

目見 述古堂書目

按文昭為瑗初謚其稱安定者乃瑗世居之地名也述古堂書目未注編纂姓名無從改定

（清）

胡炳文 字墨卿附生

句股邊角圖說一卷 存

版本 光緒二十三年高郵王氏刊本 館於高郵王氏課餘之暇爰為演題三十二門人王塔桂為之校刊

首有光緒戊戌自序

胡裘錞 字則安號西垞錢塘人諸生工詩運使盧見曾深歎服之客海陵最久暮年居如皋歿即葬焉

胡舍人詩稿八卷 存

胡

目見　嘉慶如皋志流寓傳道光志作西圯詩集

版本　舊鈔本一册首無標題及序跋

朋來集 未見

目見　退庵筆記余聞乾隆間詩人胡裘錞客吾邑最久號西圯癸未選朋來集東圯與馬東圯乃邑杜鴻漸別號

胡文暉字辰卿甘泉人進士文淵兄精於小學流寓泰州

十三經集篆字十二册 存

版本　咸豐間手稿本集十三經不二字分爲部首排次以說文注釋凡三易重訂清稿首有自序及凡例

（明）冒基 字永宗 號……
茅齋 ……友人劉……
……永樂間……
……
潛德遺稿 佚
目見 東皋詩（明）
存……

釱

胡養元 字石閒 甘泉人 世居於泰 工鐵筆 力追鄧派 嘗撫刻鐵印集成 百璽名印 故其齋
百璽齋印存二卷 存
版本 光緒三十二年綠格拓本 三十一年墨格拓本 自刻周秦古鉢篆成百方 光緒……
三十一年自序 邑人葉承年書 漢瓦當硯齋印存 封面自製格板拓印行世 百室齋印存硯
漢瓦當硯齋印存一卷 存
版本 光緒三十年綠格拓本 彙刻私印集成 王培蓮書首
冒一政 字有恒 號履貞 成化十一年進士 官右副都御史 巡撫寧夏
履貞集二十卷 佚
目見 如皋志 按政泰州籍 見東皋詩存 州志選舉表

胡
冒

卌一

(清)冒同慶字篤初號撲齋諸生喜究雜家暇輒諷詠陶詩自娛

黄庭直解　金丹直指　和陶詩一卷　未見

目見　光緒志稿

淹

(宋)范仲淹字希文吳縣人與滕宗諒同登進士天聖中監泰州西溪鹽稅宗諒字子京河南人官泰州軍事推官歐静字識之爵里未詳僅見蔡中郎集序後自署於海陵郡齋云

劍鶴聯句一卷　存

目見　又修類藁余幼時得鈔本劍鶴聯句因跋前後不知其名乃云范仲淹在海陵時與歐静滕宗諒聯句故特録於藁　退庵筆記　吳陵文獻摭遺載其全詩並按歐陽修集不知何以竄入文忠集

(清)

俞釪字天水應龍子順治壬午舉人任廣西太平府推官

百尺樓課耕録 佚

目見 道光志

俞鐸字天木應龍次子順治壬辰進士改庶吉士逾年授御史

俞太史制藝 存

目見 退庵筆記

版本 康熙間自刻本題俞天木先生傳稿吳韓起爲之序以學庸論孟分次呂留良選入天蓋樓大山題文

俞瀫字錦泉號音隱釪次子以廩生膺薦候選中書

范

俞

廿二

流香閣詩詞 未見

目見 道光志 續府志

俞允暄 字宣人，朝鑾三子，維植之父，賓性純孝，究心理學。

致知論 明德編 佚

目見 道光志 府志 乾隆江南通志作俞宣

俞楷 字涑芳，號正林，廢子，貢生，任華亭教諭，晚年究心理學，康熙南巡召試，供奉內廷，進經學劄子，分析五經源流，蒙賜發閣議施行，巡撫張伯行稱為江左大儒。

五經源流 三極易知録 佚 見乾隆江南通志

目見 道光志 府志 江蘇詩徵

俞子第一書十三卷 存

版本 康熙十七年刊本 康熙戊午馬進東為之序凡例

目錄 副後同學徐祥麟史隱輿

訂 詩以作偏次卷一古樂府卷二至九古今作詩卷十以下則外

遊之作 雜文散什燕台集古錦囊集雨雪空山等 以

編年分次 其兄詩集

或有文集

目見 雍正泰州志 注俞子書三刻 以其第一書 退庵筆記 卷十七

八十首曰丙申集六十首皆編年分集其生平之作當不止此疑爲雲礽集之總名係其分集耶

俞

燾字爲光一字知莊梅子

落落吟殘

目見　剪燭吟先君著作全行散失少長於廢紙簏中得落落吟數卷藏於家不戒於火毀之刻下所憶者零章斷句耳　道光志　伯山詩話再續集

府志

故本　傳鈔本其詩數十首亦無序跋

知莊集未見

目見　率意吟與張虎臣世伯話舊詩注云先君在日刻社友唱和詩一冊顏曰知莊集

俞梅字師巖一字太美瀫次子康熙癸未進士翰林院編修康熙南巡命充揚州詩局纂修官分校字典一統志分韵唐詩政治訓典等書

治河方略並圖說二十六卷殘

目見同上 乾隆江南通志誤作俞楷

版本 殘稿本現存四冊卷五至八康熙三十八年至四十年諭旨卷十一至十五運河總論及直隸山東河南江南各省運河事宜缺卷數有五卷衛河淮河江南下河事宜河道官制及河工修防法圖冊兩佚去未能知其卷數似有衔接卷十五以下或即從卷十六起未見卷首難以確定從考余幼時所見在僅此四冊或有首冊

八十首曰丙申集六十首皆編年分集其生平之作當不止此疑爲雲介集之總名係其分集耶

俞

燾字爲光一字知莊梅子

落落吟 □

目見 剪吟、燭先君著作全行散失少長於廢紙於火毀之刻下所箧中得落落吟數卷藏於家不戒憶者零章斷句耳

府志 道光志 伯山詩話再續集

故本 傳鈔本 其詩數十首 亦無序跋

知莊集 未見

目見 率意吟 與張虎臣世伯話舊詩注云先君在日刻社友唱和詩一册顏曰 知莊集

此出輸工意又
續出為底本

俞太羹 製荊藝
目見 雜正存
卅志 已錯

俞梅 字師巖，一字太羹，嶶次子。康熙癸未進士，翰林院編修。康熙南巡，命充揚州詩局纂修官，分校字典、一統志、分韻唐詩文

孔子家語訂正　歷朝詩雅　白陸詩選 未見

目見　道光志　府志　江蘇詩徵

雲斤詩集 殘

目見　傳鈔本 存二冊 曰甲申集，各體詩二百首，康熙四十三年作。曰夢餘集，一百

廿三

俞

八十首曰丙申集六十首皆編年分集其生平之
作當不止此疑為雲𡵨集之總名係其分集耶

俞　焘字為光一字知莊梅子

落落吟 殘

目見　剪吟燭先君著作全行散失少長於廢紙
簏中得落落吟數卷藏於家不戒
於火毀之刻下所
憶者零章斷句耳

府志　道光志　伯山詩話再續集

啟本　傳鈔本　其詩數十首
亦無序跋

知莊集 未見

目見　率意吟與張虎臣世伯話舊詩注云先君在
日刻社友唱和詩一冊顏曰知莊集

雄

俞元燈字牧隱之驊子

南游草 未見

目見 道光志 江蘇詩徵 雲錦鄉試履歷作冷

翠軒詩鈔

俞堉字容萬一字衡皋燾子乾隆乙酉舉人官舒城縣教諭袁枚為撰傳卒年七十

類苑聯珠一百二十卷 未見

目見 道光志 府志 江蘇詩徵 編年詩鈔

自題感賦云四載高樓載舊從勞勞搜揮夜燈紅熟闈虎觀今修苔漫醮雞窗獨斷雄例破羣書津碧海功餘一質忘蒼穹何當辛葉酬初志總付東風一哭中

俞

編年詩鈔十卷 存 殘本

目見 道光志 府志 江蘇詩徵

版本 稿本存二册係末卷第以年編次註有紀年者戊寅乙酉丙戌壬辰壬子癸丑間有無紀年者頗為錯亂 全

詩當不止此則為殘帙也

率意吟一卷 存

版本 舊鈔本 乾隆辛未至丙子赴揚州恭過南巡後游京師之作應制詩居其半

計詩三百七十首之有於震長敘

并敘 此集亦編年詩鈔之一種也

尚論管窺詩 未見

目見 道光志注三千首 府志 江蘇詩徵

憶舊感秋詩一卷吳陵北郭竹枝詞一卷存

目見同上

按二詩載殘稿詩鈔中合收數十首而
尚論管窺詩州志稱三千首疑有誤

古文騷賦一百二十篇未見

目見道光志　府志　江蘇詩徵

俞至字樸人元燈子嘉慶甲子副榜

樸齋詩鈔未見

目見雲錦鄉試履歷

俞圻字越千號讓林燾次子嘉慶辛酉副貢爲
文清超拔俗不肯降格工詩尤善填詞

俞

剪燭吟一卷 存 家藏

版本乾隆戊子自刊本 圻詠同時諸子感懷七絕三十首附注并自序刻以贈同好云末有常增手書七絕一首傳本極少

剪春詞一卷

版本四家詞選刊本 乾隆戊子寧國包刊

截流吟 未見

目見 霄峥集 雲錦履歷作讓林詩鈔

俞國鑑字玉衡號澄夫圻子嘉慶庚申舉人選授通州學正以母老未赴任工詩善書法二王

樵月山房詩文集 詩存

目見 道光志 續府志

版本 自訂詩稿本自選得詩四百首自乾隆甲寅至嘉慶辛未止以年編次手寫清稿待梓後為趙瑜所選僅存其半每首題上有澂叟小印以標誌并有跋語原稿藍格鈐有澄夫印

傳鈔本從稿本錄出有袁鑣序 夏荃選鈔本選詩六十首用海陵詩徵紅格鈔寫

陔蘭書屋試帖詩一卷 存

俞霖澍 字大鏞子麐貢生沛縣教諭

信天翁詩集文鈔 詩存文未見

目見 俞寶桂貢卷

履歷

版本 詩集鈔本

無著名頴俞霖澍詩

（清）

版本 嘉慶二十年高鎬合刊本與高鎬之咏淡鴻文各別一卷

俞廷 字十穀江都人遷泰之小紀鄉

凝輝堂詩文集二卷 存

目見 道光志

咸頤 字履貞工書善畫蘭竹民國三年奉天山海關要塞學校畢業官陸軍少將任團營長刻苦清貧歸里後任巡官

丁未出防劉匪日記一卷 存

版本 手稿本光緒三十三年任營管帶官出防浙江平望縣所記地形及匪蹟

紀愷 字翼庵號蓉村諸生與田雲鶴友善工詩

俞咸紀

蓉村詩稿 未見

目見　江蘇詩徵

紀桂芳字中偉號次荷老人精於醫理多所發明

河間宣明論方發明七卷 存

版本　乾隆間手稿本 金劉完素撰桂芳注釋邑司馬萬樸村點定乾隆四十九年自序及集驗例言張考亭序之并押有桂芳小印

東垣用藥大旨一卷 存

版本　手稿本 自署次荷老人編乾隆四十九年自序

餘慶堂醫案一卷 存

版本　手稿本門人劉玉璋綬堂技自訂凡例集錄臨證驗方乾隆四十二年林光照徐昂諸序及繆永煦題詩

（清）姚褆昉字恭士江都人鄧漢儀之壻寓居泰州西園茅茨甕牖詩酒怡情蓋能以節自高歿於康熙五十年葬城（褆改作舒恭）東響林

康山草堂稿　未見

目見　詩觀二集

紀　艾

（明）

泰縣著述考卷四　陸銓次公丁亥重訂　庚寅續補

十畫　宮　唐　高　馬　夏　秦
桂　袁　孫　徐　倪

宮永建字克昌號恒山蜮子明廩膳生鄉諡文介崇祀鄉賢

文介公詩詞遺稿一卷存

目見　宮氏族譜後集

宮景隆字美存別號玉崑永建子潛心理學朝夕講貫繪有太極諸圖加以贊語私謚文達

版本　春雨草堂鈔本凡古近體詩及詩餘二百首編入家集未刊

燼餘偶存一卷存　一名文達公圖贊

目見　族譜後集載其十贊而無圖原稿燬於火此居全稿之一男然蘭付剞劂

云

續南宮舊德録亦載其十贊

版本　宮繼蘭刻本名文達公圖贊附以止銘吾好歌并志傳舉鄉賢呈稿刻於苫塊中藍印如今之行述楷無傳本行世

宮焕光鈔本硃墨繪圖并有後跋

宮繼蘭原名大壯字貞吉號篤鄰景隆子崇禎丁丑進士授工部主事出知兖州府崇祀名宦鄉賢

南枝草詩鈔一卷　存

目見　族譜後集

版本　續南宮舊德録本第六録載其詩鈔并奏疏傳鈔本

宮偉鏐字紫玄號紫陽外號桃都漫士繼蘭子崇禎十六年進士翰林院檢討入清兩薦舉起用未就援例終養乞歸晚築春雨草堂觴詠其間以娱老景

長短歌行十餘首大抵感
慨時事時勢之作

孝經緒箋二卷 存

目見 經義考 春雨草堂篇目

版本 崇禎丙子初刻本 後併入春雨草堂集

采山外紀 存

目見 千頃堂書目 詩觀 道光志 府志 誤作米山

按此集載春雨草堂全集中并有唐允甲序 詩觀所載當時初稿後為其子夢仁編入全集

入燕集 存

目見 千頃堂書目 詩觀 道光志 府志

按此集載全集中有前後入都詩焉爾儼為前入都詩序係兩次被徵入都之作

宮 卷四

春雨草堂集三十四卷 存

目見 蘇州圖書目 道光志 府志 二志俱作五十卷

版本 康熙四十年家刻本 其子夢仁裒輯遺稿合震澹堂曉葉諸集編刊以春雨草堂名其集趙士麟爲之序卷首錄諸集序跋卷一至十古今體詩卷十一歌行卷十二樂府卷十三翁言卷十四小賦騷卷十五解連珠卷十六詩餘卷十七書卷十八經解卷十九至二十六序論尺牘雜著卷二十七至三十四州志藁 乾隆江南通志作五十卷

同治戊辰宮百顧依刻本傳抄

春雨草堂別集三十卷 室稿五卷 存

目見 蘇州圖書目 道光志

版本 康熙四十年家刻本 其子夢仁重訂以雜著筆記編爲別集附

停雲山房叢書抄
本有道光戊子運庵
序積翁抄本
宮紹劉
與刻本有異

前集相輔而行官稿則為制藝文自童子試至禮
闈皆其四書五經題并有諸家評點

庭聞州世說七卷 存

目見 傳是樓書目作六卷無續說 四庫存目 周越
然書說 道光志 府志

版本 初刻單行本未分卷次詳見提要 春雨草堂別集本
卷一至卷七 海陵叢刻本入第十種據別集排印 焦里堂手抄本
每頁二十二行行二十四字有里堂焦
循手録兩印為吳興周越然藏書

四庫提要題作挑都漫士宮紫陽述不著其名亦不
著作書年月核其書中所言及卷首自
序蓋前明崇禎癸未進士而是書成於國朝康熙
甲辰檢於江南通志崇禎癸未進士有泰州宮偉
宮

繆官翰林，當即其人矣。所記皆泰州雜事，故曰州世説；又皆庭聞於庭訓，故曰庭聞。目録分爲六段，似有六卷，而刊本則不標卷帙，未詳體例云何也。

先進風格一卷　存

目見　書談　道光志　府志

版本　别集本。體例同前，成於崇禎十三年，弁有自序及書後，凡四十四則，編列卷八。海陵叢刻本，附庭聞州世説。焦里堂手鈔本。

南宫舊德録十卷　存

目見　道光志　府志

版本　初刻單行本，寫字體，黑口版。别集本卷九至十八，述其祖德懿

行之事亦家乘別録祖籍
静海一名南宫故以名之

春雨草堂題詠八卷　存

版本　別集本卷十九至二十六　繫集草堂之詩文輯録名流書画　录
順治四年秋於西湖春雨之別墅

留行贈別二詩四卷　存　惟存初係因以徵圖聯及詩文彙
多凡一百五十六人爲作供備輯成
此係

目見　道光志

版本　初刻單行本　未分卷第以册編次現存五册散別集中約少十之三爲
殘本無疑余家藏　別集本卷二十七至三十入部
本今鄒望岳樓　歸里同時名流留別之
詩夢仁重訂
詩以體編次

（清）
宮夢仁原名曆宗字宗袞號定山偉鍈長子康熙庚戌（詩見作宮夢弇）
會元官至福建巡撫

宮

四

宮定山奏疏二冊 一存 名館課

目見 傳是樓書目 海陵文徵附録 有王鴻緒宮侍御疏

纂序稱其官御史時所上疏關於河務漕糧之弊力除惡習改核頗詳云

啟本 初刻本題館課 未分卷帙在都中所刻大字本前後無序跋上半為奏疏下半為賦題故名館課

二十一史名臣言行録 乾隆江南通志 餘年撰述 未見

目見 道光志 府志

續南宮舊德録八卷 存 乾隆江南通志

目見 族譜後集 江蘇詩徵 道光志 誤作當陽 府志

版本 康熙壬午自刊本首爲自序總目計分八録曰家乘曰宸翰曰祀典曰傳志曰文草曰遺稿曰家訓曰雜志體例同前録

喻林鈔 未見

目見 發幽録 道光志作喻林 續府志

按喻林一百二十卷明徐太元輯萬曆乙卯刊本道光志脱去鈔字此條摘鈔喻林當以發幽録所稱爲是

讀書紀數畧五十四卷 存 乾隆江南通志

目見 四庫總目 道光志 府志 江蘇詩徵

版本 初刊本所印未久版燬貯内府 乾隆間重刻本 康熙四十六年進書表及奉旨鋟版 光緒間爊花樓叢書本 山陰宗源瀚編刊 輯王鴻緒陳廷錫爲之序

四庫提要 康熙四十六年聖駕南巡夔仁方罷官里居因恭迎 六御以此書奏呈御覽得旨刊行遂併繳進至今存貯於內府亦儒生之榮遇也前奏摺二通稱五十二卷此本實五十四卷或鋟木時析為兩卷歟其書分天地人物四大綱天部分子目四地部分子目十八人部分子目二十九物部分子目十一凡羣書所載故實有數可紀者各以類從大抵以王應麟小學紺珠張九韶羣書拾唾為藍本而稍摭宋元明事附益之較二家之書頗為賅備每類先標目錄亦較二家之書為檢易尋雖載籍極博未能包括無遺所載諸事又或不注所出然凡例稱數之可紀既數不勝數而汗牛充棟之書更難盡讀茲不過就耳目所及見聞懼其畧而非詳故名之曰畧又稱題之下必注某書示不忘本也其間多有不注者大約世所習見之書亦或抄時所忘並原本所未注則彼先失記相沿已久且難備考云云則夔仁固已自言之無庸執以相病矣

齊魯詩未見

目見 詩改齋

自訂文集一百卷 佚

目見 發幽録 道光志 府志 乾隆江南通志

按海陵文徵有陸舜宫慶仁文集序此集未刻久佚

文苑英華選六十卷 存

目見 道光志 府志 江蘇詩徵

版本 康熙四十三年自刻本因其李昉文華英華一千卷而卷帙大繁故選其精者便於初學分類編次輯成六十卷康熙壬午陳廷敬仲宋犖爲之序自刻於家塾

英華粹語 未見

目見 道光志

會（宮）元文稿　詩經稿　山左試牘 未見

目見　族譜後集 中丞瑩仁撰刻 舊有藏本今無

宮昌宗 字武淑號毅庵偉鏐次子順治辛卯（道光志作辛酉）拔貢授宏文院中書舍人康熙戊申舉博學鴻詞因疾未赴

九雲書院詩文集 存

目見　族譜後集　道光志　續府志

版本　康熙五年自刻本 不分卷帙文以元亨利貞分為四集詩以體編次附演連珠詩餘首有同學朱一是張弘孫為之序及孫金礪跋繕寫付梓旁加圈點

中翰公未刻藁六册 現存一册

版本　康熙五十五年宮懋勇寫本　男懋勇手錄其總目曰狂談曰璅談曰棧談曰恒談曰古詩五律七律五絕七絕詩餘塡詞箴銘對聯凡十三類首有康熙二年杜濬秦尚忠兩序及自序末署祇園觀道人并懋勇序現存狂談一冊凡雜文四十三篇用桃花紙繕錄秀媚可愛　傳鈔本　并有懋勇諸印

罷歸偶課一卷　存

版本　宮懋勇寫本　制藝之作論並策論表凡二十九篇其子懋勇手錄與前本為運糧河鄉宋氏舊藏

宮鴻營　字東表號易庵偉鏐第七子廩生少穎異年十三為諸生以目疾絕意進取惟吟詩自娛

涉園集　閒好軒口吟六卷　未見

目見
版本　發幽録涉園集已刻行世其間好軒口吟
貧未能梓子懋信等方謀剞劂焉
族譜後集為坊按此集舊有刻本惟原　江蘇詩徵
稿藏於家園雲蔚為之序
道光志　府志

宮鴻歷字酉篠一字友鹿號恕堂偉鏐第八子康熙丙
戌進士翰林院編修
合璧連珠集　二十一史連珠集未見
目見　族譜後集　恕堂墓誌銘
瀛海策畧四卷未見
目見　江蘇詩徵　道光志
棣園集　舊雨園集　齊魯紀游　天台紀游未見

恕堂詩二十六卷 存

版本 清稿本 編年分集卅九种，自康熙甲戌（三十三年）至丙午（五五年）止，凡西臺集（刻本作燕臺集）三卷 金閶集二卷 用晦集卷（刻本作楚閩紀游槀）以上自甲迄己，刻本名甲巳游草。康熙卅八年陳學泗序 擬秋集二卷 感秋集二卷 旧雨集二卷 庚辰至乙酉

目見 江蘇詩徵 道光志 府志

淮壖集 未見

目見 江左十五子詩選

甲巳游草六卷 存

目見 十五子詩選 族譜後集

版本 康熙三十八年精刻本 各體詩以年編集其燕臺集三卷康熙甲戌（三十三年）至丙子楚閩紀游槀三卷丁丑至己卯之作凡六年自甲迄己故以名其集皆宦游之詩 吳門同學陳學泗為之序 繕寫刻工精緻 傳鈔本從刻本出

恕堂詩七卷 存

之作唐孫華顧嗣立撰序，以上三集刻本名乾堂詩，南薰集一卷，瀛洲集二卷，桂史集八卷，乙酉至丙申之作，每卷前二行標題，分其名，從來刻書，須勝清本樣，蓋有遺字殊職，

目見 道光志 府志心堂誤作如

版本 康熙四十四年精刻本 首有唐孫華顧嗣立丙序以年編集曰散懷集二卷康熙庚辰（三十八年）至辛巳曰舊雨集二卷壬午至癸未曰感秋集三卷則甲申之作凡三集計七年之詩每卷下皆有留墨釘俱未刻卷數似接上刻之意嘉慶二十一年王世豐補刻本合餘園詩選湊印總名曰宮纓丙先生詩鈔世豐序稱重刻而版刻絲毫無異惟署名鴻歷改鴻广以避廟諱酉籙刻刻友鹿餘無增益不知何以稱重刻毀

宮友鹿詩鈔 存

版本 精鈔本 商丘宋犖選入江左十五子詩此從鈔出與上丙集異

墨華詞二卷 存

版本　康熙二十五年自刊本（兄夢仁等選其百闋同學團鴻序之及夢仁序此本不易見著録）　傳鈔本

宮畹蘭（偉鏐女如皋冒褒室以好義傾其家鬻扇以給晨夕極工巧至今雉皋刻絨扇蓋夫人遺製也）

梅花樓集　未見

目見　東皋詩存（選其詩十八首）　江蘇詩徵　閨秀正始集　府志

宮壽平（原名懋倫字貽安號疇錫夢仁長子嗜學不倦以試不遇）

靜敬堂詩詞二卷　存（一作詩文集）

目見　續南宮舊德録（第六録載其詩詞）　族譜後集　江

宮

九

蘇詩徵　道光志

宮懋讓字眘英號杜洲夢仁次子雍正四年順天副榜仕至德州知州留心金石仕諸城事嘗錄鐵柬

秦琅琊石刻府志誤作題詠

太事約一卷未見

目見　族譜後集任諸城令所作喪葬諸俗豪侈刻以勸民凡四十一則並載選十九則

退庵筆記乾隆壬午宮諸城令刻本余假自友人鈔存之

嘯月軒詩草未見

目見　江蘇詩徵　道光志　府志作一卷

宮懋信字如岡號謹齋鴻營子諸生與寶應王箴輿相和唱

雙柏草堂唱和詩一卷 佚

同見 族譜後集 寶應王箴輿刊於衛源署中 光緒宮氏族譜誤作十二卷○按原詩非一人之作楙信居其一寶應王箴輿原唱并刻於官署 傳鈔本

宮氏從刊本錄出 凡詩三十八首

宮懋言字書升號澹庵鴻臚子康熙癸未進士袁州知府工制藝生平著述甚富

桂芬樓詩集一卷 存

目見 族譜後集 道光志

版本 康熙五十四年臨汾署刊本以年編次凡詩四百五十首天都同學吳啟元序之自刊於臨汾縣署

宮

書升制藝　存

目見　族譜後集　臨場百篇又有四書詩經文稿　退庵筆記

版本　康熙間自刻本　自禮部試畢裒其稿得一百三十篇刊於家塾韓菼沈默沈熙顒瀛爲之序

宮翼宸　字參兩號楓亭壽平子光禄寺典簿

紅椒山房詩鈔八卷　存

目見　江蘇詩徵　道光志　府志　又載紀年詩一卷

版本　自刻本　舊鈔本　存慎餘集二卷自辛未起康熙壬辰　团鴻序

楓亭詩鈔八卷　未見

目見　道光志　族譜後集作六卷未刻

宮雝字柄和（道光志作柄如）號晴軒壽平子（次）康熙五十四年進士授中書欽點通倉監督清嚴無敬以私因母老與兄翼宸同歸

花嶼山房集未見

目見　江蘇詩徵　道光志　府志

宮燿亮字武鄉號鞠庵懋言子康熙丁酉順天舉人任陝西醴泉縣知縣嘗修縣志

牧愛堂偶刊未見

目見　族譜後集刻於醴泉任中以勸民

宮燿僑字惠人號震夫懋信次子監生

宮

十一

南宮舊德拾遺錄一卷　存

目見　族譜後集全載其文

版本　宮氏鈔本　裔孫元溱編鈔入家集中　凡十九則　經孝坊為之跋

宮煥光字葆宣，號省吾，又號訥甫，曾懋信子，庠生。

省吾詩存　未見

目見　族譜後集

宮大鵬字天巢，號巨堂，樾諒子，雍正七年拔貢生，舉賢良方正，官江西湖廣等縣知縣，致仕歸，為鄉里矜式。

彙忠編　未見

目見　族譜後集注未刻　道光志傳稱嘗採經史子集中言忠者手錄

見聞錄硯齋敘略
收入吳硯北述珠四
種未刊

成册其目有四曰本忠曰辨忠曰
致忠曰效忠闡於政治而發之

宮煥勛 字貞亭號竹軒鳳翚子諸生博學工詩

古希老人集二册 存 一名竹軒雜著五卷

目見 道光志 續府志

版本 嘉慶十八年家刻本同學周冠貴孫田參訂未分并序
春榮綜分八集曰竹

軒雜著雜文之作曰吳越游草曰金陵游草曰竹
軒游草曰竹軒詩鈔曰卻病吟曰訪鶴吟皆古今
體詩曰草木評雜詠花木之詩各集有李亨衢仲
振獻諸序跋或為自序前有李亨衢撰傳另有海士

宮增祜 字篤周號節溪冀宸子乾隆癸酉副
貢生官東流縣教諭卒年九十三

節溪小集 未見 一名詩鈔

宮 十二 海陵……抄本

目見　族譜後集　光緒志稿作詩鈔

感舊集存

目見　閬城詩鈔懷人詩注

版本　舊鈔本姜鳳喈爲之跋稱感舊集遊蕉塢善夫激夫共謀付梓未果行

四書文制藝一冊存

版本　乾隆辛丑自刻本東流明道同學校訂男麟編録乾隆辛丑自序及丁未麟跋

宫爲坊字慎餘號言可又號訔舸一號荔園煥光子乾隆四十年舉人博學工詩屢試禮闈不遇授國子監學正

儀禮節録一卷　存

版本　嘉慶間自刊本　輯録節要十七篇便於誦讀同學校訂并有自序

乾隆五十五年　收校歸吴縣山房重印

史記質疑　未見

目見　道光志　續府志

嘉言懿行録三卷　存　一名族譜後集

目見　光緒志稿

版本　乾隆癸丑手稿本　乾隆己酉初刻族譜並採輯先世嘉言懿行著

作編為後集分三集各有自序末為總跋并有押印

目耕居士詩鈔　未見

十三

宮

目見　道光志　續府志

宫履基字應乾號坦庵煥采子乾隆庚辰舉人任浙江常山縣知縣

素軒集未見

目見　道光志　府志

宫國苞字松如又字渭川號霜橋垕孳子監生工詩善畫與邑人結芸香吟課游都中英文肅重其才與丹徒張石帆并稱江上兩詩人

半紅樓詩鈔一卷存

目見　江蘇詩徵　府志誤作曹國苞

版本　乾隆三十八年揚州刊本同學俞圻評點乾隆乙酉以前

之作凡詩七十首同里程盛修園昇序之并胡裴鐔跋自刻於揚州

北游草一卷 存

版本 乾隆四十年自刊本 癸巳游京師之作凡詩四十首鐵城鄭基張及姚永貴姚思康諸序乙未付梓

半紅樓吟稿一册 存

目見 羣雅集 半紅樓遺稿尚未付梓亦恨事也

版本 舊鈔本 合前詩鈔北游草及生平所作選訂五百首有繆永垣鄉熊題詞未付剞劂而傳鈔本詩有多寡不一或有脫落

霄崢集八卷 存

宮

函

目見 羣雅集 府志 販書偶記

版本 乾隆三十三年自刊本選其同人之詩一百六十三人閨秀五人加以評點同學俞圻陳璨參校自訂凡例及自序春雨草堂開雕續集未刻

四家詞選四卷 存

目見 退庵筆記

版本 乾隆三十三年自刊本所選江都俞大鼎儀徵汪端光邑人俞圻繆祖培四家各編一卷諸家評點首有自序與胃崢集同時開雕

宮

麟字秀機號困庵增祜子廪貢生肄業成均議敘訓導擅長經學王昶嘗延於京師屬技讐之事

五常圖說 經說雜録八卷 未見

目見　道光志　續府志

硯耘詩賦偶吟二卷　未見

目見　道光志　江蘇詩徵作吟稿

宮錫祚字瑞千號友山一號芥軒培元子乾隆壬午舉人

芥軒雜著一卷　存

版本　道光二十二年求志齋刊本門人鄒自厚編刊凡雜文二十六篇嘉慶戊寅高錡為之序及鄒自厚後跋

宮雯華原名長慶字晴圃曾培子

習靜書屋藏稿二冊　存

宮

十五

版本　春雨草堂鈔本男元溱手録各體詩以年編次自道光己酉迄咸豐辛酉之作鈔存於家

宮元溱字桂泉號小園受華子郡庠生工詩精於醫理避居北鄉倉莊場後懸壺於丁家鋪

編年詩鈔四冊 存

版本　自訂稿本 存 桃源小集一冊咸豐癸丑至丙辰少壯避居倉場莊之作小園詩鈔一冊同治壬申至甲戌詩環溪寄稿一冊光緒己卯至庚辰丁鋪懸壺之作倦游零稿一冊辛巳至丁亥家居之作并有門弟石梁爲之序皆手寫訂本

濟世妙義二冊課餘瑣聞二冊 存

版本　自寫稿本摘録醫學隨筆附以案語

宫氏一家稿二册 存

版本 手寫本 輯選一家遺詩自文介公迄秀機公止凡十二人皆未刻之作

宫裕祖 字敦伯諸生家貧力學尤工詞賦

孩山堂集 未見

目見 宣統志稿

宫立 字憑自居姜堰鎮與劉麓逸余文海相酬唱

塘東隨筆四卷 存

版本 民國七年自刊石印本 首有夏國榮俞振玉馬祥熙宋尹東卲炎劉屺劉敬趙瘦民諸序付本鎮石印姜堰古名羅塘居於鎮東故稱塘東

十六

宫

（明）

譌

唐珊 字可珍號一橋後改靈臺招賢鄉處士少師事陳美齋後授心齋良知之學

鄉約解 質言集 未見

目見 道光志 府志

唐志契 字敷五又字玄生與弟志尹並能畫而志契尤以山水擅長（四庫提要誤作江都人）

繪事微言四卷 存

目見 千頃堂書目 四庫總目 作三卷 浙江採集

書録 退庵筆記

版本 明天啟刊本 首有陳繼儒鄭元勳沈〻諸序及自序〻後有校正姓名 以元亨利貞分為四集天啟六〤年間開雕刻工頗惡且多譌字俗書 四庫珍本商務

館景印四庫寫本　海陵叢刻排印本　從丁氏八千卷樓鈔本付刊，列入第十四種。按天啟本失去陳沈及序自序。黑格舊鈔本與天啟本相同，惟較正姓名多九十四人，門生六人，均為刻本所無。蓋此鈔當在刻本之前，最為完善。并按正姓名係其抄本，未為完善。

四庫提要：是編乃其所著畫譜，姜紹書無聲詩史以為頗得六法之蘊者也。所錄畫家名論，自南齊謝赫古畫品錄而下至於明李日華諸人，皆刪蕪除雜，汰取精英。其承謬襲者，如梁元帝畫松石格、荊浩畫山水賦，皆不知為贋本。畫塵乃吳中沈顥著，見陶宗儀說郛，而因顥字朗倩，輒轉傳鈔，遂誤作朗耀。蓋技藝之流，多喜依託古人以神其授受，地師行動稱郭璞，術家每署劉基，皆踵謬沿訛，猝難究詰，但所言中理即可，不必深求。至其自著論斷，則多肯綮。如謂佛道人物牛馬則今不如古，山水林木則古不如今。又云作畫以氣韻為本，讀書為先，皆確論也。讀其書可以知其非

十七　丁氏抄本

唐

庙史奚故欽定佩文齋書畫譜採志契之說頗多云

（清）唐麟翔字石郊號笠巢康熙癸未進士四川射洪縣知縣調蔚州

聖諭廣訓注疏一卷 未見

目見 雍正志傳稱注廣訓注疏 廣訓博采羣書逐字詮釋叢談偶録

題射洪縣知縣臣唐麟翔恭注一行則刻於縣署也

中聲集 鈔本 存殘本 四冊

目見 道光志 唐震之鄉試履歷 版本 康熙

石郊詩選 未見 刊本 此本係存殘本存冊

目見 友聲集石郊與張山來書云拙選之成頗艱而卷帙浩繁其入選者無世俗

唐煥章字蔚伯號丙蓀道光乙未舉人少攻制藝根柢經史一時名士咸奉為圭臬集錄

唐丙蓀制藝一冊 存

版本　同治二年宗
刊本　斯聰吳棠
送定廿子震
之校刊首有同治元
年吳棠序興化劉熙
載校傳

儒子之名謹哉十葉奉覽評語悖謬祈付退庵筆

梓人鐫刻弟於吳門返棹當載版而歸也

記引張山來書說

唐會魁真稾十集 未見

目見　退庵筆記先生所刻制藝凡十集其四書文五集五經文五集每集百篇

項從友人案頭見四書文一帙為第五集首有李

録予拔鄉立孫樹敏三序目録後附學堂論文二

十四則語甚精當　唐震之鄉試履歷

唐宗沅字少秋晚號拙老人又號蚍翁丹徒人工文辭善書畫尤擅長鐵筆晚年寓居泰州（即唐沅）

桐蔭堂印雯一卷 存

版本　手稿殊拓本集舊名印及自鐫印百方用舊宣紙界以烏絲闌仿汪氏

唐　十八

譜式自寫識語首有丁酉餘慶隸書序及自序
末有丁酉趙亮行書跋
三峯草堂詩稾一卷存
版本 手稿本 武陵蔡東鈞評注光緒丙戌婁杰
序戊子自誌吴陵趙寶年等題詞
三峯草堂類稾四卷存
版本 手稿本 詩詞文賦合編序詞同前首有七
十五歲小影自訂清稿待梓
三峯草堂叢書八種存三種
稿本未刊
佇月樓琴譜初二集未見
琴瑟偕譜未見
樂正錄未見

琰

（清）

桐陰隨筆四卷 存○分天地人物四部偶輯羣書而成並附以圖

古今文林摘豔一冊 存○輯錄古今豔聞自孔子起清終民止凡一百七十人

桐花館賦課 未見

望海樓尺牘一冊 存○游幕之作分為十五類光緒甲辰自序

醫學撮要 未見

高　琰 字幹侯日起子廩膳生工詩文究心濂洛之旨

性理詮微四卷 未見

目見　道光志　續府志

高鳳翥 字象六號果亭琰之孫附貢生 工詩古文福州府通判

高

十九 [illegible] 氏抄本

三山游草二卷日涉園仿陶詩四卷未見

目見 道光志 續府志

高獻可字介橋號宸儀鳳翥子歲貢生柳州府通判

勰心閣詩草未見

目見 同 上

高岳裕字啟昆獻可子監生

天香閣詩集未見

目見 同 上

高筠原名岳紳字紫嵐號湘浦一號正如晚年目盲自號省存榮祚子乾隆六十年舉人

紅絲硯館詩集 存

目見 蘭言集 續府志

版本 鈔本 題自在吟

麥秀兩歧唱和詩一卷 存

版本 道光七年自刊本 道光五年泰邑麥秀雙穗繪圖以徵詩首爲原唱和者三十人知州王有慶序并聯額

廢書歎一卷 存

版本 傳鈔本 庚辰兒子掤試報罷按羊城候補曲譜填以自嘲徐禮華評

感懷文藝一卷 存

高

二十

版本　嘉慶十七年刊本八股文曰餘悼亡也曰饑憂貧也曰贅着自爲也凡三篇口授付梓俞國鑑等評點後附仲振履斯人也一藝仲振猷序之

紅絲硯館試帖詩二卷　存

版本　嘉慶二十年自刻本分詠滄滄文與俞國鑑合刻各爲一卷附試帖芟餘一卷阮元仲振猷徐步雲爲之序及仲振履跋

高　㮶　字荷溪號靈崖山人皋詠花居士廪饍子庠生

靈崖詩鈔二卷　未見　存否　抄高果抄本　吴崖詩賸一卷名居

目見　高氏支譜　吴崖山人日課詠物詩俱多大作花卉類

高　銘　字金雨號文子晚號曼亭舂藻子嘉慶癸酉貢生補河南淇縣好學不倦詩派唐宋

曼亭吟草二卷 未見

目見 光緒志稿

高 崟字子山號紫珊斗城子附貢生

春秋霸國分紀六卷 未見

目見 同 上

高 鎬字琴夫號蒲齋垂煦子素工琴因以自號

亦是軒詩鈔 未見

目見 同 上

高佩華字素香號芷衫同邑葉彬室工詩詞

芷衫吟草二卷 存

目見 伯山詩話

版本 道光二十二年揚州精刊本 康發祥選訂上卷各體詩下卷詩餘道光壬寅發祥爲之序孫長吉葉貴曾跋之葉彬刻於揚州繕刻精緻

芷衫詩餘一卷 存

版本 光緒間徐乃昌刊本 抽其卷下刊入小檀欒室閨秀詞第六集

高善樹字友伯號蘭巖一號道仙紹淦子廩貢生善詩詞工書法塼塔銘

聽鸝吟館詩詞草 未見

目見 光緒志稿 抄本過錄二冊

高爾庚原名珠樹字星仲號曼孫又號學頑紹淦子恩貢生孤貧力學以小學爲根柢書法漢魏旁及金石篆刻堪輿醫術諸學尤爲精與

二南釋義　毛詩集解　字畧　泰州方言　尚友錄訂正畧　海陵雜錄一卷未見

目見　宣統志稿　王貽年尚友錄正畧序

井眉居詩鈔一卷續鈔一卷存

版本　二十六年仿宋排印本其子炳華編校友人黃葆年删定癸亥黃葆年爲之序

高彝尊字懿伯號小晋一號慰汝錫康子光緒丙子舉人兵部職方司郎中

高　廿二　氏抄本

續困學紀聞 未見

目見 高氏支譜

(元)

馬玉麟字谷燧一字伯祥(一作國祥)自號東皋道人樊川人仕元爲贛榆縣教諭士誠爲太尉辟爲參軍遷長洲縣尹累官至行省參政

東皋先生文集 佚

目見 詩集 周伯琦序所云

一作東皋漫藁

東皋先生詩集五卷 存

目見 補遼金元藝文志 補元史藝文志 千頃堂書目 文瑞樓書目 汪四卷 揅經室外集 佳趣堂書目

明代馬玉麟東皋集一卷 倪燦載

國史經籍志載

鈔本

版本 明成化元年刊本滄洲野客校正肴有至
正甲子周伯琦序丙午
王宗堯序成化改元楞齋重刊後序各詩以體編
次末有王遜撰東皋傳每頁二十四行行二十四
字此重刊海陵叢刻仿宋排印本翻刻成化本悉
元至正本 依原式編入第
十七種十 商務館影印宛委別藏本即四庫未收書
三年付印 選印四十種
陳硯鄉手寫本 同治丙申從內庫傳鈔本 從硯鄉
鈔出并有後跋 鈔本出
硯鄉後跋 吾邑馬先生玉麟著東皋詩集五卷不
見於秀野草堂元詩選陸文達公撫浙
始得之於浙中藏書家周伯琦序兼美其詩文王
宗堯序亦詩文並及而序中云云又似未嘗有文
者歷更兵燹脫佚不完良可惜也文達四庫未收
書目提要稱其當元之末季仕途顯要乃能耽工吟詠
時出清言且又暢事感時抒經濟今閱其古今體
詩率皆婉麗暢達可謂有關名教有裨諷諫

馬 達 借抒 暢能 諫

荀獻之信然吾邑闕人惟周麟之海陵集見採於
四庫咸豐癸丑以後東南三閣蕩為灰燼而力庫
所儲又大都有目無書求之累年迄不可得今得
東皋先生詩集寶玉大者於是手亟録副墨以俟
後之君子正之同治丙申中
元同里後學陳文田謹跋

（清）馬呈圖字墨初號陶庵居士少肄業武事老不得志
隱於丹青構屋蘆洲上作畫其中閒為詩歌

題畫詩四卷 殘

版本 手稿本 現存殘本以年編次嘉慶己巳游
三塘之作丙寅游淮陰之作及辛
未甲子癸亥乙酉雜詩首有
安宜王世槐題詩删改塗易

蘆洲唱和集二卷 未見

目見 光緒志稿

馬錫純字東侯一字東皋諸生少負才名嗜學不倦創
淮東中學歷任教員十數年

南洋勸業會紀要九卷存

版本　手稿本

征蘭小志一卷存

國文範本一册存
版本　民國十年墨耕齋石印本自有序并作文二十篇為初學之楷範以示學生

版本　十三年自寫石印本為其子白就甘肅蘭州鎮守使僚佐因長途跋涉思子之詩若干首手寫付諸石印以贈友好

夏（清）

夏霞字東起號春舟幼振事母孝樂善好施工詩結芸香社吟課

寄園詩存二卷存

目見　道光志　續府志　夏氏族譜作一卷

馬　夏

版本　道光九年辟蠹山房刊本其子蘭荃等輯刻道光甲申姜鳳喈為之序及費履垦跋

膾炙集十五卷　未見

目見　道光志　夏氏族譜作十卷

夏蘭字補生一字紅舫號鉄翁震子貢生工詩精於地理

易學三卷　未見

目見　夏氏族譜

地理元機歌訣一卷　存

版本　嘉慶戊寅自刻巾箱本專論砂水法採其精英撰成歌訣凑

夏亮采字晴嵐幼穎悟工詩文與弟鄰門聯袂入庠終年以館穀自給游其門者多類成名晚年尤邃於詞章之學

晚香書屋詩鈔　未見

目見　夏氏宗譜

在元汪炳序之後為
自跋刻於家塾

香草軒詩存二卷文存二卷 詩存文未見

目見 夏氏族譜

版本 自刻本詩以年編次失去序跋 文刻未見刻本

香草山房春柳吟一卷 存

版本 嘉慶十六年自刻巾箱本用王漁洋秋柳韻首為原唱徵
和八十六人邑人占其半
仲振奎為之序

夏蓉 字照初震次子廩貢生

效江醴陵雜詩一卷 未見

夏

芸

苔岑集一卷 存

目見 夏氏族譜

版本 嘉道間刊本 與興化東臺同輯試帖

首失序故無年月可考

夏

荃 字文若 一字退庵 霞三子 廩貢生 歷任豐縣訓導 生平精於典籍考證 詳審搜羅鄉里文獻殆盡 歸里後日事纂輯甚富

淮張逸事 未見

目見 續府志 退庵筆記 稱逸史

海陵藝文志二卷 存

版本 辟疆山房鈔本 仿經義考輯錄邑人著述并採其序跋 僅至明代止 疑未完

辟蠹山房藏書目十卷 未見

目見 退庵筆記余與仲兄各分其半二十年來續購二萬七千卷編為此目詳具卷數世次爵里名號數易稿而成計為類四十九為部一千一百卷三萬有奇以備繙閱遺子孫亦猶足矣

退庵錢譜八卷 存

版本 海陵叢刻本 收藏古泉自秦半兩起至明季諸王止徵引群書考證詳覈並編歷代錢譜考年號重襲考冠於首劉賢楠楊亮湯治貽為之序民國八年排印列第三種

退庵筆記十六卷附宋石齋筆談六客之廬筆談 存

版本 海陵叢刻本關於一邑掌故最為詳盡劉賢楠為之序民國八年先印

夏

十二卷爲叢刻之冠續印四初稿本每標題上有硃
卷并附筆談二種俾成完帙筆鈔字及塗
抹紛删去十之一二此爲初稿 傳鈔本 此爲删訂稿用自印紅格

梓里舊聞八卷 存

版本 海陵叢刻本 輯一邑遺聞逸事以備邑志之遺民國八年付印編列第二種

夏氏紅格鈔本 藏海安韓氏

退庵文鈔一卷 存

目見 光緒志稿作晉磚唐石齋詩文存

版本 夏氏春星草堂鈔本 自道光辛未至庚子以上以年爲次凡記序
六篇尺牘數十篇係與劉楚楨梅蘊生攷證金石
文字無應酬之作紅格板心上刻退庵文鈔四字

下有春星草堂之一六字此
其文鈔當有詩鈔未知存佚

宋姜諤墓誌題詠一卷 存

版本 傳鈔本自蔣獲石記同時題徵詩者二十七
人同里湯治昭為之序未及付梓僅有傳
鈔行世

海陵文徵二十卷附錄十二卷 存

版本 道光二十三年自刊本輯一邑之文自唐張懷瓘始迄清道
光止甄錄七十二人得文四百六十篇為正集先
刻於揚州諸城李璋煜儀徵劉文淇為之序附錄
嗣陳守吾印本首增陳金詔序有陳光緒九年泰
刻 續晉守吾校署名一行
州吏目鄧清修補本其版與於鄧氏重加修補續
印增有王廣業序及劉瑾麟跋

夏 艺

民國壬子李氏補修本具版歸海安李氏增有民
汪鎣序缺王序鄧跋
國十年韓國鈞刻附錄本關於一邑水利人物四方名彥所撰及流寓之
蒿述自晉始迄清道光止得文二百二十六篇為
附錄由卷二十一起至卷三十二止韓國鈞為之序

海陵詩徵十六卷 存殘六卷

版本 紙格稿本既錄一邑之詩自宋起迄道光止各列小傳間採羣書軼事方
外閨秀流寓各編一卷當未付梓現存卷一卷二
宋元明詩卷十一十二嘉慶至道光卷十四閨秀
卷十六流寓計六卷此稿散失
已久舊為朱櫻船藏本

亦好集五卷 存殘五卷

目見 光緒志稿 墓誌銘作六卷

版本　紅格稿本選詩徵外与邑人有关詩亦甄
録故名亦好集未及付梓稿藏
海安韓
止叟處僅存卷一一三卷七八計五卷由唐至清迄同時詩草

文徵芟餘四卷存　二百餘人皆从各書集採用

版本　紅格稿本選輯文徵之刪餘未刻稿藏海安韓氏

目見　退庵筆記

宮闈掇藻集十一卷存

版本　紅格稿本輯婦人之文自周迄明代皆取絶雅古質其靡麗之作概未甄
録卷一至六宮闈卷七至十閨閣卷十一則夷裔
神仙之文此本未刻流於南京書市[illegible]所
[illegible]缺三卷現存卷一
至四卷七至十計八卷

夏　丈

補目、海陵三仙傳、保越錄、庭聞州世說、萬藏
楼迎詩、徵辟始末、召對紀言、和文翰[illegible]
紀、南壇紀聞、填墨堂筆紀

夏之

夏寶鑄原名潤字良玉禹门第四子郡庠生正直無私作書尤護州牧張之果深器之

瑞竹山房文集 未見

事見 夏氏宗譜

版本　紅格稿本選詩徵外用附諸書詩亦甄與邑人有关詩錄故名亦好集未及付梓稿藏海安韓止叟處僅存卷一至三卷七八計五卷由唐至清迄同時作者二百餘人皆以名書採用

文徵芟餘四卷　存

版本　紅格稿本選輯文徵之删餘未刻稿藏海安韓氏

宮闈擷藻集十一卷　存

目見　退庵筆記

版本　紅格稿本輯婦人之文自周迄明代皆取絶雅古質其靡麗之作概未甄錄卷一至六宮闈卷七至十閨閣卷十一則表裔神仙之文此本未刻流於南京書市[redacted]所[redacted]缺三卷現存卷一至四卷七至十計八卷

夏

艾

辟蠹山房叢書十八種 現存七種 一名六客之廬叢書

目見 退庵筆記 宣統志稿

版本 紅格寫本 選其鄉先哲遺書及近作凡十八稿未及付梓刻成版格板心上題辟蠹山房叢書字樣繕寫樣本已有散失其目列左已存者上冠以○分別存佚

○書斷 清波二志 ○北轅錄 柴墟集 林東城集 舊業堂集 沈司馬集 繪事微言 敬止集 春秋氏族譜 爽栝○顧絪靈詩○天橋遺稿○蕊亭隨筆二卷○窮交十傳○絪軒詩話○抱香樓識餘○叢談偶錄

據夏氏紅格稿紙用繼描格線皆刻成書名或署其辟蠹山房春星草堂宋石齋字樣

嘉穀 字少舫 蘭次子 貢生

泰州肄雅録　未見

目見　夏氏族譜

蔡氏旌孝録一卷　存

啟本　光緒中自刻本　記蔡蕙上書救父孝行録其傳記祭文凡十六篇

夏嘉謨　字子猷，荃子，歲貢生，能世其學，為文沉博絶麗，名噪大江南北，李學使聯琇極器重之

春星草堂詩集　未見

目見　光緒志稿

夏之雲　字奇峯，廷熙次子，嘉穀孫，江蘇高等學堂畢業

國際聯盟之經驗一册　存

夏

版本　民十八年英文本商務館代售

夏兆麐字紹侯號耐庵兩淮師範畢業專門著作甄
審合格歷任中小學教員圖書館々長館員

、新生活解證二冊存　耐庵雜著第一集之三

版本　稿本　本書以協助新生活運動為主旨依
據須知分為十節首以釋義次即集
證諸說民二五副刊載
泰縣日報以供同好（呈送考試院審查認為專門著作）

、族譜學概畧一冊存　耐庵雜著第一集之一

版本　稿本　叙録古今譜系之學分為十四类
旁徵羣書頗為詳覈二十八年自序

方志學一冊存

版本　稿本　詳述方志源流變遷之概論因中日事變
未及成書

、泰縣氏族畧三卷 存 耐庵雜著二集之四

版本 稿本 輯一邑之族姓，分為著姓、列姓并僻姓三類，敘其得姓之始，詳其顯著之人及住居。民國三十六年刊載泰縣日報

、泰縣內政志四卷 存 耐庵雜著二集之一

版本 稿本 民國二十年修邑志，擔任分纂，此其縣志之一類，頗為詳盡

、泰縣風俗談十卷 存 耐庵雜著二集之三

版本 稿本 採輯俗語習慣，加以注釋，分為十類：婚嫁、喪葬、生育、壽誕、疾病、忌諱、報賽、習尚、生活、節序，各為一卷。民國三十五年刊載泰縣日報

、泰縣方言補一卷 存 耐庵雜著二集之二

夏

版本　稿本　補高氏方言遺　附吳陵諺録採輯民諺童
謠隱語流言另日可見当时社会情形刊登泰縣日報

一梓聞餘録四卷　存　箸三集之二
版本　稿本　搜集羣籍補退庵之遺故名餘
録民廿二六年刊載泰縣日報

一吳陵野紀八卷　存　箸二集之七
版本　稿本　輯録遺聞軼事分為八類曰地望曰
市井曰社會曰民生曰故事曰古物曰
市井曰社會曰民俗曰歌曲曰土產曰神化各為
一卷民三十七年刊載泰縣日報

吳陵牧影一卷　存　箸二集之八
版本　稿本　為一邑之牧守以吳愚兼採羅列數
十人自清初迄民國十八年止民三
四年刊載泰縣日報

施世綸　黃[illegible]揆

吴野人生活談一册　存　仏著二集之六

版本　稿本　野人為一代民族詩人生活清貧　採用酒軒訪為主

事分類為十章　民二六年刊載報紙

瑞芍堂雜文二册　諧著二册　存　仏著一集之六

版本　稿本　自詩論說序記雜著約自丙辰至丙寅凡十一年

十篇　諧著為社會游戲文諷諧之作　按登在海申新時各報

岳嶽小志　松林庵小志　存　仏著一集之九十

版本　稿本　俱採集前人記載題詠分類編次民

國三十七年十月刊載泰縣日報

春紅曉白軒雜綴二卷　存　仏著一集之八

版本　稿本　記泰邑掌故每有見聞不論新舊得

百十則　服務圖書館普通閱覽室設

於春紅曉白之軒故以名書

民國三六年刊載泰縣日報

夏

廿

、海陵文拾一卷　存　叢著三集之三

版本　稿本　採録文徵之遺自宋起迄近人選擇數十篇皆關於地方文獻者民三十七年刊登泰縣日報

以其續編之意。

、兩漢地方自治制度考一卷　存　叢著二集之四

版本　稿本　三十六年刊載泰縣日報　依据汗已百官志共六章十三條

、吳陵藝苑一卷　存　叢著二集之九

版本　稿本　輯一邑金石書畫家斷自明代以見闡所及隨手摭録如曆算數書技擊塑像園藝戲劇皆有名於世均雜多索不另立傳俟續入刊載泰報

、丁卯兵災録一卷　存　叢著二集之五

目見禾州士
集二期小傳

版本　稿本　十六年丁卯二月孫傳芳聯軍潰退
日反攻泰城國軍以寡敵衆退出孫軍進城大肆
姦淫擄掠所臨事實分為八記刊載泰縣報（三十
七年八月）

、辛未水災錄一卷　存　以著二集之五

版本　稿本　二十年辛未大水為明清以來泰邑
未有之奇災自三月至七月淫雨兼
旬不息分為七記一霪雨二保垻三開垻四水勢
五秋收六救災七瑣聞皆其紀實三十七年九月
刊載泰縣日報披露
按以諸稿均繕清本陸續投登報端或剪貼本流傳
其稿本藏於家以待刊刻

、丙子風災錄一卷　存　以著二集之五

[illegible]書院月課所选關於地方

海陵文佮一卷 存

板本 稿本 二十五年颱風襲境堤湾旁重次及梓里姜堰曲塘海安亦受損失据各報記載分別删去浮詞記受災實況

論語政要一卷 存 叢著一集之二

板本 稿本 論孔子政治學說思想詳於論語一也引用羣書分學說思想生活三篇十五章為某生所作呈送考試院審查認為專門著作

滎草文存四卷 存 叢著一集之五

板本 稿本 自訂詩文包括詩贊記序頌詞書信詩詞一百六十首各件俱备 又有耐庵文摘甲乙編即此稿初名

（低一格）

傭餘漫墨四卷續墨一卷 存 叢著一集之七

板本 稿本 自著小說筆記作品投登申新時名報 卷一短篇小說 卷二一三筆記 卷四雜俎 續墨亦為筆記 第一集十種

東園則研究筆
難經一得 存
醫學萃精 存
目見 神州女
集二期 小傳

秦 村 彥

板本 稿本 自著小說筆記作品投登申報 時名報卷一短篇小說卷二一三 筆記卷四雜俎價墨存為筆記 第一集十種

一、痛史一斑一卷 存 叢著二集之十

板本 稿本 記抗日戰爭中泰城淪陷事 一血淚啼痕錄二六一回慘狀 詳記三青墩之戰附淪陷期中生活之一

一、撐里搜奇錄一卷 存 叢著三集之一

板本 稿本 輯錄張士誠柳敬亭蔡蕙 遺聞逸事，未能付稿

一、海陵詩史一卷 存 叢著三集之四

板本 稿本 所選邑人有关紀事之作 故名詩史

一、國學研究社詩文選四卷 存 叢著三集之五

板本 稿本 研究社創於民國十二年仿 書院月課所選关於地方

海陵文拾一卷 存

板本 稿本 二十五年颶風襲境境瀕海旁重災及栟茶姜堰曲塘海安東受損失據各報記載分別刪去浮詞記受災實況

方志文獻作品

數曲偶談一卷 存 竹著四集之一

板本 稿本 述其祖德懿行取數曲之祖之義

庭聞臆稿一卷 存 竹著四集之二

板本 稿本 庭訓之語

思痛錄一卷 存 竹著四集之三

板本 稿本 述其先人哀思

夢痕錄一卷 存 竹著四集之四

板本 稿本 自作年譜

東園則研究筆
難經一得 存
醫學萃精 存
目見 神州吉
集二期 小傳

夢痕録一卷 存 竹著四集之四
板本 稿本 自作年譜
耐庵雜稿一卷 存 竹著四集之五
板本 稿本 以上五種皆有关家乘化載
泰縣圖書館鄉賢書目提要一卷 存 竹著五集之一
泰縣圖書館古物記目一卷 存 竹著五集之二
板本 稿本 服務本館就其所藏編目
以上各種依其自訂書目分集近四十種
陸續披露報刊有十三種全書除第四集
家藏外現將原稿存本縣圖書館
片刻 先君于去有興化李思識總序述今何南

卅三

泰 桂 袁

散本

稿本 二十五年颶風襲境塊灣旁

宣公又秀芝義名由庵旁安亦

（依蔡子卿語改正為癸卯）

（清）秦定遠字以御淮海二十四世孫康熙癸卯武舉人工書好吟詠卒年九十又

快雪堂詩文集　山水間詩　編年詩　行軍詩未見

目見　道光志　府志　江蘇詩徵作從軍詩　詩觀二集

袁懋貞字九淙世科子萬曆丁酉舉人官南康知府詩
宗漢魏文兼六朝八家之長

善名堂集八卷 存

目見 徵尚錄 存 府志 退庵筆記

版本 天啟刊本 彙編諸集重訂詩以體分次首
有興化李思誠總序述今何南

秦 桂 袁 卅三

首 晚

東園則研究筆彙 (明)

難經一得 存

醫學萃精 存

目見 神州吉光

集二期 小傳

文獻作品 一二七三 手迹 袁竟庵 旁

秦定遠

字以御，淮海二十四世孫，以先世避居邑之世遷居邑之墓堰，遂為泰人。工草書，好吟詠，游歷齊楚燕趙，見聞皆發為詩歌。康熙癸卯，中武舉，授武德將軍，署鎮，以母老歸養，終于家，卒年九十有七。事見「秦氏家乘」與「新修泰州志」。

（按：癸卯原稿誤為癸丑，宜更正。余猶忆兒年所見家中灯籠，上書「癸卯科」三字，可為一証。）

（右所补三行，聊备参考而已）

秦子卿 六三年七月三十日

觀 見 未 工

（清）桂步塏字大符幼喜藝術課餘之暇即事作畫無間日從沈師學醫而延診者盈門非其志也避居東園則研究筆墨（明）（清）

難經一得 存

醫學萃精 存

目見 神州吉光集二期小傳

僅載其快雪堂詩草稿

桂天培字因之一字仙巖諸生文學昌黎詩斫雋中晚唐畫仿小米淵深入妙善奕尤工鐵筆

天香閣遺筆一卷 存

目見 道光志 府志均誤作遺草

版本 桂鄰麓刊本 其兄鄰麓輯刊遺詩三十四首賦二篇閻維墉為之序

袁懋貞字九淼世科子萬曆丁酉舉人官南康知府詩宗漢魏文兼六朝八家之長

善名堂集八卷 存

目見 徵尚錄存 府志 退庵筆記

版本 天啟刊本 彙編諸集重訂詩以體分次首有興化李思誠總序述令伺南

秦 桂 袁 卅三

金清源集序梁谿沈泌游梁草序同里李嘉賓寤白園稿
序每卷有目而無總目板心下有字數未標刊刻年月

蒯緱集　清源集　游梁草　寤白園稿 未見

目見　微尚録存　善名堂集　退庵筆記

按四集係其初稿訂名各有序跋續
後併刻入善名堂集中列以附考

廬山詩紀七卷 存

版本　明天啟間刊本缺其序跋僅有總目自晉
至明同時諸公附方外選

袁氏四公傳 未見

其游山之作疑缺其
間或另有一卷

未詳撰人

目見　微尚録存 述其袁杉子世科 退庵筆記
從子穗孫懋貞

雲

（清）

袁翔字號黃龍山人江西彭澤人避居吳陵精於堪輿之學為宮氏相度九里溝塋地後遷徙迄今遠於洲上

海陵堪輿鈐記 一卷 存

版本 傳[illegible]首有自述稱余自吳陵凡爲秀水真脈無不備悉因設教載（指宮氏）擇一地以酬[illegible]似祥捧月遍視一方奇地撰爲數條選諸善思者求得之也凡選錄十七處每處成詞深意詳其中附迄今鈐記亦同其創此本未刻僅由泰輿堪輿家所鈔出頗不易觀

袁爾職字肩山康熙四十年仁廟南巡獻上河工頌並紀恩詩上嘉納之

招雲閣集 佚

目見 道光志 續府志

袁樊年字士祺號仙客吳縣人泰州籍

袁

袁本華字拔公號曉夢吳縣人泰州籍
夢庵學案久
目見詩觀二集

竹窗吟稿 佚

目見 詩觀二集 仙客竟以攻苦早世遺稿多散佚今似拔公羅得數章見示古艷絕倫即付剞劂 江蘇詩徵

袁

澄 初名承字濟宗號雪坨居南郭郎事圖鶴籤不求聞達以詩自娛

雪坨詩鈔一卷 存

版本 嘉慶十九年友竹山房刊本 真州圖鶴籤選以年編次

凡詩百首嘉慶癸酉同社姜鳳階為之序 傳鈔本

袁振華字怡山諸生性洒脫工詩善擘窠書

紫櫻山館詩集 未見

目見　宣統志稿

袁錦字子文號夢苕晚號岌叟父諸生貫通經學博極群書工詩胎息漢魏不事雕琢晚佐錢閬學評閱文牘

棣花吟館詩鈔二冊　存

目見　光緒志稿

版本　手稿本現藏其孫袁輔庭處并有雜文稿

袁璞父先生傳一卷　存

版本　光緒庚子家刻本其弟袁鑣孫葆田合撰二傳

袁輔治字從園號濟安幼受學於桂小山專精吳鞠通溫病條辨推闡治法同治五年溫疫盛行就診盈門

溫病闡微　未見

袁

目見　宣統志稿

袁銜　字澹生其父遷居海安光緒戊子舉人應詔授浙江景寧縣卒於官署

景寧集二卷　存

目見　宣統志稿作飄蓬集

版本　海陵叢刻仿宋排印本興化李詳遵訂以官景寧縣名其集各體詩俱備李詳為之序跋民十九年刊列第二十三種

袁鋭　更名泳字茶庵錦第工書得米蔡法

小庵詩稿一卷　存

版本　稿本詩僅十數首附以楹聯

甘泉縣志

袁鐄 字季枚 錦四弟 諸生 工詩古文辭 曾聘纂山東通志 因自號山東小史 晚年任本邑文廟奉祀員

季枚遺稿 存

版本 稿本 自選雜文百篇 詩若干首

袁祖郇 字況生 錦子 自號江東布衣

況生詩稿一卷 存

版本 手稿本 無集名 各體詩一百二十首

袁祖成 字康侯 又號退僧 鐄長子 諸生 官東海縣知事 創設淮東中學 民十六年拒絕孫軍 破泰城被執不屈就義

宋史札記一卷 存

版本 稿本 未刊 民國十一年刊載愛樂雜誌

袁

清徐游記一卷 存

版本 稿本

退僧先生遺集 存

版本 稿本 王公興袁輯其詩文雜著未及付梓

袁遠 字近之，善畫花鳥

畫法一卷 存

版本 袁穎長鈔本 其子頤輯錄生平畫理

（清）孫廷颺 字虎山，居於秋村，諸生

淩滄詩鈔二卷 存

目見　江蘇詩徵

版本　嘉慶十六年家刻本其子光璧校刊袁枚為之序及光璧跋

孫桂山字馨谷東鄉莫家莊人家世岐黄至桂山愈臻純粹

醫學心傳四卷　未見

目見　宣統志稿

孫士榮字桂山子能世其學

傷寒辨似四卷　未見

目見　同上

（宋）

徐守信字神公後改神翁年十九入天慶觀崇寧二年賜號虛靜沖和先生凡三召赴闕大觀二年解

世

孫

徐

孫枝蔚

溉堂全集（見15）

見書末一頁

化勑旂本州嚮林東
原贈大中大夫

虛靜沖和先生徐神公語録二卷 存

目見 遂初堂書目 道藏目録詳注 脈望館
書目

版本 宋紹興桐鄉朱翌刊本 弟子苗希頤裒輯成編朱翌删次并刻之紹興二十八年為之序述其原委又稱嚴陵本 宋淳熙朱宋卿重刊本 淳熙七年知泰州事朱宋卿序々稱嚴陵刊本訛謬太多證以所聞删正損益數十處云其後重刻即據此本 明正統道藏刊本 近年商務印書館有影印本 道藏輯要刊本 嘉慶中蔣元度輯刻併為一卷收入昂集首有朱翌朱宋卿二序傳抄本從此

出明鈔本 萬曆間萬壽宮傳鈔本

(元)

徐勉之 紹興人

保越録一卷 存

目見 文淵閣書目 菉竹堂書目 千頃堂書目 張士誠幕傳客所作

是樓書目 四庫總目 皕宋樓藏書志 元徐勉之撰 舊

抄本 乾隆浙江通志 彙林雜俎 山陰祁彪佳有其書屬譚益錄之改數 常熟號非後

版本 學海類編刊本 刪節不完 藝海珠塵刊本 光

緒十年十萬卷樓叢書刊本 從舊抄本校刊 前有至正十九年自序

海陵叢刻本

徐 卅八

四庫提要不著撰人名氏載元順帝至正十九年明師攻紹興事是時將為胡大海禦之者張士誠將呂珍也凡攻三月卒不能下乃還是錄張士誠兵曰我軍稱珍曰公始士誠未亡時紹興人所紀其中稱明為大軍及太祖高皇帝字則疑士誠亡後明人傳鈔所改耳紹興自是以後猶保守八年及至正二十六年始歸於明珍亦是年湖州之敗乃降於徐達雖初事非主晚節不終而在紹興則不為無功矣大海攻興紹挫衄及其縱兵淫掠發宋陵墓諸惡蹟明史皆不載所錄張家正妻韓氏女池奴馮道二妻抗節事明史亦皆不書尤足補史傳之遺

（明）

徐蒿字仲望號小石蕃子正德十六年進士山西參政

小石文集 佚

目見 鳳岡集小石墓誌稱文集若干卷藏於家書備諸體時出新意自成一家云

（清）

徐文炳字明臺廩生嗜學經史天啟間同修邑乘

泂酌集佚

目見　道光志

徐爾貞字介石以恩貢授中書舍人禮部主事纂修國史精於醫學順治中卒

醫滙佚

目見　道光志

徐淑秀自號昭陽遺子明南渡宫人甲申流落金臺後歸泰州邵某為室詩多抑鬱哀憤之音

一葉落詞佚

目見　衆香詞　香東漫筆

徐

廿九

徐宗毅字建章庠生性仁孝力學游其門者無不功成
名就教人文藻勵
為師勸懲録 佚
目見 雍正志 傳篤行 栟野
徐述夔字賡野一名賡雍世居栟茶場康熙五十八年
入學乾隆戊午舉人是科磨勘述夔文罰停會
試遺此屏作遂絶意功名輯集儕侶以詩酒自娛然
遂之辭流露於楮墨沈德潛為同年生且為傳撰序
年六
十一
學庸講義一本 未刻論語摘要 想詔堂隨筆 未
刻遂堂雜著 已刻一柱樓編年詩六本 和陶詩
一本 未刻古文詩餘 一柱樓時文 小題詩一

本　五色石傳奇（卷滿鐵圖書館藏本見書目）拼茶場志未見

目見　違礙書目　應繳書目　詩案 詳禁書

八洞天八卷　存

目見　日本東京所見中國小說書目　清初原刊本寫

刻封面題五石色主人新編左方題識五石色主人借

筆以為鍊云云作者後序署五色石主人題於筆鍊閣

此書與五色石小說同為一人所撰卷數作例亦同每

卷演一故事以三字標題復綴以回目演明事四種查從

周宋金各有一種　世界文庫第一集目錄作八洞天傳奇

內閣文庫藏

五色石傳奇八卷　存

目見　應繳各家著作書目　中國通俗小說書

目無傳奇二字原刊本稱同半頁九行行二十字（大連

圖書館藏）又日本千葉掬香明治十八年刊名偏地金

四卷即五色石改題書名首有哈哈道士序按原書題

筆鍊閣編述自序署筆鍊閣主人每卷演一故事

鍤

見道光志

徐升堂字小隱，道光二年舉人，生平邃於經學，主講明道書院。

學椁堂文集十二卷、晚香亭詩集八卷未見

目見光緒志稿、續府志、伯山詩話云：今嗣震來以晚香亭詩見示。

徐信字小園，工畫，性疏放，有伯倫荷鍤之風，行吟得句。

青藜館詩草未見

目見伯山詩話、海安考古錄作三塘雜詠，採錄最多。

徐厚蘊字　居海安

目見　違礙書目　[illegible]　詳禁書

本
四色石傳奇（一卷，滿鐵圖書館藏本，見書目）
拼茶場志　未見

目見　滿鐵圖書館書目　世界文庫第一集
目錄　載八洞天傳奇一種，未印

徐述夔傳一本　未見
目見　違礙書目　注沈德潛撰　詩案

徐𥛚 字良善，三塘人，善古文工詩
愛月堂詩集　佚

徐

四十

鍤

目見 道光志

徐升堂 字小隱道光二年舉人生平邃於經學主講明道書院

學髹堂文集十二卷晚香亭詩集八卷未見

目見 光緒志稿 續府志 伯山詩話云令嗣震來以晚香亭詩見示

徐信 字小園工畫性疏放有伯倫荷鍤之風行吟得句

青藤館詩草未見

目見 伯山詩話 海安考古錄作三塘雜詠採錄最多

徐厚蘊 字 居海安

鳴鶴軒詩草 未見

目見 海安考古録

徐厚楨 原名錚字小竹任海安鎮樂於施助嗜學不倦

友竹軒吟草 未見 一作詩集

目見 宣統志稿

徐震來 字竹江號恐甫諸生工文辭於經史之學極有根柢教授生徒多有成就

祥爵山房詩草 未見

目見 海安考古録

蛾術軒文稾十五卷 未見

目見　宣統志稿

徐曉峯名旭，以字行，號雲溪，以戰功累保擢福建汀漳龍兵備道，同治三年，匪陷漳州府城，絶粒數日遂遇害，諭贈内閣學士，賜葬，謚剛毅

紀事詩一卷　未見

一名獨行堂詩稿

目見　光緒志稿傳稱在賊中時皆身經百戰之作

徐剛毅公行狀一卷　存

版本　同治刊本，喬松年撰，附馬新貽撰傳、袁保恒書後

徐承琢字右卿，一字澗賓，諸生，以詩自娛，年八十一，賜副榜，越三年重游泮水

丙丁憂旱隨吟草一卷　存

版本　費鑑波鈔本　光緒丙子丁丑泰邑飛蝗盛熾之作費丙溪評點鄒鼎費錫申為之序及題詞此稿未刻費氏傳鈔

寂感吟唱和詩鈔一卷　存

版本　同治十一年刊本　自述原唱題瑜為之序

賦法梯程四卷　存

版本　費巽齋鈔本　所選時賦及前輩之作計一百六十篇加以注釋費履堅吳會評點附自撰論賦同治六年自序光緒二年費錫申跋并鈔存於家

徐閬卿　字蓮甫諸生工畫與徐震甲徐繼裕齊名時稱三徐性曠逸顏其所居曰畫水樓惟鍵戶作畫不事家人生產鄉里高之善詩詞著作惜多散失

徐

四二

徐樾永字勉甫蓀之父光緒間優增生工詩古文辭

履雲詩鈔 未見

吳疆域圖說 又

目見 孫葆嚴歷

徐天璋字睿川一字曦伯諸生湛深經學著作等身於任中央大學講師年八十餘卒葬揚州平山堂

畫水樓存稿一卷 存

版本 稿本 計存詩二百六十首詞六首康發祥選訂并錄詩入詩話中此稿刊登江泰日報藝林以供同好

睿川易義合編八冊 存

版本 民十三年金陵排印本 是編彙集諸家疏義參以己意其正編分為十類副編分為六類附續編曰緒言曰圖說二種 辛酉自序

尚書句解考正六冊 存

版本　民二十四年雲麓山館刊本以虞夏商周書分次各為篇目凡五十八篇引用諸儒之說辛丑自序於羊城張燡胡筠集資合刻開雕於首都

禹貢傳注圖攷

版本　稿本

詩經集解辨正二十卷　存

版本　民十三年金陵排印本引證羣書分為小序集傳彙解辨正四類仍以章句為次癸亥丹徒繆潛己未周蓮為之序及自序凡例

三禮析義

夏小正通釋二卷　存

版本　稿本夏小正編為中正堂經說之一末有胡晉跋

四三

徐

春秋明義　春秋三傳辨誤　春秋三傳箋疑

版本　稿本

闕里講經篇一卷　存

版本　民九年雲麓山館刊本　丙辰赴曲阜講經會所講十三經各章疏義門人紀錄首有嚴王易陳慶重陳慶年繆潛諸序末附七十自壽詩刊於曲阜

古本大學說義一卷　存

版本　民十二年排印本　庚戌自序

中庸箋正一卷　存

版本　民十六年排印本　己未自序末爲序辨

論語實測二十卷 存

版本 民十三年金陵排印本 乙未自序

孟子集注箋正十四卷 存

版本 民二十五年江都胡震刊排印本 以鄭氏箋詩之例刪朱注採諸儒之說為之箋正宣統二年自序江都胡顯伯為之校刊

四書箋疑疏證八卷 存

版本 光緒丙申刊本 卷一至四論語卷五至六學庸卷七至八孟子首為自序男淩仁跋

孝經古今章句攷 存

徐

四

爾雅箋正圖攷存

版本 稿本未刻

徐氏雙孝録一卷存

版本 光緒二十八年刊本 子天璋輯其父昌齡母氏雙孝行實詮筠撰傳李書城記高爾庚墓表附昌齡訓戒

爲私集三卷芻獻集五卷既濟金鑑一卷心性元旨二卷續編二卷存

版本 宣統元年刊本總名徐氏類編

理氣蒙求四卷存

版本　宣統元年刊本分天地人物四部沈景湘爲之序

五行彙攷四卷存

版本　傳鈔本光緒丙午雲石小樵序繪圖詳説凡六十則

皇極潛元演數一卷存

版本　傳鈔本自洛書原圖至五行取象凡八篇

徐恩榮字子沾震甲子工詩與張質甫王石逸黄荻生盧崧亭相唱和

小西湖釣徒詩稿一卷一冊存

版本　紅格初稿本光緒自庚辰至癸未之作戈靜安批點有刪易　綠格

重訂稿本光緒十三年丁亥自訂揚正鈞爲之序趙雲鶴等題詞用王氏綠格紙手寫清稿版心

徐

四五

楚辭叶韻攷四卷存

傳鈔本辛亥自序

徐炳華 字莉人，晚號守雌，優廩生，民初卷一子，江蘇諮議局議員，兩任泰州續修光緒宣統志分纂，民國修志局委員

守雌堂雜文詩卅二卷 刪除 存

版本 紅格手寫本 自刊刪除詩文十餘卷

詩以年編次，自甲申（光緒十年）至癸酉止（民國廿二年），五十年之作，約二百首，手寫清稿存于家。

下有正定王氏藏書大字

徐巽中 字蘭仙 徐升堂女 東臺陳智開繼室 百生之母 教授子女工詩詞

望雲樓詩集一卷 存

版本 光緒乙未香草堂刊本 各體詩附詞百首 外孫楊馥選刊入香草堂叢集之一

徐倬 字方虎 德清人 康熙癸丑翰林 官至禮部侍郎 寓泰州俞氏漁莊最久 與孫胙懷鄧孝威鶴詠其中 殆極一時之盛

蘋村集類稿三十卷 存

目見 國學圖書目 宣統志稿作蘋村集 未注卷數 四庫存目 有附錄二卷

版本 康熙刊本 其子正元 有寓園小草一卷 則寓泰州之詩

說文識小錄五冊

張篤手稿存。現存段字本又互校一冊，楷篆異形三冊，聲母千文注一冊，執其說文本又形聲，而偽寫失真，略加箋釋。

目見 徐氏家譜。載二至，說文或不僅此三種。

徐步雲 字蓝遠號禮華興化人被水患移家泰州至今子孫仍居焉乾隆壬午舉人內閣中書

宮湘秋先生傳一卷 存

版本 嘉慶間行書刊本 湘秋改名晉賜煥采子乾隆舉人長治知縣步雲為撰其傳并繕書宮氏特為影刻行

饜餘詩鈔四卷 存

目見 道光志作詩文鈔 興化志 續府志

松壽閣文集二卷 存

版本 嘉慶廿二年自刊本 凡詩二百首姚鼐為之序丁丑自序

目見 光緒志稿

徐

四六

版本　稿本　其子鳴珂編録數十篇未刊　抄存二卷

徐鳴珂　字竹薌　号雲子　幼承家學　工
　詩善書　同修道光泰州志

東詠軒筆記三卷　存

　版本　傳鈔本　記興泰兩邑遺聞軼事有關掌故
　　道光七年自跋　此書未及付梓

硯北花南吟草十二卷　存

　目見　光緒志稿　續府志　興化志　作詩賦
　　詞草

　版本　道光刊本七卷　詩鈔四卷　詞鈔一卷　合稿
　　璧詞一卷　賦草一卷

　本　自選　訂　袁鏣
　　為之序　未刊

徐豐曾　字玉生　晚號鬯叟　又號東海散人　江寧人　諸生　避
　亂居泰州　遂家焉　生平淡於名利　以詩酒自娛

（明）

雙桐書屋詩集四卷　存

版本　民國十三年自刊石印本附詞存吳俊年
王思沅為之序
及自序吳同甲題
詞末有男百祿跋

倪

晉明　淄陽人歲貢生隆慶四年任泰州
學正博雅緒論尤工詩文善行草

發藻堂集　佚

目見　道光志本傳稱梓其
集於官舍

徐

倪

思

孫枝蔚字豹人三原人布衣舉博學宏詞以年老授司經局正字明末避居揚州與吳嘉紀交最善順治戊子至康熙庚申屢游泰州寓樂善庵一時名士如鄧漢儀黃雲易東陳志紀相與唱和夏退庵筆記考證游泰歲月甚詳並選其詩入海陵詩徵

溉堂全集二十八卷存

目見 四庫存目集無文 外部咨移應燬書目 販書偶記 感舊集

版本 康熙二十三年刊本凡詩文詞五集詩以編年分體編次前集九卷崇禎癸未至康熙順治己亥之作李天馥魏禧施閏章等序續集六卷康熙丙午至戊午之作鄧漢儀選評俱刻其入都時後集六卷康熙己未至丙寅出都之作自刪存十之三其子匡刻行有

辛丑跋甚詳康熙甲子王澤弘方象瑛爲之序
按前集係泰詩最多并有吳嘉紀評語

泰縣著述考卷五　丁亥陸銓次公

十一畫　章　康　許　凌　郭　曹　梅

張　崔　常　莊

按万曆揚州府志有文斗分梓姓名州志將維揚郡志坐有誤　辛丑

（明）章文斗字月鹿工詩古文辭以歲薦從浙江定海二尹著有定海三賦志畧分纂維揚郡志万曆揚州

臆見心銘鏡古叢奇諸刻佚

目見　道光志　府志

（清）章士錦字倬雲號司奄乾隆辛酉歲貢生官金山訓導工詩古文辭學使法式善試揚郡延為上賓以分校任之後薦不就

闇齋文集　朗如軒吟草未見

目見　海安考古録

章康

章奎森 字量園，別號天殺，章郭莊人。

沁園詞二卷 存

版本 民國八年姜埝石印本 首有弁言

章瑾 字予懷，任蕭家莊郡增生，性孝友，讓產兩兄，自館於外，終身無閒言。

寂感吟　雜字考　詩文集 未見

目見 宣統志稿

（清）康發祥 字瑞伯，一字伯山，歲貢生，工詩古文辭，詩派眉山，加以精鍊，論詩不拘一格。

三國志補義十二卷 存

目見 光緒志稿　續府志

版本 咸豐十一年刊本 補陳氏之義，考證精覈，以蜀書冠首，為正統之義。

咸豐十一年自序 小海山房綠格鈔本 首以魏書，仍未改正，間有刪易，此為初訂稿，較刻本有異，今藏望岳樓。刊入全集（伯山之一）

序

讀史隨筆一卷 存

版本 小海山房緑格手藁本 所録後漢書五十條南史三十八條雜記五條隨筆手藁未及編次

伯山文鈔一卷 存 全集之二

目見 光緒志稿 集作文續府志

版本 同治元年刊本 吳棠爲之序凡雜文二十五篇跋十五篇次序凌亂條塗續增刻而版心或標刻卷上或一卷或留墨釘頗不一律所印本篇數多寡亦不一致

小海山房詩集十二卷 存

版本 小海山房緑格鈔本 不分集以年編次自嘉慶癸酉迄道光壬

康 卷五 二

寅凡三十年少壯之作詩九百餘首此其初稿付
梓改名發日望雲二集署有删易有康發祥字瑞
伯方印[illegible]

伯山詩鈔五集十七卷序 全集之三

目見 光緒志稿作十五卷 續府志

版本 咸豐十一年刊本 以年編次分為五集陸續付梓曰發日集一卷
嘉慶癸酉至辛巳之作曰望雲集七卷道光壬午
至癸酉皆少壯之作曰癸巳集七卷咸豐癸丑至
己未之作曰由庚集一卷則庚申之作咸豐十年
先刻行世曰伯山詩鈔一卷辛酉近作綜計二千
餘首每集 皆為自序

小海山房詠史詩集序 全集之四

目見同上

版本 咸豐十一年刊本 仿唐人詠史排律九十四首嘉慶乙酉姜德新常增為之序

伯山詩話四卷 殘本一卷

版本 小海山房緑格鈔本 現存卷一話古自漢魏迄唐止卷二以下缺當至明止係謄清稿未刻

伯山詩話後集四卷續集二卷再續二卷三續二卷

四續二卷 存全集之五

目見 光緒志稿 續府志

版本　道光二十九年刊本隨著隨刻後集有凡例稱詩話今則爲前集爲

話古門人王鴻業校勘各集皆　小海山房鈔本

有自序刻至同治三年止

伯山詩話五續集一卷　存

版本　同治間刊本首無自序僅刻成六頁係其未竣而終止故傳本極稀此

其樣頁爲汪澣生所藏

伯山日記一冊　殘　版本　手寫稿本僅存自道光二十九年己酉所寫日記原存三冊洪醴泉所藏今散失存一冊爲沈本淵藏

（宋）許大方　字體之與晁補之張芸叟友善

海陵詩集　一佚　一作許大方詩集

目見　雜肋集載海陵集序　張文潛文集載其許大方詩集序　退

（清）

庵筆記

許彭年字介眉號鹿村與施千里張雙橋為友

鹿村集　未見

目見　道光志　府志　江蘇詩徵

許愛堂字蓉裳善草書尤工於詩值粵亂隱於賈

補讀齋詩集二卷序

目見　光緒志稿

版本　光緒三十二年自刊本表鏕俞煥藻為之序及吳同甲跋

許桂芬字秋舫一字艮心子又號鐵耕子諸生工鐵筆喜蓄古泉

許

四　海陵韓氏抄本

得古歡齋印存一卷 存

版本 黑格硃拓本 自鐫隨刻隨印傳本頗不一律

歷代錢法備考二卷 存

版本 手稿摹圖本 依據舊譜所載裒輯成編上卷總論自刀幣起迄晉代僞品上下卷宋起迄明僞品附外國及不知年代諸品自寫清稿光緒乙未唐震題錢制紀略封面

許承欽字欽哉號漱雪漢陽人崇禎丁丑進士知溧水縣遷户部主事甲申後游泰遂家焉

漱雪集 未見

目見 道光志 懸圃集載漱雪文集序

許承家字師六號來庵江都人康熙乙丑進士官翰林院編修避居海陵

獵微閣詩文集二册 存（詩觀初集作……二集作宿影亭稿）

目見 江蘇詩徵 府志卷六 八千卷樓書目

敢書偶記 作近詩 無卷數 康熙戊午刻

版本 康熙辛卯刊本 不分卷 計二册 題許師六集

許大猷 字石聲 海寧人 官淮安府知府 寓居泰州城外 工詩詞 善書（另蓮墅……紅豆詞館 主又惜花主人 西湖吟侶繪 泛舟西湖懷圖以徵題詠）

蓮墅吟稿八卷 詞稿一卷 存

版本 同治間清稿本 詩以年編次 至六十述懷 上同治乙丑 金安瀾 楊靖

為之序 周星蓮等題詞

稿同治壬申 魏大縉序

許頌鼎 字子曼 浙江海寧 許棲子 舉人 知山東膠州 寓居泰州仲氏西園 築半舫 與錢桂森 程朴生 詩

許凌 五

惜花盦別集五卷 存 六盦（清）

版本 綠格清稿本 凡二種 蘇台紀游艸一卷 同治十二年楊靖序 及王蔭堃 祠吳中近游艸二卷 光緒己卯范庸序 并周作鎔題詞 皆紀游之詩 紅豆……

紅豆二字不抄

（明）

酒唱酬

半舫詩鈔 未見

涓見 宣統志稿

凌儒 字真卿號海樓嘉靖癸丑進士官至僉都御史

舊業堂集十卷 存

目見 道光志 府志 退庵筆記 販書偶記

無刊書年月卷一至五詩卷六至十文 乾隆江南通志

版本 天啟間浙中刊本其孫似祖婿袁世科輯梁谿沈一鴉袁懋貞選

劉萬春為之序凡雜文一百六十十二篇各體詩一

千五十二首舊業堂乃公少時讀書處故以名集

舊業堂文録 未見 一名文鈔

目見　藝舟雙楫注江都凌曙退庵筆記凌曉樓輯并載其序　畢病董

祠力疾校讐舊業堂集屬其友包慎伯劉楚楨劉孟瞻擇其詩文若干首將付梓曉樓已殁遂寢

凌文淵字直支號遐峯居士諸生任民國財政部次長及參事晚年避居邑之北鄉龍溪殁於北平

鹹龕東游日記一卷 存

版本　光緒三十年南洋官報局排印本癸卯隨

赴日本考察實業教育事甚詳紀閩森甲王宗炎爲之序

中國鹽業最近狀況第一編三卷 存

版本　民國二年鹽政討論會印本調查直隸山東奉天三省

凌

（眉批不抄）第三頁、北戴河碑有署一段、又滿井崖覺的語意

鹽業狀況并附攝影製圖

省債一冊 存

版本 民十七年北平印本 調查民國以來各省覆外內債列表詳記

我的美感第一集一冊 存

版本 民十七年上海印本 乙丑南歸遍遊江浙名勝游記之作 吳縣李思慎序之刊於中江

（清）

郭福沅字翰江號茁江閩縣人副貢生任兩淮運判初寓泰之三峯園繼移居俞家園

愛石軒詩文集 未見

目見 宣統志稿

（宋）

曹輔字子方元豐間為鄜延路經畧司句當公事後提點廣西刑獄

同文館唱和詩十卷存

目見　四庫總目宋鄧忠臣等撰同考校試院因錄同舍唱和之作彙為一編忠臣而外為張耒晁補之蔡肇余幹耿南仲商倚曹輔柳子文李公麟孔武仲等凡十八人又有不著姓者二人

版本　四庫珍本　張右史文集本全載其詩

（清）

曹一桂字枝山居姜堰鎮

善善集二卷存

版本　道光五年家刻本錄其父曹忠殷哀挽詩文上卷為雜文下卷為各體詩知州王有慶為之序末附王世豐撰墓誌銘

郭曹

海陵韓氏抄本

曹湘浦字楚卿雲漢之女居馬灊工詩年二十一而夭

繡餘吟草一卷 存

目見 泰縣志稿

版本 光緒十五年家刻本雲漢輯刊趙雲芬所選百首并序之

曹學珍字芝舲

長春花館詩鈔 未見

目見 同上

曹樾堅字艮甫吳縣人道光五年主講胡公書院後聯捷進士纂修邑志

曇花閣詩集十二卷 存

伶

目見　蘭言集

版本　道光二十三年自刊本詩八卷、補遺一卷、附錄二卷、外集一卷

梅蘭芳　譜名瀾字畹華又字鶴鳴泰州籍祖巧玲演劇北平即居焉幼失怙恃依伯父大瑣子撫養初學青衣花旦生平熟習中國劇達四百種其中自編者十之二三又喜西洋劇學縝密研討其意融会中西別開新紀元每日与中西學者談藝論學亦善詩畫所藏古書籍關於音樂及舞法秘本甚多故能創作新劇極為世界人士所稱贊唱片公司特製劇片以備播音娶福芝芳孟小冬皆名坤伶也

鄧霞姑　存

目見　梅氏之創造品是劇為梅氏開始創新戲式專制家庭与婚姻叙一少女以自由意志從自已定婚約之夫偕逃卒經過許多困難得達目的

曹梅

元

所包含描寫社會情態甚多作於一九一三年

牢獄鴛鴦 存

目見 梅氏之創造品亦為梅氏試演社會劇意說明男女情愛之真詮同時須受道德法律之制裁梅飾少女因情引起種種魔劫經過牢獄生涯始得機会彼此證明誤会得成佳偶此為描寫近代社会情態之新式歌劇一九一四年作

嫦娥奔月 存

目見 梅氏之創造品是劇為梅氏歌舞劇之開始亦為中國劇界之新紀元所演情節為中國最古之神話謂后羿之妻嫦娥奔入月宮為仙梅氏自飾嫦娥是劇出世後受南北偉大熱烈之讚美一九一四年作

層惋　節窩

黛玉葬花　存

目見　同上　是劇為中國最有名説部紅樓夢中一段描飾是書中之黛玉悲傷春花之墮花以土葬之劇情与原書所寫幽怨之狀相符肖實完全含有中國詩意之戲劇凡中國文學家及各種階層無不歎美其命意之淡雅與音節之悲惋作於一九一五年

一縷麻　存

目見　同上　為梅氏之悲劇意在表彰中國婦女界守之美德兼描舊家庭之一幕梅飾一節烈之少女在北平開演時觀衆大多感為之下淚作於一九一五年

千金一笑　存

目見　同上　是劇亦為紅樓夢中一段叙一極艷麗之侍女晴雯與主人寶玉調笑情

梅

九　海陵陸氏抄本

熱烈

迎

節此純為描寫大家閨房中之情狀與黛玉葬花
又不相同因梅氏最擅長即為描寫何種階層婦
女皆恰肖其身分也
作於一九一六年

天女散花 存
目見 梅氏之創造品為歌劇之一以佛經為根
據故含有哲理及種々超
脫飛行之姿勢具有詞詞皆經文學家精心結撰
開演前後亦受極熱烈之歡迎作於一九一七年

木蘭從軍 存
目見 同 上演北魏時代女子假扮男子替父
從軍故事劇情既妙其表演尤為
壯麗此劇意在提高女子之人格表彰
尚武之民族性作於一九一八年

麻姑獻壽 存

目見　同　上　為古代神話飾麻姑奇麗之裝其性質歌舞劇作於一九一九年

童女斬蛇　存

目見　同　上　通俗社會劇意在破除古代迷信梅飾童女且極勇敢多智作於一九一九年

紅線盜盒　存

目見　同　上　根據唐代劍俠傳而成敘一飛行絕跡之女俠對於專橫之武人加以警告表示劍法神妙為歌舞武術劇之一種作於一九一九年

上元夫人　存

目見　同　上　取材漢武帝外傳敘古代西王母事蹟梅飾上元夫人其舞態最繁并

梅

十

有絢爛之燈戲作於一九二〇年

霸王別姬存

目見　梅氏之創造品歷史劇敘西楚霸王最後失敗與其妃子虞美人之訣別情事兼有慷慨悲涼之唱歌與舞劍為十年來轟動全國之名劇

廉錦楓存

目見　團　上敘孝女入海覓取海參以奉母情節奇異一切舞態劍法亦皆精奇

作於一九二二年

西施存

目見　同　上敘春秋時代最著名之美人西施兼及吳越兩國興亡之故實其鋪

緲

排壯濶為馳名之歷
史劇作於一九二一年

洛神 存

目見 同上 最富有文學性之歌劇根據曹植
洛神賦而成因其賦詞皆極空靈
縹緲非語言所能形容者而梅氏以歌舞之動作
表現故許多評劇家認為最名貴之作品

太真外傳 存

目見 同上 一名楊貴妃為最名貴之歷史宮
闈名劇梅氏經兩年之編製始成
其中叙唐代宮闈以及楊貴妃一生事蹟包含許
多歌舞與表情以及中國之文明皆有適合之烘
染與動作一時東西洋莫不贊美稱為
希世之寶貴戲劇作於一九二五年

俊襲人 存

梅

十一

易

目見　名伶小紀根據紅樓夢中襲人梅氏極費經營其詞句幾完全畫出一座怡紅院引人入勝為中國舊劇之模範

花蕊夫人　存

目見　同上　演西蜀孟昶之寵姬費氏為宋太祖平蜀被擄入後宮終日以淚洗面至仰藥以殉其事哀感故能與雅風華

鳳還巢　存

目見　同上　是劇為清昇平署崑曲舊本流落人間北平某公所珍藏梅氏復以重金易得原本研究半載翻成新劇為張作霖所忌禁演此劇乃鳳奉諧音之故

重訂舊劇七十種　存

舞台生活四十年 存
版本 文滙報 許姬傳記
自一九五〇年十月十六日起登載該報至翌年十月止
畫述戲劇界的生平生活由遠东仮為谈话起至漢承之行止，凡二十三段

梅陳

目見 梅氏之創造品 梅氏表演精彩絕倫對於戲劇上之改革與創造不下百種實有扶舊劇而入於新途徑惟擇其最精美者列後屬於莊嚴有四郎探母雁門關孝感天戰蒲關孝義節祭江二進宮金水橋祭塔打金枝彩樓配硃砂痣桑園寄子武家坡桑園會浣紗記趕三關銀空山御碑亭五花洞等活潑的有貴妃醉酒昭君出塞春香鬧學斷橋回荊州長坂戰太平樊江關花鈿錯等劇悲慨的有玉堂春女起解六月雪南天門虹霓關打魚殺家宇宙鋒春秋配等劇纏綿的有奇雙會思凡佳期拷紅琴挑能仁寺梅龍鎮風箏誤天河配梅玉配汾河灣等劇英武的有琵琶緣金山寺盤絲洞槍挑穆天王顏本虹霓關等劇其他有遊龍戲鳳生死恨轅門射戟寶蓮燈楊貴妃刺湯春燈謎金殿裝瘋三娘教子抗金兵刺虎武昭關等劇各製片公司俱有唱片約十張八以供欣賞焉

十二

州

（宋）陳膺字登父由海陵徙居京口舉鄉貢性剛嚴寡合入元隱居教授潤州學者多出其門晚年自號薌林子詩文豪健

薌林集佚

目見道光志　丹徒志　府志

（明）陳相字子脩號管竹成化乙未進士官廣西右參政

蚓鳴集　唱和集佚

目見道光志與儲巏同唱和

陳應芳字元振號蘭臺萬曆乙未進士官福建布政司參政

兩浙名宦録一卷未見

目見　陳氏家乘載萬曆二十五年自序稱西浙名宦爲余高祖諱祿任浙之西安縣曾伯祖諱相守浙之台州府迨予小子視學西浙訪故兩公事蹟纂集成編兹付剞劂云

敬止集三卷　存

目見　浙江採集遺書總録　四庫總目作四卷　善本書室藏書志抄本　道光志

版本　萬曆乙未刊本同郡儲燦周崇儒校萬曆乙未徐即登爲之序及自序卷一圖論卷二疏牘卷三書告呈凡七十八篇　海陵叢刻本从萬曆本校印增太僕遺像攝影鑄銅又水利圖併編一幅改用新式編列第九種　四庫寫本析分傳四卷　鈔本

陳　十三

牘

四庫提要　淮南夙稱澤國而泰州興化尤甚應芳家
於泰州因講求水道源委與河之利害悉
其形勢集當時奏疏公牘私札言河者為一書名曰
敵上重桑梓也又各繪為圖曰泰州上河曰泰州
下河曰高興下河曰興化下河曰寶應下河曰鹽
城下河州論十三首兼及漕運田賦雖今昔異宜
而形勢遞變核以水道與所圖已不相符恐其書議
論詳明以是地之人言是地之利病終愈於臨時
相度隨事揣摩因其異同以推求沿
革之故於疏濬築防亦未為無補矣

宗儒語録　佚

目見　心齋類編　陳氏家乘

劍川録　含香集　佚

目見　家乘

守愚集　歸来集　日涉園集未見

目見　道光志　家乘俱作府志同

陳　芑寶字夫號美齋本州千户所人心齋弟子嘉靖間由歲貢生授河南新鄉縣訓導

論孟類聚佚

目見　心齋弟子録

陳凝祉字茶庵號懋吉順治七年舉人官汾州府推官

敬由録　懋吉詩文集未見

目見　道光志　府志

陳忠靖字爾位一字曉堂號念共兄昂次子順治丁亥進士授刑部給事中

陳

（清）

曉堂奏議未見　平賦録未見　目見乾隆江南通志

目見　家乘　道光志作平賦録　府志同　上附揚州下河進京陳墨都叙以

二宜文集未見　年帶徵田租力請全免得旨俞允　同化廿年事

目見　發幽録二宜乃忠靖歸里構别墅以顏曰二宜精舍蓋以二宜名其集

曉堂律詩二卷存

目見　發幽録注抄本　家乘作詩集　詩觀初集作曉松詩集誤

版本　陳硯鄉手鈔本　晉水施世綸闕里孔尚任同選凡五七律詩一百七

十首首有施孔二序自製藍傳鈔本

格版心下有硯鄉鈔本四字

陳志　紀字雁聲號懿誦一字海陽順治己亥進士官編修

康熙元年京畿旱具疏上懇請戍寧古塔以

醫自活卒於戍所

塞外吟 未見

目見 詩觀

蘇長公拔尤 二卷 存

目見 家乘作三蘇文拔尤

版本 順治甲午自刊本選長公之文警策加以評點梓以行世并存之

陳志堪 字君三貢生凝祉次子

嶧桐園詩 未見 樵

目見 詩觀二集 選廿四十九首

陳

十五

陳志繹字衛公成祉三子諸生
自怡堂集 未見
目見 詩觀二集
陳志襄字陶思號南村成祉子貢生考授州同知
綱鑑會通一百十五卷 存
目見 道光志 府志誤作二百卷 乾隆江南通志
版本 康熙五十八年刊本以編為經以紀為緯
圖分句讀悉加評語
間引諸家之說附於紀後儀封張伯行為之序凡
例史家姓氏小傳為二卷自三皇迄元順帝止凡
九十八卷附明紀
十五卷另為起訖書業堂補刻明紀會通本自元順帝

十二年起至明季諸王止其版後歸蘇州坊肆抽出單印版心下有書業德三字乃係補刊字樣

淡定齋集　謙忍居集未見　淡定二集亦作稿

目見　道光志　府志

南野草堂集未見

目見　雍正志按道光志失載

陳厚耀字泗源號曙峯忠純子康熙丙戌進士官終右諭德蘇州府教授以通算入直內廷改授翰林院檢討

禮記分類　左傳分類佚

目見　道光志

陳

十六

春秋氏族譜一卷 存

目見 四庫總目 道光志、府志

版本、雍正三年初刻本首有自序云稱成於康
熙丁酉凡七易稿而後
訂云未有王晋原
跋此為最初刻 乾隆戊戌寶應湯荊垣重刊本
首有吳珏序國學圖書館藏有乾隆戊戌蓬瀛一
經重刊本附牒緣氏左氏同名彙紀等四種武署
楚陽還害未詳姓氏其刊書年 嘉慶十八年溧水
門與湯氏同或即荊垣別署
張道緒刊袖珍本改譜為圖并序凡 當塗朱煌刊
例專備場屋之用
本見邵亭知見 道光庚子揚州黄奭刊本入清頌
傳本書目 堂叢書
光緒十二年邵武徐幹刊本入邵武叢刻初編刪
去原序跋及吳公子

陳

吴雜姓越大夫越小國諸侯諸臣四條　四庫寫本　舊抄本　聊城葉氏刊活字本

卷二

四庫提要春秋之世自王朝以迄諸侯大夫得姓受氏各有源流其人之見於經傳者不可殫數漢宋衷有世本四卷唐代尚傳今惟孔氏正義中偶載其文而書久佚[illegible]隋書經籍志有春秋左氏諸大夫世譜十三卷不知何人所撰今亦無存杜預作春秋釋例中有世族譜一篇具載其世系昭穆之詳而自宋以來湮沒不見今恭遇聖朝表章遺籍釋例一書得於永樂大典中裒輯叢殘復爲完帙獨世族譜僅存數條仍不免於缺略厚耀雖當時既未睹釋例原本因據孔氏正義旁及他書作此以補之其體皆仿旁行斜上之例首周世次次國而以周之卿大夫附後次魯次晉次衛次鄭次齊次宋次邾次吴次越次小國諸侯皆先叙其君之世系而附以卿大夫其偶見經傳而無

之

氏

世次可稽如周之凡伯南季魯之衆仲秦子之類則別曰雜姓氏名號另爲一篇附卿大夫世系之後搜採頗爲核洽近時顧棟高作春秋大事表有世系表二卷其義例與此相近而考證互有異同如周卿大夫之周公忌父召莊公諸人此書徵引不及顧本之備又脫漏王叔氏世系不載亦爲遜於顧本然顧氏有於世系者敘次較詳其無可考者概缺而不錄此書則於經傳所載之人祇稱官爵及字者悉臚列採無遺實爲顧本所未及讀春秋者以此二書互相考證則春秋氏族之學幾乎備矣

春秋長曆十卷 存

目見 四庫總目 道光志誤作長術 府志

版本 光緒十四年王先謙刊續經解本卷四十七至五

「文中凡言曆之字俱改从日，不从止」

十六 凡 海陵叢刻本據甘泉羅士琳手校本排印
十卷 並殊墨影印校語及跋記編
列第十 四庫寫本題右諭德陳厚耀著 道光十二
二種 採進原本無卷數
年羅士琳校鈔本過錄四庫底本䔩寫翁方綱校改之字並自跋鈐印 光緒
元年盛鳳翔傳鈔羅校本並過錄校字 丁氏八千卷樓
舊藏後歸國學圖書館
四庫提要 是書補杜預長曆而作原本不分卷帙
今約畧篇頁釐為十卷其凡有四一曰
曆證備引漢書續漢書晉書隋書唐書宋史元史
左傳注疏春秋屬辭天元曆理朱載堉曆法新書
諸說以證推步之異其引春秋屬辭載杜預論日
月差謬一條為注疏所無又引大衍曆義春秋曆
考一條亦唐志所未錄尤足以資考證二曰古曆
以古法十九年為一章一章之首推合周曆正月
朔日冬至前列算法後以春秋十二公紀年橫列
為四章縱列十二公積而成表以求曆元三曰曆

陳

十八

編輿春秋二百四十二年一一推其朔閏及月之
大小而以經傳干支爲證佐皆述杜預之說而考
辨之四曰曆存以古曆推隱公元年正月庚戌朔
杜氏長曆則爲辛巳朔乃古曆所推之上年十二
月朔謂元年之前失一閏蓋以經傳干支排次知
之學耀則謂如預之說元年至七年中書日者雖
多不失而與[illegible]年八月之庚辰三年十二月之庚
戌四年二月之戊申又不能合且隱公三年二月
己巳朔日食桓公三年七月壬辰朔日食亦皆失
之蓋隱公元年以前非失一閏乃多一閏因退一
月就之定隱公元年正月爲庚辰朔較長曆實退
兩月推至僖公五年止以下朔閏因一一與杜曆
相符故多復續載焉杜預書雖以干支遞排而以
閏月小建爲之遷就學耀明於曆法故所推較預
爲密蓋非惟補其闕佚並能正其譌舛於考證之
學極爲有裨治春秋者固不可少此編矣

十七史正譌一佚作訛

目見　道光志　府志　按此篇較毛氏所刻十七史之鵠字

春秋戰國異辭五十四卷通表二卷摭遺一卷　存

目見　四庫總目　進呈書目　兩江總督採進本　汪鈔本三十二册

未詳其卷數　道光志　府志

版本　四庫殊格寫本　影印四庫珍本　每卷署右春坊

右諭德陳厚耀撰卷首通表分上下兩卷卷五十五即摭遺無自序僅有凡例十一則

四庫提要　是編採摭羣書所載與春秋三傳國語戰國策有異同者分國編次以備考證亦間為辨定又取史記十二諸侯表六國年表合而辨之為通表二卷其諸說瑣記神仙藝術無關體要難以年次者别為摭遺一卷以附於後其通表排比詳明頗有條理異辭以切實可據者為正文

十九

陳

糅　騎

而百家小說悠謬荒唐之論皆萍一格附於下亦頗有體例雖其間真贗雜糅如莊列之寓言亢倉子之僞書皆見採錄未免精失哉斷而採摭浩繁用力可稱因至又所引諸書多注明某篇某卷蓋仿李浩刊誤程大昌演繁露之例令觀者易於檢核亦無明人杜撰綜傳之弊蓋馬驌繹史用袁樞紀事本末體厚耀是書則用蔚應諸國統紀體而隸書兼採三傳國語戰國策厚耀則皆採於五書之外尤獨為其難雖涉蕪雜未可非也厚耀所著春秋長曆及春秋氏族譜書與是編相表裏而自言平生精力用於是書者多矣

孔子家語廣輯 未見

目見 進呈書目 兩江總督採進本注鈔道光志本六冊未詳其卷數

作分類 乾隆江南通志作分類

借根方算法八卷 殘

目見 發幽錄 道光志 府志

版本 黑格鈔本 僅存卷上之三卷下之一之二又句股部存四卷字蹟潦草或係手稿現藏沈本淵處

天文篇 見道光府志 算法篇 八綫表根一卷 未見

目見 發幽錄 諸算書當未付梓 道光志 府志 廣陵詩事 云算學書三十帙今存泰州宮樂侯家

續增新法比例四十卷 殘 中國算學史

目見 豐順丁氏持靜齋書目 舊抄本 舊為何元錫夢花館藏 今缺

二十

算法纂要總綱三卷 殘

版本 舊抄本 自定位至加減乘除開方三角及集件總法合十五篇附以八線表根 按道光志載算法算要一卷 八線表根 陳

一卷此書未載疑即算
法篇
對數表根二冊存
版本 舊抄本 康熙五十二年
自序稱表之作始於
西以便推步一變而為
割圓八線再變而為比例
對數，戊子命刊之江南
辛卯奉召入京以先呈
別數之真例假排繹
其理而衍之能卷一百之
內有缺，未能著脩以為
概列對數表依法式及對數表

十八卷卷一至六卷十三至十八卷二十卷二十
二卷三十卷三十二卷三十四卷三十九
按道光志府志俱載有幾何原本六卷算法纂
要一卷非其自著乃當時賜書故未收錄

陳時清字聖音一字老香

陳老香先生詩集一卷 存

版本 舊鈔本 以上下平分韻編次

陳綬字儀藻志襄子貢生

五朝詩選 佚

目見 雍正志

陳明祚字大士號栖雲閑第子監生

雲厂詩稿　關中詩稿　閒吟詩稿未見

目見　霄峥集

陳秉鈞字樸庵號公擢又號溥亭綬次子監生考授府通判署鄞縣知縣

茼花山房詩集佚

目見　霄峥集

陳鑛字德潤號鈇坡綬子諸生

杜詩選佚

目見　雍正志

陳韶武字爲昭秉鈞子監生

陳

廿

椒亭詩稿 未見

目見 霄崢集

陳鑾 字仙仗，號雲巢，住海安鎮，乾隆戊午舉人，善詩文，張符驤深器之，需次京邸

雲巢遺稿 佚

目見 道光志傳稱殁後遺稿散失過半

陳璨 字開緒，號倥侗，又號菊莊，韶武子，貢生，性好為詩，藏書極富，家有養和軒，為四方名流觴詠其間之處

師竹齋稿五卷 存

目見 八千卷樓書目 注刊本

倥侗詩鈔一卷 存

目見 道光志 府志

版本 乾隆二十五年初刊本少壯之作錢唐胡裘鋍選其詩五十首首為自序及程盛修序附刻雲樹初集後 乾隆三十四年重刊本京口沅鍾琪等評閱各體詩三百首仕大椿序之及自序鐫刻精緻

西泠游草一卷餘杭覽古詞一卷 存

目見 道光志 府志 桐軒詩話 俱無覽古詞

版本 乾隆三十五年自刻本沅鍾琪宫國苞同評閱詠西湖即景六十六首同里宫履基為之序并鍾琪等題詞與詩鈔同版式

目怡集 未見

陳　生

目見 霄峥集

西湖竹枝詞一卷 存

目見 八千卷樓書目 汪鈞本

版本 乾隆三十六年自刻本 詠西湖絕句百首 長洲韓懿祥東台

孫喬年為之序并自識 光緒十四年丁氏正修堂重刊本 杭州

丁丙刻收入武林掌故叢編第十八集

雲樹初集一卷 存

目見 桐軒詩話

版本 乾隆二十八年漱芳軒刊本 選同學諸子詩百首凡本

十六人邑人占其半
癸未自序二集嗣出

陳志樞字柳塘貢生工詩畫築松筠閣爲里中俞牧隱
仲松嵐觴詠之地

消夏録　松筠閣詩文集未見

目見　光緒志稿

陳繽字聞擧號玉峯任海安鎮由歲貢生授寧國縣
訓導

天香書屋文集未見

目見　道光志

陳變字理堂一字濮塘嘉慶戊午舉人任邳州學正

陳

憶園詩鈔六卷存

原名聽雨樓

廿二

目見 道光志 續府志

版本 嘉慶三年聽雨樓刊本 初名聽雨樓詩鈔數次刪選得詩四百七十首畢沅雪花消寒集吳會英才集序及王昶蔣士銓翁方綱題詩光緒間曹孫玉田補刻并跋 墨格稿本墨塗乙 十二卷 硃清稿本名聽雨樓詩鈔後改名

半芥山房初稿四卷 存

目見 湖海詩傳作詩鈔

版本 黑格稿本 此為最初稿硃筆改名憶園首有乾隆丙午李青翰韋佩金二序反宮增祜跋皆其手書并有押印為刻本所缺未知何故又有殘稿標名萬石山房詩鈔萬學烟雨樓詩鈔亦用硃書改名憶園仍係初稿原名

雙江唱和詩鈔二卷 存

版本 乾隆間刊本 與興化黃辭唱和甘泉潘統鈺序之秀水王復跋

憶園詞鈔二卷 存

版本 清稿本 間附王秋塍錢相初劉方開和作 傳鈔本

陳師慶字餘亭號煉堂又號鶴樵光夏子嘉慶辛未進士歷署蒙化直隸廳晉寧州知州充雲南鄉試同考官陞大關同知道光十年卒於任所

滇行草一卷淮陰旅草一卷鶴樵文集二卷 未見

目見 宣統志稿 續府志

燕山賸瀋一卷 未見

陳 卅四

目見　海珊貢卷履歷

陳琥字繡堂號芥夫又號白樓因夏子嘉慶十五年舉人授安東縣訓導卒年七十六

易貫四十卷　未見

目見　續府志傳稱晚年治經義於易宗漢學謂宋儒之義源出漢儒云

五經解十二卷　未見

目見　光緒志稿

陳晉元字少方一字檗生外號半龕道人志梔子歲貢生工詩善倚聲書法黄庭經暇以鼓琴自娱

清味齋詩存二卷　存

目見　光緒志稿

版本　道光二十八年刊本　首有新安吳熔同里繆承鈞王廣業諸序

程祥芝跋

清味齋五十唱和詩一卷續一卷　存

版本　道光七年自刊本　自述四律和者三十六人羅克俊高岳湯治昭沈殿春常增爲之序續和者四十四人同社黃蕙友爲之序道光八年續刻

清味齋六十唱和詩一卷　存

版本　道光十六年自刊本　自述四律并自序和者七十六人

陳　增字方川號質庵夔子貢生

質庵詩存一卷　存

陳

版本　紅格稿本各體詩七十首用江寧府志格紙自寫清稿

陳恩溥字小鶴師慶子歲貢生博學工詩尤精於易

五經解　四書解　易經類偶　詩書類偶　亂餘

叢稿　聊免書空集未見

目見　陳海珊育卷履歷　續府志僅載聊免書空集

陳文田字硯鄉號止室晚號晚晴老人號于咸豐十年進士刑部主事

五朝書畫摘鈔録四卷存

目見　吳氏測海樓書目鈔本陳文田輯有批校

晚晴軒詩鈔三卷存

版本　咸豐十一年京師刊本自道光乙未迄咸豐辛酉之作以編年分次首爲之序自刊於琉璃廠

晚晴軒詩存五卷文存三卷　存

目見　光緒志稿

版本　光緒七年京師刊本詩存前三卷辛酉以前作稍加刪汰後二卷辛酉以後作文爲駢體二十餘篇各有自序刊於京寓

光我集四卷　存

版本　海陵叢刻本選録清代邑人詩自吳嘉紀起迄仲貽勤計一百二十人各有小傳目録後有道光甲午陳文田硯鄉氏跋於聽秋園一行民國十七年排印列叢十種

陳

共

陳文梁字晉紀號次子道光乙酉拔貢生讀書過目不忘文章輒筆立就年三十卒

紅藤山館詩鈔二卷存

目見 光緒志稿

版本 舊抄本

陳文澤字李華號三子諸生潛心經說於周易致力尤深

嘉言懿行錄二卷 三餘筆記未見

目見 光緒志稿筆記百餘則仿池上草堂筆記之例

陳金詔字叔度一字古愚道光辛卯舉人工詩於書無不愛讀嘗刻其佐治藥言行世

太上感應篇集注一卷存

陳南村
竹山年譜一卷 存
版本 咸豐間刊本

版本 咸豐十一年自刻本 輯查昇于覺斯惠棟三家注釋參以己意
光緒六年方氏補刊本 方鑑修補續印

觀心室詩存一卷附古文筆談一卷藥言一卷 存
版本 咸豐八年自刻本 古近體詩三百首附古文三篇筆談九十五則
藥言五十則 各有自序

陳篤慶 字文卿咸豐己未舉人
百尺樓詩鈔 未見
目見 光緒志稿

陳日新 字春圃晉元子同治丁卯舉人事親最孝卒年八十六

陳

艾

松筠閣文稿未見

目見 光緒志稿

陳

芾字蘭槎一字墨森號子棠外號海濱鄉人又號蓬山外人晚年自號怡園同治庚午舉人

怡園隨筆一卷存

版本 傳鈔本姪孫啟彤輯録并跋蓋取别墅名皆閣於邑之掌故

執硯山館年譜一卷存

版本 光緒丙申自刻排印本自訂至六十歲郭福沅為之序

執硯山館詩集四卷存

版本 光緒十九年自刻本各體詩千首以年編次光緒五年丹徒李

慎傳爲之
序及自序

陳家亮字步同貢生署如皋訓導任海安鎮爲詩古文
詞散見於寺觀碑記者甚夥

課餘吟草未見

目見　泰縣志稿

陳崔氏進士崔保鍇妹陳家亮室夫疾刲股

青雲館筆記　繡餘草未見

目見　泰縣志稿

陳恩洽字融齋號硯芬實書第四子光緒乙未進士授
户部主事度支部員外郎制同司司長辛亥後
任本縣勸學所及商會長爲人仗義輸財擅長文辭
晚年貧困異常卒年七十四

廿八

硯芬詩文存 存

目見 行述

陳玉德字光庭任院莊精於醫學日取靈樞傷寒金匱諸書悉心探討

醫林顧學編 未見

目見 宣統志稿

陳金聲字子和仕浙江分水縣知縣精於醫理多所治效

傷寒辨註二卷金匱辨註二卷 存

目見 泰縣志稿

版本 民國十三年自刊石印本 傷寒辨六經病證其解釋實事

陳希璧字[illegible]居海安鎮字元般辛亥革命海安光復[illegible]慶起義被捕就义

袁々志一卷 存

版本 光緒己丑刊本

希璧撰[illegible]文學鴻[illegible]

海安[illegible]邑中人

士作袁々[illegible]文 陳

[illegible]

[illegible]

[illegible]

陳祖培字子楹号悔庵又号[illegible]人

聽鶴館筆記一冊存

版本　手稿本辛酉至癸亥（民國十年起）所作邑中遺聞軼事一百餘則有塗乙係其初稿

悔庵筆記一冊存

版本　自寫本所録泰州掌故四十三則中有高橋殺賊抗租肇亂錢江等事頗間有于太平天国事

陳

詩故一卷存

版本　稿本民十一年自序　未刊

光

逐

經說閒言二卷玩辭記一卷 存

版本 稿本民十二年以後寓北京所作

六書徵一卷 存

版本 民十五年中國大學排印本 弟子伍劍禪校訂六書次第界說釋義總要諸篇附與馬叙倫論六書次第書

訓詁徵十卷 存

版本 稿本以朱駿聲通訓定聲為例參考段氏王氏章氏諸說遂字解釋古訓今訓民國九年完竣十一年刊載憂樂雜誌十五年刊載中大季刊俱未全載說文詁林曾採擷之

名理徵一卷 存

實理有憑有驗不參以雜說金匱原文訛字甚多加以注證雖未得其真詮畧窺其門經去僞存真二書後附經方稿成不輕示人年屆八十始付石印以餉學者吳同甲序之

陳啟彤 字管侯海平次子研精許學貫通羣經諸子多所發明著述等身創設地方圖書館後任財政部編纂處主任中國大學哲學教授民十五年殁於北平年四十四

易通例一卷易通釋二卷 存

版本 民國十三年北京刊本同里袁鑣爲之序凌文淵校刊并序編爲寓齋叢書之二之三

詩故一卷 存

版本 稿本 民十一年自序 未刊

陳

光

逐

經說閒言二卷玩辭記一卷 存

版本 稿本民十二年以後寓北京所作

六書徵一卷 存

版本 民十五年中國大學排印本 弟子伍劍禪校訂分六書次第界說釋義總要諸篇附與馬叙倫論六書次第書

訓詁徵十卷 存

版本 稿本以朱駿聲通訓定聲為例參考段氏王氏章氏諸說逐字解釋古訓今訓

民國九年完竣十一年刊載憂樂雜誌十五年刊載中大季刊俱未全載說文詁林曾採擷之

名理徵一卷 存

版本　稿本援據相及相成之言證以事實折衷於說文參以謠諺此稿未刻民二年刊載獨立週報

廣新方言二卷 存

版本　民十七年北平排印本釋本縣方言間及蕪湖方言從而廣之以補章氏之不足此書民國八年所作

墨子大取解科一卷 存

版本　民十四年北京中國大學排印本

墨子小取解科一卷 存

版本　稿本民十五年刊載哲學月刊未全

陳

中國哲學史二卷 存

版本 民十四年中國大學排印本

庚甲雜集六卷 存

版本 稿本 民國二年刊載獨立周報十六期至三十五期分別各欄

觀象記二卷墨經閒言一卷甲子餘録二卷乙丑閒編一卷形名正誼一卷 殘 因明殘稿一卷 存

版本 稿本 以上各稿俱為弟子蓬安伍劍禪取去恐其日久為他人改名故附以參考

陳國楠字少棠恩洋次子 中華書局編輯

古今名人作文法 存

（元）陳基 字敬初 一字惠 台臨海人 授元經筵檢討 順帝欲罪之 引疾寓吳 吳教授諸生 吳王起為江浙行省郎中 參張士信軍 又參太尉府軍事 國亡被召至金陵預修元史

夷白齋稿 三十五卷 外集一卷 存

目見 四庫總目 讀書敏求記 季氏書目 鐵琴銅劍樓藏書志 愛日精廬藏書志

版本 稿本 有胡楼安亭稿 已售中華書局

陳克劬 字子勤 丹徒人 宗敬子 柳榮宗婿 咸豐初年奉母避居海安鎮 同治丁卯與人工醫 善繪山水 詩文清腴 有法度 隨卞制軍入湘 羅歸海安 卒無子

知悔齋文二卷 晴猗閣詩六卷 紅豆簾琴意詞一卷 皖游紀略二卷 入湘紀程一卷 湘中牘筆一卷 存

目見 宣統志稿

版本 光緒丁亥鄂垣刊本 門人方燕昭校刊

陳克常 與兄克劬同居海安 以子為弟嗣

篠花館詩詞三卷 未見

陳

廿

版本 明人寫本
乃戴良編首有至
正甲午良跋延令
季滄葦所稱元抄
今歸瞿氏鐵琴銅
劍樓明宏治乙卯
張習刊本十二卷
樣集所收倣此5
戴良存有出入
四部叢刊影印明寫
本鼓張習刊本有所
抄本闕其詩九十八
首文廿三篇增爲補
遺附印并校勘記

目見 同上

陳廷焯字亦峯丹徒人父鐵峯避亂居泰州
光緒戊子舉人工詩詞卒年四十

白雨齋詞話八卷詩鈔一卷詞存一卷 存

版本 光緒二十年丹徒包氏刊本 首有自序及汪懋琨王耕
心諸序末有門人許正詩包榮翰跋 石印本無詩抄詞存
詩鈔為高壽昌選詞存門人選訂

希聲集六卷大雅集六卷 未見

目見 白雨齋詞話希聲以存詩也大雅以存詞也

詞則四集二十四卷 未見

目見 白雨齋詞話凡大雅集五百餘闋放歌集四百餘闋閑情集六百餘闋

（清）

別調集六百餘闋計選古今詞二千三百六十首乙易稿而後成首有自序各集有小序

古今二十九家詞選二十卷 未見

目見 白雨齋詞話余選古今二十九家詞附四十二家自唐溫飛卿起至莊中白止詞中源委正變約略具存

陸舜字元升號吳州康熙甲辰進士官至刑曹視學兩浙與張詞臣同居讀書雙虹堂

吳州文集存四冊 一作雙虹堂文集 乾隆江南通志作雙虹堂集

目見 毖幽錄作双虹堂文集 道光志又載双虹堂集 府志

版本 康熙間陸祖游刊本 其孫祖游輯刊總目計雜文四百九十八篇古今體詩三千二百四十首詩餘二百首傳奇七種現所存者僅四冊雜文約百篇未分卷帙首

陸

世

題文集卷之下留黑釘未刻板心上題陸吴州集下題雙虹堂三字集里堂序及退庵筆記俱稱四册此集當日未及刻陸瓷泉鈔本選其詮故卷帙未標次第詩文

陸

命一弇集 未見

相字廷籲諸生與黄交三酬唱所居室同命一弇

目見 海安考古録

陸

曜字亮工一字蒿野舜弟諸生

蒿野集 未見

目見 同上

陸與齡字夢九舜子諸生三歲通聲韻年二十餘而卒

西渚集未見

目見　道光志　海安考古録

陸籛齡字夢修號耆卿舜次子貢生工詩

漱碧堂集未見

目見　道光志　海安考古録作漱碧園詩稿張符驤為之序

續府志作詩文集　退庵筆記

陸祖韡字容武號迂叟別號東岩子舜之孫郡庠生工詩善草書及擘窠大字

自怡草詩集未見

目見　海安考古録

陸

陸祖瑜字璧人由國學生考授州司馬

伊亭詩集未見

目見 海安考古録

陸大珩字思白一字珮璁又字草白號蔥門諸生壻於范氏遂家於皐與族弟進授生徒其門人江大鍵冒國柱皆一時傑出工詩年三十而卒

蔥門詩存二卷未見

目見 道光志 海安考古録

人境草廬存稿未見

目見 東皋詩存卷四十五載其詩二十五首 海安考古録

陸進

鷗吹集 未見

目見 東皋詩餘 卷四選其詞十首

陸進 字宿帆號海樵一號激石庠生僑居如皋教授生徒江大健皆出其門所刻詩詞流播藝林

激石詩稿十卷 未見

目見 東皋詩存十八首選其詩九 海曲拾遺 海安考

古録 作涉江吟乃其一班(斑)

陸羽嬉 字酌泉黄天濤副室

小雲集 未見

目見 清代閨閣詩人徵畧引象香詞酌泉詠詩甚佳病殁黄傷之賦琴瑟怨詩東淘吴野人有蓮苑歌紀之稿秘不傳一詞得之敗簏豈非神鬼呵護

陸僊辰 富 字篑泉號耳鄉庠生善書法精於醫理著述甚

陸

卌

運氣辨二册存

目見 續府志 光緒志稿

版本 海陵叢刻影印原稿本道光甲申作凡三稿胥有自序凡例同里陳盛修撰易稿而成自寫清傳民國十年影印原稿列七學種

本草賦 針灸書 未見

目見 陳盛修撰傳

筦泉醫書六卷存

目見 續府志 祇載沙病辨二種 光緒志稿

版本 海陵叢刻本集醫學證治賦十二種附沙辨醫方歌括二種分為二十

一篇釐訂六卷其目曰傷學曰中風曰暑濕曰瘟疫曰燥火曰風溫曰溫熱曰秋時晚發曰腫脹曰欬嗽曰痰飲曰虛勞曰沙雜民國十三年排印列第十五種

奕譜四册未見

目見　陳盛修撰傳稱同里鐵匠某稱國手一日與之角屢不勝輒輟不復談奕因作奕譜四册棄藏於家非入門弟子不肯傳録云

陸鎮字四山進長子庠生

小樵詩存未見

目見　海安考古録

陸炳垣原名英字子才光緒五年舉人授南匯縣訓導工詩古文辭主講惠南芸香書院辛年七十五

陸

卅五

蟬翳軒文集四卷亦隱軒詩集二卷南沙詠史詩二卷鴻飛集一卷 未見

目見 宣統志稿

陸燕昌字耕野稟生世居海安與名流結東山詩社

半園集 半園司記 未見

目見 泰縣志稿

陸聯珠字星五住姜堰鎮

百壽唱酬集一卷 存

版本 民國六年自刊石印本輯録其母韓氏百壽詩文詞彙印成

（宋）

冊首為原倡四律并跋錢嘉穀序之

陸丹林 姜堰梁徐鄉人

革命史譚一冊 存

版本 三十四年重慶印本 三十二年在粤北所作南海馮自由序之及自序利於重慶出版社

陸佃 字農師吳縣人紹聖二年知泰州軍事

海陵酬唱 未見

目見 退庵筆記陸游送王仲言倅泰州詩自注晁景迂與先太史有海陵酬唱

其詩當見陶山景迂二集也 陶山集載在海陵和韵諸詩及到任謝表啟

陸

清

陸廷掄字懸圃興化布衣少負異才以古文知名專攻史學康熙甲寅從家海陵嘗與宮紫玄纂泰州志三十餘

目并序例

懸圃文集十二卷 存

目見 興化志 作略斷堂集

版本 康熙三十年刊本 白田王巖陽羨陳維崧為之序文以體編次浩

又明帝俱抬頭仍有遵奉前朝之意歟

陸賁雯字子豫浙江桐鄉人任兩淮鹽場大使 晚年僑寓吳陵構

碧梧山房詩稿二卷 未見存 一作詩存二卷 精室額曰碧梧山房

目見 光緒志稿 霞飄文存 有詩 存序

版本 光緒庚子男垓刊本 光緒壬午徐珙壬

所存者傳之二三付刊劂並以墨帖拓以口

〔附家著〕

高祖衮廷公諱繡，乾隆十七年雷學憲歲試入州庠，以詩古文名於時，終身教授，生平著述久佚。

晩蕙堂試草　存

版本　乾隆十七年刊本

祖母陳氏東臺戴家澤人，幼讀詩書，事翁姑至順，課教諸子，著有俚言以警戒後賢。

訓子俚言一卷　存

版本　傳鈔本（後附祭先太姑王氏文）

家君魯言公諱仁壽，號鈍園，幼失怙恃，少受業於李星南師，絕意科舉，生平酷愛書籍，聚至三萬卷，雖典衣不惜，購藏研精目錄及版本學，尤留心邑中文獻，兩聘修志，採訪搜羅，散軼足補前志之遺。

陸

艾

吴陵文獻摭遺一卷廣陵文獻拾遺一卷 存

版本 稿本 生平所閲羣書爲邑志之遺哀輯成編凡見退庵筆記者未録

鈍園藏書目一冊 存

版本 鈔本 自爲稿以四庫分類詳其撰人及序跋刊刻年月

堂叔仁淵字心願號彤山監生顔劇門人工古文善演説尤精於堪輿之學晚年研究易理

周易探微八卷 存

版本 手稿本 晚年創作以河圖洛書推演其數僅成上下經卦象時已逝世

彤山北遊記二卷附録 存

版本 十五年彤山書舍刊本 游西晉首詳其名勝風俗之記附録

以為史家之用若能復節其体裁不比尋常述作

則為戚考王略弁序

之屬余校字

地靈學八卷　存

版本　手稿本　生平遍尋袁翔宇名穴，有多所發明。宗鄭氏之精奧，取其精英。

形山雜著六卷　存

版本　手稿本　自編詩文輓聯雜著之作，以類編次。

陸

卅八

[illegible]氏抄本

（全唐文卷四三二小傳
摘張內月）
眉批併入注內

泰縣著述考卷六　丁亥陸銓次公重訂

十一畫　張　崔　常　莊

張紹宗　懷瓘之父官邵州武岡令贈宜春郡太守博學工書韋述撰神道碑

（唐）

蓬山事苑三十卷　佚

目見　唐張中立墓誌稱蘇許公為之製集序

張懷瓘　初名懷素開元中奉勅改今名官鄂州司馬翰林院供奉右率府兵曹參軍善真行書小篆八分維以章草新意頗多自謂真行可比虞褚草欲獨步於數百年間著述甚富

書斷三卷　存

目見　唐書藝文志　書錄解題　通志　宋藝

張　卷六　一

文志　崇文總目　作書斷論三卷原釋古人以書名家差為三品錢東垣按玉海引崇文目同諸家書　玉海　焦志　四庫總目　目及今本皆無論字

版本　元至正刊本每頁二十行行二十二字法版式狹小甚精見郘目

書要錄本　汲古閣刊入津逮秘書中　四庫寫本卷七至卷九全錄其文

傳抄本　夏氏碎璧山房从書之一

提要　是書唐書藝文志著錄稱懷瓘為開元中翰林院供奉竇蒙述書賦注則云懷瓘海陵人鄂州司馬與志不同然述書賦張懷瓘條下又注云懷瓌懷瓘弟盛王府司馬兄弟並翰林侍詔則與志相合蓋嘗為鄂州司馬終於翰林供奉二書各舉其一官爾所錄皆古今書體及能書人名上卷列古文大篆籀文小篆八分隸書章草行書飛白草書十體各述其源流系之以贊末為總論一

全唐文卷四三二錄書斷序、評、論、贊、古今能書人名錄，計五篇

張

篇中下二卷分神妙能三品每品各以體分凡神品二十五人除各體重複得二十人妙品九十八人除各體重複得三十九人能品一百七人除各體重複得三十五人前列姓名後為小傳，中附錄三十八人其紀述頗詳評論亦允張彥遠法書要錄全載蓋當代以為精鑒矣

按書斷敘載佩文齋書畫譜全唐文海陵文徵採（六藝之一錄）其諸論而無各傳僅法書要錄全載之

二

書斷列傳三卷雜編一卷（附節）存

目見　讀書敏求記　此是舊抄本刊於百川學海中者行款失次且多譌字以此參校可貴耳　延令宋版書目　一册未注卷數即學海本

版本　宋刊百川學海本咸淳九年左圭輯刊辛集中白口版每頁二十四行，二十字　陶蘭泉影宋刊本民國十六年博古齋影印宋

刊本民國十三年 明宏治十四年翻刻宋本無錫華珵重刊行款

卷依宋本 明嘉靖丙申翻刻本莆田鄭氏重刊改十集為二十卷 清初

坊刊本係說郛舊版改名學海 明萬曆格致叢書刊本錢唐胡文煥校

刊 明天啟天都閣藏書刊本程好之編刊 說郛本十六年汪

芬樓據明寫本排印

按列傳三卷自古文起迄懷素止雜編自程邈至嶺南兎上各條下注引用書名核前書體例互

異疑為後人所攙 按朱長文有續書斷蓋續前書之後

書議一卷存 一作論書又書論

目見 韋續墨藪作書論并錄其全文 書錄解題作論書 書史

序

會要　佩文齋書畫譜　六藝之一錄（全載其文）　全唐
文（卷四三二）
版本　舊抄本　仿書斷例育爲總敘次以真行章草三體姓名十九人附評論末署
乾元元年張懷瓘述

書估一卷　存　一作詁
目見　書錄解題　玉海　宋藝文志　書苑菁
華　書畫譜（全載其文）　六藝之一錄（卷二百八十四）（全載其文）　全唐文（卷四三二）
版本　舊抄本　以錄其名書家九十六人分爲五等以右軍真行草三體比值等次作
於天寶十三年

書祖一卷　未見

張

目見　通志　玉海懷瓘論古文大篆籀文小篆八分隸書章草行書飛白草書十體皆有贊　宋藝文志作古文大篆書祖　焦志

按此書祖摭玉海所注十體有贊疑是書斷上卷之十體論贊

六體論一卷　存

目見　通志　玉海　書録解題　宋志　焦志

書苑菁華　書畫譜　全唐文作六體書論

版本　舊抄本論大小篆八分隸書行書草書六體各叙其祖嗣末爲總論

評書藥石論一卷　存

目見　唐志　宋志　通志又載書法藥石論　書録解題

作藥石論昇州司馬張懷瓘撰 書苑精華 書畫譜 全唐文

版本 舊抄本

文字論 二王書録 存

目見 書苑精華 書畫譜 全唐文

版本 舊鈔本 書録叙歷代天府所藏二王真蹟散失始末作於乾元三年有誤

玉堂禁經 存

目見 書苑精華 墨池編 書畫譜 六藝之一録 按卷十二篇備入覓（の三二）

版本 舊抄本論筆法要旨 凡十四則 全唐文

論用筆十法 存

張

目見　佩文齋書畫譜　六藝之一録

版本　宋仲温手寫冊北平圖藏本　舊抄本

畫斷　佚

目見　圖畫見聞記引歷代名畫記張懷瓘畫斷云像人之美顧得其神陸得其骨顧愷之陸探微也

文淵閣書目一部一冊　菉竹堂書目注一冊

（宋）

張

巖字肖翁乾道己丑進士官知樞密院參政

琴操譜十五卷調譜四卷　佚

乾隆江南通志作廬陽人

目見　書録解題肖翁以善鼓琴聞一時　通考引陳氏說余從其子巛得此譜

閑静治本論五卷將論五卷　佚

見乾隆江南通志

（明）張
目見 書録解題 通考 焦志 府志 道光志
毅字仲剛住丁溪場元末奉親避兵大同洪武五年父母殁無遠近貲乃火之負骨歸葬丁溪補浙江都指揮使司令史

余青陽先生志節附録二卷 存
目見 天一閣書目 傳是樓書目 道光志作餘 府志同録
海陵文徵附録載王汝玉序
版本 宏治刊本 宏治三年徐傑序 天一閣藏本 正統十年青陽
集附刊本一卷 題維揚張毅仲剛續輯搜集余闕殉城諸家慨悼之作王玉汝為之序

張
張毅孝行録 佚

五 海陵陸氏抄稿

目見 道光志劉子仁撰

張毅傳 存

目見 平仲集傳載府志蘇侚衡撰

張文 字存簡，頒子，成化丙戌進士，官浙江按察副使

蠶漈録 存簡雜稿，佚 又乾隆江南通志

目見 道光志傳稱著有雜稿數卷散失 府志

張孜 字存善，號裕齋，頒第四子，久試不遇，晚年隱居城隅，築室雲莊，因自號雲莊老叟

裕齋集 佚

目見 儲巏撰墓誌稱詩文閒淡，有集若干卷

（清）

張廷寀 字見東諸生淵博能文六試棘闈不遇啟禎間兩修邑乘

南軒集 竹畦集 佚

目見 道光志

張麐 字九草廷寀子

知拙堂稿 未見

目見 詩觀二集

張幼學 字詞臣順治丙戌進士官鄞縣大興縣知縣

雙虹堂詩合選 八卷 存 一名張詞臣詩集 乾隆江南通志

目見 天一閣書目 汪刊本一冊 府志 海安考古錄

張

六

青樓恨傳奇 未見

目見 吳州文集 一

戴經序

又戴鄧署發柏稿 伯山詩話 詞臣與吳州同居一宅而詩文俱號雙虹係其全集之一

堂集蓋取李太白詩雙橋落彩虹之義也 詞臣

雙虹堂集予覽斷本祇五七言五律而已

版本 國山徐堯章選刻本 堯章合選七刻詩八百首刻於鄧縣彙錄諸家評語並各集序跋 同里丁日乾三年贅言序 鄧漢儀江上吟序 唐允甲偶存草序 塞上游草自序 費禕祁七刻序 汪濤跋 甬上范樫崑陳〔山〕海陵叢覺先合選序及堯章自序 周繼芳合選跋

刻本 十四年依原刻排印 列第十九種缺字甚多 吳州文集有詩序

張

琴字桐峯一字桐仙號耐軒康熙癸丑進士授内閣中書未赴王士禎門人工詩文著述甚富

涉園集 耐軒詩集 未見

目見 感舊集 道光志 府志 誤作耐庵 伯山詩話

再續集 游園耐軒集余少時見於中海陵文徵載翰爲孫處今蹤跡無此本矣劉

漢儀耐軒集序

桐峯制義 未見

目見 雍正志

西湖游草 未見

目見 詩規二集 道光府志 文首

淮黄交滙開浚海口議 律法兵刑樂律漕運鹽法

馬政屯田諸篇 未見

目見 道光志 府志

張世爵字從修號荊石康熙壬子副貢生

霞餘集 佚

張

目見　道光志　續府志

張紹良字又房號留庵附生

柳村詩集未見

目見　黄罏集　道光志　府志

張符驤字良御號海房世爵子康熙六十年進士官庶吉士善文嗜震川以名其居曰依歸草堂

自長吟詩十二卷存

目見　敗書偶記　道光志　府志　海安考古録

版本　康熙刊本有俞楷爲之序

依歸草凡三刻存

乾隆江南通志
目見　道光志　續府志　雕菰樓集有依歸草文抄序々
稱見其二刻三刻　退庵筆記　敢書偶記
選其文名曰文抄
版本　康熙三十五年初刻本一卷選文四十一篇三十三歲以
前少壯之作同里陸彝序之及自序傳本罕覯　康熙三十九年二刻本
十八卷距初刻僅隔四年得文一百
二十三篇薛奇芳朱書為之序　乾隆間其子
張流重刊本取初二刻重訂得文九十八篇釐為
十卷又增三十五篇為續編二卷首
載原序並諸家評語及批點
當在乾隆癸酉甲戌間梓行海陵叢刻翻刻本民國
十年據流刻增輯遺文一卷有增
焦循序及蕭穆跋列第八種
順時錄　日下麗澤集未見
張

八

目見　道光志

古文折衷　未見

目見　張潮友聲集與山來御書云尊選古文

折衷不識已點定者曾有若

干卷其刻資能自辦否大選於文與理二種

瑕瑜各不相掩細為批出未為不足矣

辦

太平封事　佚

目見　海安考古録稿本　白門謁上詩自注臣有

太平封事欲塵上御覽

未敢輒聞　佚

僕聖奪云

張

瑛字玉英璩符從妹諸生朱建璧

室工詩古文辭年二十九而殁

繡餘草詩選　佚

張紹齡　字曲江　乾隆間諸生　工書法

書家便覽二卷　存

版本　舊抄本　編梓

書家之要始為詩楷

行草書法凡四十二

則自訂凡例十則

目見　海安考古録並載商山吳熙題詞　祁門方城招魂辭

張　蕃　字竹軒號椒堂住鄭夏莊性嗜酒作詩善撫琴築東山草堂嘗寫蘭竹

東山草堂琴譜　殘

版本　手稿本　舊藏湖王河王滋山處

東山草堂遺集一卷　存

版本　光緒間家刻本　元孫樹申輯刊搜得惜花詞四十生辰（嘉慶丙寅）及題畫絶句凡四十八首樹申自序

張　蘭　字素香漢陽人程紹安妻守節撫孤工詩

餘生閣詩畧　未見

張

九

張嘉樹　字子馨

友恭堂詩鈔　未見

目見　佃山詩話　三續集　子馨函守宦淞浙中及入都游淅頗多題詠送廿八數首入話中

目見　羣雅集　民國志作詩抄

張雲上原名聯慶字仲逸諸生詩宗溫李與黃荔餘桂森倡和年未中壽而殁

坳堂詩集未見

目見　光緒志稿

張兆瑞字筱石貢生擅長文辭尤工畫梅

醉墨軒文鈔　三影堂詩稿未見

目見　光緒志稿

張鳳翔字瑞哉一字子儀諸生事母苦節孝養五十年

論語直解序

目見　宣統志稿

版本　清稿本藏沈本淵處

凌雲詩鈔四冊　存

版本　清稿本未分卷次以年分編自咸豐庚申迄光緒辛巳之作同治六年徐承烌序之并馬樹德跋

張逸原名士煌字逸君號次野亦號彝翁又號黃雪老人性疎放不拘小節曳芒鞋攜竹杖行吟城市善草書嗜飲酒醉後縱橫筆淋漓揮洒自如

瓠齋詩鈔　霜匏集　存

目見　光緒志稿　家乘

十

寒齋紀事一冊　存　一名小紀印日記

版本　手稿本自署壬申九月至十二月日記仍同張

治十一年改名逸字

此本殘稿字是细非

疑係物後

張士炘字熙亭工吟詠善丹青所畫以墨筆尖圖擅長

里人得其墨蟹視如珍璧

鐵梅詩鈔　蕉香山館墨蟹圖譜存

目見　張氏家乘

版本　蟹譜手繪本　首為自識凡二十四式自一蟹至十八蟹各以數定名作

法精逸足資後學津梁

張沛霖字逸叟（潤甫號）諸生遷居蔣溪（南鄉蔣家河）

剡吟草四卷存

版本　民國十五年石印本　古今體詩以體分次

同里李仁鑒評定劉

芸軒紀異錄十卷存
版本 傳抄本 遜男
生枝訂仿聊齋誌異
閱微草堂筆記之例
皆記見聞[illegible]多
妖狐之語兒記近時
之事凡一百二十八則
十三年自序及李
兆康序

張康 字錦泉 遜子 吳稚髮
諸生 遜孫 傳家
學工詩畫 任南門小學
教員
遯庵日記一冊存

法曹等爲之
序及自序
張傳仁 字貫之 江寧舉人 洪羊時遷徙泰州城內 子孫仍居焉 與邑人石和鈞爲姻婭
領秋軒隨筆一冊 冶城塗抹四冊 飣餖家言一冊 存
版本 手稿本 雜記瑣事 寫於賬簿格紙 塗乙勾刪 此其初稿
領秋軒吟草一冊 還書一冊 存
版本 手稿本 吟草乙丑至丙寅之作 塗乙勾刪 間有評語 還書行擬格言三百則
張棨 字疏影 江寧人 許承欽篤室 僑居泰州
適燕吟 未見
目見 詩觀初集 江蘇詩徵

十一

校本　手稿本　自民國七
年戊午十月至己未四
月所記校務經費附
在雜記外周遊日記事
此係殘本存博物館

辨

張之杲字東甫錢塘人附貢生道光二十三年知泰州
事咸豐三年力保危城積勞成疾卒於署祀名宦
泰州保衛記一卷附名宦錄　存
版本　光緒十二年張上龢刊本記咸豐三年粵[illegible]境力
任防禦之事其子上　宣統二年其孫采田重刊排
龢並輯名宦錄於後
印本末有采田後跋
初月山房詩集六卷　未見
目見　名宦錄跋
張聯桂字丹叔江都人咸豐庚申從晏欽使辦團練
至泰州得交陳文田始學於詩後官兩粵
述秋吟館詩鈔四卷　存

版本　光緒十二年粤署刊本　姚正鏞莊樾陳文田為之序其初刻僅二卷此係丙子以後作重刻於粤署

（明）

崔　般字邦寶號北洋住富安場心齋弟子隨晤隨行不事口耳先生以大器許之

漁舍遺響　佚

目見　心齋師承表　府志

崔弟泰　富安場人庠生謙退清介長於歌詠壽八十之

鹿野集　佚

目見　乾隆兩淮鹽法志

（清）

崔寶善字少山富安人晚居海安工詩善畫遍游漢皋滬瀆西湖諸勝詩情盡意

崔

十三

寄棠詩鈔未見

目見 泰縣志稿

(清)常光宗字厚直其先自東淘遷泰

甕牖吟一卷存

版本 嘉慶十五年克峻堂彙稿刊本其孫增輯同里夏震評點并爲之序及增後跋

常廷諤字諍士號檢齋光宗子貧而耽吟不事生産日坐敗垣老屋中嘯咏弗輟

丰翁詩鈔一卷存

版本 克峻堂彙稿刊本其子增輯夏震評選葉兆蘭序之增後跋

常

增字子壽一字益之又字美質號繼香又號高庵廷諤子拔貢生聰明過人嗜學不倦淵甫兩江時以畫梅册屬題頃刻即成三十首稱爲江左奇才著述甚富

儀禮瑣辨一卷　存

目見　續府志　光緒志稿　販書偶記

版本　道光二十七年常存恭刊本道光五年自序男存恭校

刊并跋

四書緯四卷

目見　宣統志稿　販書偶記

版本　道光十六年自刊本先成學庸各一卷至癸卯續刻論孟各一

十三

常

卷道光丙申自序光緒十二年重刊本

編年詩鈔三十卷 未見

目見 續府志 光緒志稿 儀禮瑣辨存茶跋梅詩集

尤夥除散佚之外減之又減仍存三十卷前十卷已經手訂今亦刻數卷餘俟再刻云

迮令游草一卷 存

版本 克峻堂彙稿刊本 嘉慶癸酉游泰興之作夏震評選周長泰為之

序顧允厚跋

閬城詩鈔一卷 存

版本 嘉慶自刻本 嘉慶壬申歲暮懷人詩姜鳳嗜為之序此其編年詩之一

小酉山房集一卷外集一卷存 竹葉山房外集存

目見 販書偶記汪道光間刊本 光緒志稿作竹葉山房外集 目見

續府志同上 版本刊本

版本 道光丙甲午外集刊本和吴錫麒七十二候詩沉亨為之序 道光甲午仪征

俗語詩一卷存

目見 怡園隨筆

版本 傳鈔本集泰邑俗語聯成集成七律三十首今佚十首未及付梓

一松樓文稿未見

目見 光緒志稿 續府志

十四

高庵詩話三卷 存

目見 光緒志稿 續府志

版本 道光二十三年自刊本 道光壬辰游崇川之作記崇川名士

論古極嚴 詩 採今甚嚴李芳梅爲之序 〻 稱二卷此

刻獨無卷一似有續刻之意

常繡山

繡山印存 未見

工鐵筆所刻甚精丹徒李慎傳爲印譜題詞

目見 植庵集題印譜注云初名諧〻字爲

其先人嫌名因改名印存

莊忠棫字希祖號中白丹徒人治易通張惠言焦循之

學流寓海安與朱寶善友善

周易通義十六卷 存

目見　販書偶記　丹徒志摭餘誤作二卷

版本　光緒庚辰治城山館刊本凡八十一篇譚獻爲之序

殘本周易繫露五卷存

目見　販書偶記

版本　底稿本乘墉上第十二僅有半頁以下缺佚

蒿盦文集八卷存

目見　販書偶記同治戊辰刊本考訂之文

蒿盦遺集十二卷存

目見　同　上光緒丙戌錢塘許氏刊本詩詞

莊

十五

蒿盦詞一卷 存

目見 白雨齋詞話 所傳四十闋余友李慎傳嘗欲得全稿付梓竟不能得今家住東鄉一子又故身後蕭條不知存否選入詞話十數闋又載譚獻蒿盦詞序

十二畫 湯 堯 彭 費 强 圖 景 華 黄 程 喬 單

（清）湯治昭 字懋齋號悔庵歲貢生品端學博

藏鋒閣詩鈔 存

目見 閬城詩鈔 光緒志稿 作清嘯堂詩集 續府志 作清嘯堂詩草

版本 手稿本 藏沈本淵處

（宋）堯允恭 字克遜景定咸淳間兩薦御曆宋亡專意經傳江浙行中書省兩檄充元濂溪東川書院長辭不就安貧樂善自號觀物老人 按丹徒志作京口人係其隱居之地

德安堂方書一百卷 佚

湯 堯 十二畫 十六

穎

（清）

目見 補遼金元藝文志 丹徒志 道光志

府志 乾隆江南通志

觀物老人集二十卷 佚

目見 道光志 丹徒志 府志誤作志人 江南通志

彭壽山 字石夫嘉慶丁卯舉人知穎上樂平縣事著有教民歌十二章尤膾炙人口

西江觀政録二卷 補蝗記一卷 存

目見 光緒志稿

版本 道光十六年樂平署刊本 首題留雲閣存稿其官西江政

續雜文曰觀政録爲二卷乙未七月作補蝗記自刊於縣署

（清）

留雲閣存稿一卷　存

目見　光緒志稿

版本　道光十六年安邱劉氏刊本門人庚長慶麟編次詠史七絕三百首自上古迄元李魏憲成顧苑董國華黃安濟李周南劉擢椿等序之

費履壓字燚夫一字素之號東池諸生性喜藏書晨斅尤耽吟詠幕游上海歸里課子

春暉堂詩存五卷　存

目見　光緒志稿作六卷

版本　同治三年子錫申刊本錫申搜輯葉兆蘭選本二百餘首又得百首釐為四卷門人單蒲劬續得美人詩為樂餘集一卷康發祥金長福葉改彬為之序門人單

費

蒲南道瑜原稿本 存倦游草庚午稿二冊俱為手寫行書稿及錫申跋

示兒語二卷童蒙啟悟一卷 未見

目見 費氏家乘

費錫申字巽齋履堅子諸生精於金石之學喜蓄古泉

巽齋所藏錢録十二卷 存

目見 光緒志稿

版本 光緒十六年自刊本 搜羅古幣千枚自商周迄明末諸王為正編偏安外藩壓勝無考别為附録俱依原形繪圖加以考釋王貽年為之序

巽齋詩集二卷 存

版本　稿本卷上為古近體卷下詠古泉絕句

費文彪炳章錫午子貢生苦志力學以文學知名

鐵珊小草二卷　存

目見　光緒志稿

版本　光緒六年門人校刊本同里黃荔蔔雲選訂百餘首先為梓行黃蔔各為之序間附和作後有弟文琥跋殁後門人所刻　謄稿本無文琥跋較刻本多十餘首有趙瑜評語及原稿本二種俱未分卷黃遼生心賞小印并手評次一為五百首自選百七十首有費氏心賞小印一為刪存稿經修改並有批語有仲仙小印

古近體詩摘錄一冊　存

費

版本　同治九年手鈔本自選國朝諸家一百四十七人內附以擬作并　批點

費文溶字鑑波錫申次子工詩文擅長鐵筆纂輯家乘年三十七而殁

海陵費氏印譜一卷存

版本　硃拓本自鐫族人名號印占其半

費　密字此度號燕峯成都人隱居江都野田莊嘗客泰州與宮紫玄劉孝威友善

燕峯集一卷存　一作詩鈔

目見　感舊集　伯山詩話

版本　民國十二年大關唐氏怡蘭堂刊本

（清）

強建勳字蔚廷布衣工於吟咏

香雪詩稾未見

目見　伯山詩話並序其藁

（清）

圓能字牧庵號西林又號香雨道人興化張氏子性慧法徒主光孝寺工詩善畫

香雨詩鈔一卷存

目見　道光志　續府志

版本　嘉慶十二年碧雲存稿刊本仲振猷高筠選訂宮增祜為之序李亨衢撰傳宮焕勲壽序法徒焕然刊并為後跋

景昌極字幼南東大畢業曾任大學哲學教授

強　圓　景

哲學論文集二册 存

版本 民國十七年中華排印本 凡十五篇析為三部曰玄學曰認識曰倫理 教授東北大學講義十七年在上海中華書局出版

哲學新論一册 存

版本 民二十一年南京書店印本 全書分五部一總論二知識三宇宙四人生五歷史計十二章根據公認經驗及理想方法加以敍作均精密理論至於正名析辞以淺而表深入之思想自刊於上海

名理探新一册 存

版本 三十六年正中印本 三十四年修正凡十四篇分為七類一開

（明）

開宗二正名三辨句四推論五明辨六著書以示範自刊於正中書局

華

湘字源楚號南晚生而穎悟淹貫星緯精於數學正德丁丑進士光祿寺少卿管欽天監事

詩經臆說十四卷 存

目見 伯山詩話再續集 鄗雋生得之舉以示余其書大旨取法於東萊家塾讀詩記林岊毛詩講義但為家塾課計也

版本 嘉靖二十四年自刊本 首有嘉靖壬寅知州黎堯勳序後為自跋每頁有校改字刻簽條或數字或數行不等此係刷印樣本校勘

幽堂寶照五卷 存

目見 道光志 府志 伯山詩話 俱未詳卷數

華

二十

（明）

版本　明鈔本首有目録此為南畹遺著之一種故無序跋乃據玉尺經三合地理為主以五行干支推演論説羼入命理四柱之言採用揚救貧曾文迪吳景鸞邱延翰諸説總計百則釐為五卷卷一論擇日時法五十二則卷二彙集古仙要語十六則卷三造葬説十二則卷四修制吉凶十三則卷五造葬主命論八則此書未經刊行罕見傳鈔吾友程習朋得於邑中髙氏舊藏

石府元機（天文）　皇極元機（命理）　洞林秘髓（課書）　靈樞（一作秘要）（占時）均未見

目見　道光志　府志　佝山詩話（石府元機等書版片早已無存云　按此語乃當時臆斷之詞不足為據）

黄

鈺　字子元一名鍾號龍田以孝友著聞受業於東厓先生分司周汝登聘主社學

考槃集 佚

目見 光緒志稿 府志 心齋師承表

黃浣生原名位中號眉房呈麗子明季官錦衣衛指揮僉事授金吾將軍福王任命協理兩淮鹺政事清鼎革後隱居不仕以貧雄於鄉結納名流詩酒自娛按江蘇詩徵誤為江都人

德園詩集一卷 存

目見 黃氏家乘

版本 傳鈔本自甲申迄辛卯止約一百二十首皆在亂離中所作不免指斥清朝之語故未刊行原稿為黃氏舊藏

（清）

黃 雲字仙裳號蕉麓庠生早孤事母至孝幼受知太守陳素與修省志詩宗盛唐書摹二王

廿一

黃

景曾録 未見

目見 友聲集 仙裳與山來書弟今年付梓者有景曾録一册呈覽尾題借光大名乞斟數句又書云跋語極荷品題謹登梨棗只用一跋不復再求他人矣退庵筆記

洗心録 未見

目見 友聲集 仙裳與山來書弟有洗心録二退三十葉精掞前賢不涉庸腐

庵筆記

臨池隨筆 未見

目見 友聲集 仙裳與山來書又有臨池隨筆乃前輩講書法皆短章精語與射陵不同謹先以聞使弟附尊選以傳感當不朽云退庵筆記

讀書堂隨筆 未見

目見 友聲集 山來與仙裳書：讀書堂隨筆真不啻多寶船，但鄙意各條當載立言者姓氏，讀者有所考，若將所自著另為摘錄，名曰舊樵隨筆，則叢書二集可借入選也。

樵青集 未見

目見 道光志 續府志 退庵筆記 仙裳詩初稿刊在順治三年

按此集有宮偉鏐序，載春雨草堂集卷二十

康山集 未見

目見 道光志 退庵筆記 仙裳游越之作，第二編刻在順治十年

悠然堂全集 存

黄

廿

目見　道光志　府志　退庵筆記　仙裳詩第三編順治十三

年鹽臺姜圖南刻　詩觀二集作仙裳堂近稿選廿五首

版本　詩删刻本二卷　西陵姜真源選首題然

堂詩删第四刻癸巳以後之作順治丙申姜圖南序及王世乾王世顯顧夢

游諸序姜圖南字滙思仁和人順治十七年巡

鹽兩淮與姜真源是二無從考核圖南所刻稱

第三刻而真源所選稱第四刻故稱詩删當爲兩刻無疑

桐引樓集七卷　存　詩觀初集卷二

目見　道光志　府志　退庵筆記　康熙九年李文秀刻桐引

樓者仙裳少受於州牧陳素桐鄉人仙裳建樓名桐引祀澹仙像

版本　康熙九年如皋令李文秀刊本　丁酉以後作上谷李

文秀顧夢游為之序
周亮工方拱乾評點
五言詩鈔 未見
目見 發幽錄 雍正志
七言律詩分韻二册 存
目見 雍正志 退庵筆記 南洋中學藏書目
敢書偶記
版本 康熙二十三年休寧吳宗渭刊本 王阮亭
渭參閱凡上下分韻計詩千首每韻另為起訖 選吳宗說標
題桐引樓七言律分韻揚州守崔華吳綺二序及
宗渭引程端論跋校心
下有家課一種四字

黄

仙舟閣唱和詩 貴
目見 詩觀二集 姚氏
八首因有告集梓行
而李映碧施愚山為
之序 黃仙裳原唱略
云學使田公綸霞較士
維揚已竣太守崔蓮
生宴餞南浦田公邀仙
裳宿九舟夜同酌而兩
生船已前發未赴 仙裳
且恐為仙舟閣以志佳
話和詩得一百廿四
首命予操數首廿八
詩有告集梓行而 黃

廿

李映碧施愚山有
文集

黄裔年 字兔仙 工詩擅畫 年八十 子植女媚俱以書畫名

静香樓稿 佚

目見 江蘇詩徵

黄龍士 以字行名虬 别字月天 善奕 以國手稱 杜于皇有送黄童子序極重之

弈括一卷 存

目見 光緒志稿 退庵筆記

版本 康熙庚寅崇川吳時亮刊本 時亮延龍士至其家因手授而付梓者 其局引繩切墨寓巧於法 嘉慶庚申取商書往者括於度之義以名其譜

雉皋黄若沅重刊本 首有游藝居士序并跋 光緒間蠋簃校

刊本　上海文瑞樓石印本刪去序跋增附擬譜十局

黄龍士棊譜二卷補遺一卷存

目見　奕潛齋棊譜

刊本　無錫鄧元鏸搜

四年文瑞樓

之作

之多

志作天隨遺稿

蔦蘿樓近詩一卷存　名琴怨詩

目見　慎墨堂詩拾翻明

版本　辟蠹山房从書抄本九河為張羽嬉病歿悼

之之作錄其今春琴心

鍾

十三解附嬉羽碧雲樓招花十絕句當時名流評語甚

多　鍾山友人趙起元序陽羨陳維崧序文河話楚陽

王袁儒題辭兄黃云按羽嬉女伶丙辰九河招花絕句跋

又蔣葵跋附宗元鼎生前訪問此本未刊

此詩黃九河爲副室施羽
嬉病歿傷之而作陳維
崧爲之序一時名公哀悼
九河哀輯成帙

黃九洛原名字右序字姬定號有周浣生子

歷園詩 一卷 存

目見 詩觀作古雪草堂詩

版本 傳鈔本各體詩百首並無序跋

黃德溢字沛四聞遠子性至孝友

臥吟 佚

目見 詩觀初集

黃 流字公言爾謐子貢生

烟褒小草 佚

刊本　上海文瑞樓石印本 删去序跋增附擬譜十局

黄龍士棊譜二卷補遺一卷 存

目見　弈潛齋棊譜

版本　光緒十三年鄧氏弈潛齋彙刊本 無錫鄧元鏸搜

輯龍士對局之十一局并有　民國十四年文瑞樓石印

諸家評語元鏸自序及跋

影印本

黄九河字天濤貢生工詩 見徐譜

深柳堂詩集 未見

光一天濤在京師之作 化映鍾傑堂為之序

國朝別裁集　道光志作天濤遺稿

目見　詩觀

見粘頁上

詩觀二集 未見

愼墨堂詩拾 紀、繹、

海陵文徵附載陸綸

此詩黄九河副室張羽嫕爲賤僕之而作陳維崧爲之序一时名公哀悼九河哀輯成帙

黄九洛原名字右序字姬定號有周浣生子

歷園詩一卷存

目見 詩觀作古雪草堂詩

版本 傳鈔本各體詩百首並無序跋

黄德溢字沛四聞遠子性至孝友

臥吟佚

目見 詩觀初集

黄 沆字公言爾誌子貢生

烟竅小草佚

目見 同上

黄鐘 字長音

浮居草 佚

目見 同上

黄陽生 字屺懷 雲子貢生以詩自娛

月舫集 念祖集 郁李集 吳越集 桐花集

草閣集 未見

目見 同上

黄泰來 字交三 雲次子好讀書嘗謂古人不難期患不立志耳

黄

廿五

岱雲樓集　浮香閣集　觀海集　蓮浦集　浣花

詞　未見

目見　道光志　詩觀[illegible]　府志

鹿臺集未見

目見　訪次之家

清詩片玉集未見

目見　友聲集與山来書謂張鵝宸年翁與弟有清詩片玉集之選蒙任刻費云

詩傳未見

目見　友聲集與山来云拙選名家詩先登百餘家惟待先生尊稿以借光明

伯山詩話再續集墨書與交三日選余獲睹其殘本覺無甚體例亦少發明

黃寶成字稼同九洛子貢生

秋佳館詩集一卷 存

版本 傳鈔本 無序跋各體詩五十首爲黃氏鈔藏

黃佐九字逸曾號西圃乾隆甲午舉人截取知縣以老辭卒年七十二

易經本義滙參 增補周禮義疏 佚

目見 道光志 續府志

黃鸞祥字瀛客泰來子

黃瀛客詩稿一卷 未見

目見 道光志 府志

黃錦雲字竹田嘗游通州以書法名江左工詩並寫山水花竹

黃

廿六

竹田草佚

目見　海曲拾遺

黄梯雲　字振衢，號書玉，道光丁酉舉人

葩經集解　未見

目見　光緒志稿

黄荔　字荻生，歲貢生，梯雲子，工詩，尤精於倚聲，其袁情一闋有渋碧垂柳渋黄明月渋白梨花之句，

時稱黄三渋

隱叢日記　稿本

版本　手稿本　題破橋西寺叢殘寓公儀袁氏

光緒之年寓居花公祠以讀書為生偕與友若談作詩[illegible]　隨筆作於丙子冬至丁丑正月

[illegible]州子贌有風味，盖有儀叢朱文印

黄石　字石谷，一字擬山，[illegible]　改名吉安，號礩玉，工詩，善畫蘭竹

小琳琅山館筆談三卷　未見

目見　黄[illegible]

履歷

綿春詞一册
版本 紅格巾箱稿本
庚申至甲子五
作中樹戊寅
諸作
紅豆詞 皺春
詞一册 存
版本 紅格巾箱稿
以上名詞陳昊
編輯手抄定名
黃荻生先生詞稿

黃
隱叢詩一卷 心退聽堂詩稿一卷 存
版本 抄稿本 編年詩之一種 心退聽堂詩稿係
手寫光緒元年作於南門獄 子張
逸君 撫荻生詩稿 有十多册 曾經將此稿贈陶
安韓止叟選訂 現已散失 僅存零縑

皺
皺春詞三卷 存
版本 抄本 陳曼文蒐輯 有王鈞年譜 祖蔭序
荻生稿本 題 黃荻生先生遺稿

黃荐年 蘇州講學
詩經讀本 存
版本 傳鈔本 首為自傳 凡國風
風雅頌逐一注釋
艾

黄石 字右谷一字樾岩 改名吉安號 工詩善画蘭

小琳琅山館筆站

卷未見

目見 黄簵若

履歷

竹田草伕

綿春詞一册 存

版本 紅格巾箱稿本 光緒庚申至甲子五年之作 中城戊寅恩叢附此

紅豆詞 皺春水榭

詞一册 存

版本 紅格巾箱稿本 以上名詞陳曼父編輯手抄定名 黄蘋生先生詞稿

聞存於沈本淵庭 按有遠叢書一卷抄本係備年之一種心遠

皺春詞三卷 未見 聽瑩詩稿 紅格手寫光緒六年作于城南以 款正怡逸君

目見 光緒志稿 按有選鈔本 行世 王照年序

黄延年 字爾常 年八十一 任黄家岱世傳拳法子孫能繼其法卒

拳訣一卷 存

目見 光緒志稿 所述以手作圖摩出鳥獸魚術之形備合於古今之局勢云

黄葆年 字隄朋 號希平 同治癸未進士 泗水知縣 後居蘇州講学

詩經讀本 存

版本 傳鈔本 首為自傳 凡國風風雅頌逐一注釋

黄、 艾

論語三十六盧聲注六書説文畧一卷 存

版本 傳鈔本 首爲小序論語三十六字六書説文一百二十字附十二辰説

周子通書釋二卷 存

版本 傳鈔本 宣統元年自序首列太極圖説凡四十篇加以圈點頂批旁批爲二类末有蔣年序記跋三篇亦稱先師仍指李晴峯也

希平記言一冊 存

版本 傳鈔本 凡五十篇皆講學要旨附以雜作口授之言弟子所記

古詩源批注十四卷 存

版本 坊刻過批本 門人過録批語於刻本并有光緒廿八年跋於吳郡寓廬

所稱李云郎晴峯先生

黄立字仲憲，白米婁莊人

人系四冊　存

版本　上海圖書公司石印本內分法政、教育、經濟三大系

（宋）

黄震字東發，慈溪人，寶祐進士，出知撫州，其學宗朱氏

讀安定書日鈔一卷　存

目見　道光志作門人輯　黄氏日鈔編入一卷

（明）

黄宗羲字太冲，號南雷，餘姚人，世稱黎洲先生

安定學案一卷　存

目見　宋元學案冠於卷首，自安定起，繼傳百餘人，間有別立一派，採輯各家語

黄

廿八

錄及小傳全祖望增訂之

泰州學案五卷 存

目見 明儒學案卷三十二至卷三十六以王艮為師別為泰州學派

謹按黄宗羲以王艮為師

（明）

黄 逵 字儀逋，山陰人，僑居泰州之西橋側。性嗜酒，得古壺，因自號玉壺山人。工詩，善書。時孔東塘為

玉壺山人遺詩三卷 存

目見 退庵筆記

版本 項氏玉淵堂刊本。長洲顧嘉吉裒其遺稿，得詩一百八十三首。儀徵項䌹刊行，灕州先著序之。宣統二年袁承業輯刊國粹學報

黄䌹 存

黄 格 字北垞，儀徵布衣，篤於友誼

泰州僉判石吳野人戴岳子鄭孝威與儀逋相唱和，詩稿久佚，項䌹存者施佚，僅袁嘯竹手鈔為海内孤本

本椒用袁嘯竹手抄本存詩八十一首，尚少百六首

或當時有忌諱之詩

黃壚集 未見

目見 廣陵詩事 伯山詩話再續集 每一亡友即録其詩於黃壚集中所載揚州凡一百八十七人第一人即泰州張紹良共十七人 續府志

黃逕祥 字琴川江西樂安人洪楊時客游泰州與趙瑜吳廷颺姚正鏞相唱和

還桂山房詩稿 未見

目見 光緒志稿

黃錫禧 字子鴻甘泉人洪羊時寓居泰州海陵 吳廷颺弟子工書尤善倚聲

棲雲山館詞存一卷 什

目見 續府志

黃袿

版本　同治丁卯吴讓之寫刊本其師吴廷颺刪選存五十闋乃
兵燹以後作同治六年自序吴廷颺繕寫付梓并跋

（明）
程
洋字聽樓住海安鎮與同里李祐俱師王東厓
年譜　語録　天響草集　佚
目見　道光志

（清）
程盛修字風沂號雙橋雍正庚戌進士官順天府尹
夕陽書屋初編四卷存
目見　道光志　府志
版本　乾隆三十八年精刊本其子選青編次首有自序及咏史樂

府十二章諫院紀恩詩凡古今體詩五百五十五首

南陔松菊集一卷　存

目見　同上

版本　乾隆三十九年精刊本　七十歲以後歸里之作同年鄒一桂寫贈南陔松菊圖以名其集手自删存一百五十首圖昇爲之序並有恭題詞并記繕寫付梓

程邃青　原名詞裘字綠野盛修子乾隆十八年順天舉人

願學編　未見

目見　道光志　續府志誤作陳應佐

程應鵬　字翼天諸生

程

綠蔭園集 未見

目見 江蘇詩徵 府志 誤作振鵬

程應昭 字星泉晚號星彩盛修孫稟生六歲即能書寄軺車京師祖喜以詩箋賜之祖告養歸凡作答詩多口授代書改詩古文辭深得家學

星彩吟怀一卷 存

版本 程晙僧抄藏本 夏退庵選其詩入詩徵

程紹裘 字鶴山應鍾子工詩詞咸豐二年游幕霍山縣署以捻亂道阻殁於壽州途次

烟波漁唱詞一卷 存

目見 宣統志稿

版本　道光二十四年自刊本首有鈕福疇徐倉漢二序

程宇光原名紹芳字翦庵道光丁酉解元授溧水縣教諭以疾未赴晚年主講書院生平肆力於漢魏主工書

因是齋詩文集　柏影軒詞集　輯存

目見　光緒志稿　續府志

版本　民三十七年程畯僧刊石印本搜輯詩文詞若干首

程紹昌字文伯應佐子廩貢生詩文涵濡經史兼獲漢魏工書得李北海法

彙錄一卷　仍取原名

春暉草堂詩集　輯存

目見　同上

程

版本　程畯僧輯刊石印本輯其文賦詩詞彙鈔一卷名曰詩文稿首載袁錦撰像贊

程祥芝字小香紹芝子道光乙酉優貢生生平研究經史

延暉書屋詩文稿一卷　輯存

目見　光緒志作侍問集

版本　程畯僧輯刊石印本

程祥棟字小松廩貢生歷任四川新繁樂山江津知縣頗有政聲工文辭賦筆尤華贍

松承堂詩文集十二卷　輯存三卷

目見　祥棟墓誌銘

版本　程畯僧輯石印本　裒輯詩詞文賦釐爲三卷　錄載志傳墓誌銘并
自序三十七年編印總名吳州四程詩文集之一

東湖草堂賦鈔十二卷　存

版本　同治六年繁昌縣署刊本　選其六朝至清代名賦分爲四集附自著賦論四十一則并爲序跋刊於繁昌署中

程祥禾　字雨堂紹昌子工詩賦小楷游幕臺灣爲徐宗幹所器重保授浙江縣丞

典韻溯源　未見

目見　宣統志稿

程兆鸞　字友竹秫亭孫生平樂善好施一心淨土創設公善堂於馬莊扶乩禮佛卒年七十二　卅二

程

蓮修起信録六卷存

版本　光緒二十二年募刊本　輯録乩語及往生起信録自述雜著

光緒戊子陳沐清甲午張靜瀾二序　民國七年仿宋排印本中華書局

出版　日本大正續藏經本商務印書館有影印本

蓮修起信録二集二卷存

版本　光緒二十四年募刊本　編録寶訓符咒戒儀徵文揚州汪光

甲爲之序募資刊於揚州藏經院

程恩洋字子謨歲貢生

海陵竹枝詞未見

目見 泰縣志稿

蓮修起信録六卷存

程

習字習朋一字習子號小句近疇高郵廳丞孫生

儀徵生於泰州之東鄉南社々員歷任中學國

文教員兼

業新聞界

花笑樓近稿二卷存

版本　民國八年揚州排印本

少年集稿一卷存

版本　民國十二年石印本自選詩七十首自

寫付印以贈友好

程習朋詩一冊存

版本　民三十二年油印本自選訂爲無邪集已

卯至癸未之作小句

集丙辰至戊寅之作 卅三十三年重訂油印本仍依

新樂府詩餘自為之序 前集删改增以辛餘集陳含光為之序王慕蘧為之跋

蘧

程岫字雲家天都人隱居南梁去東淘七里嶼吳野人為莫逆交善詩

江村詩二卷 存

目見 縣圖文集 東臺志

一字

程端德字午公號古莊陳寧人寓居海陵 號鼎庵

版本 舊鈔本興化陸廷掄為之序安豐袁伯勤藏本擬與陋軒合印

槐水山房近稿 未見

目見 詩觀初集載其寓居海陵之作

文山堂詩集 未見

詩觀二集 選詩廿首

廿

程朴生 字石洲一號平常道人歙縣人桓生之弟歷任江西廣東知州解任後居泰州城内自署静者居與邑人士酬唱精於六壬課每占必驗

大六壬課 存

版本 刻本

程瞻盧

蔡孝女彈詞一卷

版本 民國九年商務館排印本

程瑞䄱 字季夏号雲岑上元籍休寧人瑞德子流寓泰州作詩有家法遍交泰州君巫一派似袁子才最友孝感黄昌史詩入詩現行二篇

羅浮近草 未見 目見詩觀二集 [illegible]

程瑞祊字耕田，号槐江，端德第五子，貢生，以子世綬貴贈湖廣鹽法道按察使司副使。入都与孔東塘、王漁洋、陈滄洲往
来，倚诵考訂金石遺文及國朝掌故。卒于康熙五十八年，年
五十四。

槐江詩鈔四卷　存

目見　販書偶記

版本　乾隆二年程世綬刊本（精）康熙癸巳五十二年自序序云：今年三月長兒世綬省試
後過亭間寓舍，從篋中檢得新舊詩若干首，抄歸而藏之。末
有槐江草堂記及汪由敦撰墓誌銘。詩中与泰州友人往
来之作甚多，如黄仙裳、俞陈芳、林[illegible]樹、袁肩山、繆湘芷相唱
和，并有海陵水災紀事詩，為其子世綬所作，与尺木樓殿式同
時開雕。

版本　光緒四年強恕堂刊本弟廷樾校刊首有繆德棻序廷樾後跋

續擣十四卷　存

目見　販書偶記

版本　光緒四年強恕堂刊本弟廷樾校刊內分經緯河图雜書律訂誤存疑五類劉秉璋李文敏任道銘宋必春爲之序弟廷樾跋

喬勤恪公奏議十六卷　存

版本　光緒　年家刊本其子联賓小鶴編刊

蘿摩亭札記四卷　存

目見　販書偶記

程瑞社 槐
江 年來 目 版 有絡 來和 時

（清）喬寅 字孚五，一字東湖，寶應人，明諸生，遁居安豐場，性豪邁不羈，慷慨激昂，發為詩歌。

理詠堂集五卷 存

目見 東臺志 府志 販書偶記

版本 康熙間刊本，首有杜濬、魏禧、史炤、孔尚任諸序及自序，詩以體編次，中有與邑人唱和諸作，未詳刊刻年月。

喬松年 字鶴儕，山西徐溝人，道光十五年進士，官兩淮鹽運使，時揚城失陷，駐節泰州三峯園，後擢布政使，尋授安徽巡撫，復調陝西，卒謚勤恪，亦葬於泰，現子孫仍居焉。

論語淺解四卷 存

目見 販書偶記

喬

廿五

版本　光緒四年強恕堂刊本　弟廷樾校刊首有修德菜序廷樾後跋

續擣十四卷　存

目見　販書偶記

版本　光緒四年強恕堂刊本　弟廷樾校刊内分經緯河國雜書緯

訂誤存疑五類劉秉璋李文敏任道銘宋廷春爲之序弟廷樾跋

喬勤恪公奏議十六卷　存

版本　光緒　年家刊本　其子聯寶小鶴編刊

蘿摩亭札記四卷　存

目見　販書偶記

版本　同治癸酉自刻本　同治癸酉自序刊於家塾

蘿摩亭遺詩四卷文鈔一卷　存

目見　販書偶記

版本　光緒七年皖署刊本　古今體詩六百餘首　上元劉傳楨為之序

其弟廷勉校刊於皖城　文鈔　光緒乙未校刊　頗為罕觀

裔公十問十答一卷　存

版本　民國九年排印本　裔公駐節泰州欽封禁　斗姥宮淨業壇　具疏詰

問乩動判答為壇弟子所傳　錄　庚申半盲道人單肇嶦跋

（清）單蒲南　字春彬　監生　精於地學

裔

吳

天玉經補注四卷發微論闡要一卷 未見

目見 毓元貢卷履歷

單渭南字嘯漁咸豐己未舉人

近思録集解 庭訓格言詮解 清暇齋詩存 未見

目見 同 上

單沂耕字香泉號少曾精地學多材藝

香泉詩鈔 未見

目見 肇蟾貢卷履歷

單肇熊字祥生精於堪輿

相宅相墓淺說二卷 未見

目見 毓元貢卷履歷

單肇蟺字揮亭晚號揮叟自號半盲老人沂州子貢生工詩古文辭亦究心醫學地理戊午居邗上教授生徒戊申返里目力失明為一生大憾

經史秘鑰四卷 拾遺數述十卷 醫典彙編二卷

國文教科書一卷 新書滙錄提要二卷 未見

目見 揮叟行述 墓誌銘

揮叟七十雙壽徵文錄一卷 存

版本 民國九年排印本 其子毓元編刊 自述七律分文詩辭三類

單 卅七

單蔭棠 字吟白 附貢生 工書法 擅長篆隸

鐘鼎字源補遺 百漢碑硯齋詳釋 未見

目見 毓元貢卷履歷

單毓斌 字允工 肇墉四子 南京實業學堂電機科 宣統三年畢業 奬給舉人

壬癸是非記一册

版本 民國十三年鉛印本 任南京電灯廠爲長 檢查私灯 引起糾紛 自壬戌至癸亥往返函牘 分爲輯要 利用 餘波三編 各有弁言 以明真象

（明）

十三畫　道董　達萬　楊鄉　葛　葉

道泰　字来峯泰州人

集鐘鼎古文韻選五卷　存

目見　千項堂書目　絳雲樓書目（注五冊）　述古堂書目（注抄本）西　脈望館書目　汲古閣秘本書目　四庫存目　小學考　府志　摛書偶録

版本　舊鈔本　海源閣舊藏二冊一匣現歸北平圖書館此書未有刊本

提要　其書分韻集鐘鼎古文然所收頗雜秦權漢鑑與三代之文並載之殊乖條貫他如滕公石槨銘本屬僞迹收之已失別裁又鈎摹全非其本狀則傳寫失真者多矣其分韻改咍爲開改漆

為口凡上平有元魂而無痕下平多三宣一部皆與廣韻不同蓋从徐鍇篆韻譜也

禪林類聚二十卷 存

目見 府志 大正續藏經目 收入禪宗語錄通集部

版本 日本大正元年續藏刊本 中野輯刊 民國十二年商務印書館影印本

（清）達真 字竹興 號雪齋 泰州 石氏子 住錫焦山 工詩 與名流唱和 亦善書法

雪齋詩草一卷 存

版本 嘉慶十年焦山刊本 其稿三册 為張安士删選 存詩一百二十首 係壬午以前之作 李保泰石韞玉為之序 又題詞評論并附以小像

雪齋剩稿一卷未見

目見 小倦游閣遺稿詩注云刊本之外所剩六十首屬門人吳熙載付梓

（清）

楊瑚璉字古存號聖與諸生好游山水遇即忘家

寄餘園稿 破帆吟 文山紀游述 三年一悖錄

繡淡詞未見

目見 江蘇詩徵 道光志 府志

楊繩祖字心壺貢生乾隆五十年溧陽縣訓導

周禮本末說 儀禮本末說 禮經彙編 心壺詩

鈔未見

卅九

逵 暘

目見　道光志　續府志

楊

筠字篠樓諸生博通經史

儀禮聚考二卷　存

目見　光緒志稿

版本　道光四年自刊本　自序及朱侑序　受業夏寅跋

（明）

楊

儀字夢羽號五川吳縣人嘉靖丙戌進士官山東副使稱病家居著述爲事

金姬傳一卷　存

目見　寒瘦山房書目　注抄本　鈔本存叢書

版本　借月山房彙鈔刊本　澤古齋叢鈔刊本

橅

道光二年陳廣僑舊鈔本嘉靖二十五年海虞鄧
補張本更易今名 黻序潯陽陸氏珍藏記
章正李素女名金兒至正甲午吳王兵陷泗洲姬
被擄年未及笄命配曹太妃通經典翻卜王愛之

（清）揚祚職字述卿號浣石句容楊世浣第七子徙居泰州
工書畫篆刻尤擅長雕牙中年好佛主持居士
林法名志聖
謄寫佛經

冰㡓閣印掇四卷 未全
版本 民國六年自刻本 集諸家規範撰掇格言
聯楹句鎸成五百方仿
飛鴻堂例徵其名流序跋如吳昌碩李梅庵等
數十人僅槪刻名手書序跋其鎸印未全

浣石印存一册 存
版本 自刻袖珍本 遺刻名私印
集成留存

揚

（明）

葛雷字應龍號兩川諸生師事東厓公同周汝登聘主講泰東書院

問心集佚

目見 兩淮鹽法志 府志 心齋師承表

葛天民字田純應龍子萬曆時以歲貢生薦入太學任福清縣丞轉山東經歷歸主講泰東書院

世德録佚

目見 道光志 東臺志 府志 心齋師承表

（清）

葛覃字天衣順治十七年武舉人工詩任川陝督標守備隨親征噶爾旦有功誥授明威將軍

天衣詩集佚

目見 道光志本傳

葛維煦字鶴汀乾隆間拔貢生官蒙城教諭

師儉堂文集詩賦雜著稿未見

目見　道光志　續府志

葛純字　貢生蕙田之祖

五經集解　敦仁堂文集未見

目見　葛澐鄉試履歷

葛蕙田字二川諸生澐父

燕貽堂文集未見

目見　光緒志稿　府志　葛澐履歷作羅浮山房集

四一

葛

葛錫豐字耕畲 肇基子以孝子旌表
東台縣學生
羅浮山房詩鈔
目見 陳兆鰲
葛君傳

録

葛 楣字于門篤行孝友嗜學不倦晚年隱居（北茅山）亭焉莊
貽孫堂文集未見
目見 道光志 續府志
葛瑞雲字 監生澐从弟
葛氏父子合傳一卷存
版本 道光十七年葛氏刊本其孫瑞雲徵刊祖父肇基父錫豐傳
山陽李宗昉邑人陳兆鰲合撰
旌褒孝子傳一卷存
版本 同治家刻本其子瑞雲輯刊記葛金和葛錫豐兄弟孝行事實

(清)

葉兆蘭字古軒監生膺世逸才詩學純乎性靈與蔭園
同一爐錘築西河草堂爲觴詠之地

西河草堂詩賸二卷存

目見 道光志 續府志

版本 道光四年鄒氏刊本門人鄒鍌編刊曹楙
堅周庠李宸爲之序

續編王輔序之七年刊行芸香詩鈔附刊本
各有鄒鍌後跋

芸香詩鈔十二卷存

目見 道光志

版本 嘉慶十五年鄒氏刊本鄒熊合選同社諸
友分得雲集二卷

爲四方名士流寓諸人先露集二卷則邑前輩今
雨集四卷同社諸子羣玉山館鄒熊著西河草堂

四三

葉

集各二卷首有孫珏 光緒元年王子勤補刻本每卷
及兆蘭耳山諸序
剜去葉兆蘭鄉熊署名補刻王廣、
葉子勤重刊一行[illegible]首有王廣業序

葉汝彬字雨樓工詩

雨樓吟草未見

目見 伯山詩話

（清）

董寶宏眞州人適鄭氏夫歿守節咸豐十三年僑居泰
州南山寺塔中後居白衣庵

飲香閣詩鈔一卷存

目見 怡園隨筆

版本　光緒間刊本詩約百首咸豐丁巳劉澍亭之及邑人李效郢等題詞

董錫宏　字子車儀徵人諸生咸豐中避居泰州

爨餘草　未見

目見　伯山詩話　光緒志稿

（清）萬榮　字薌林嘉慶丁卯舉人少負力學運司曾燠契其文從燠擢湖北按察使榮往就之歿於旅舍

薌林詩文稿　未見

目見　德基鄉試履歷

（清）鄒熊　字耳山監生工詩得漢魏之奧鍛鍊不苟結芸香社以唱酬

聲玉山齋詩集十卷　存

萬　郵　董

四三

目見　光緒志稿誤作續府志

版本　嘉慶十五年自刊本戊辰孫珏葉兆蘭二序及題詞其初刻上

八卷續增二卷道光間男彥賡補刊本後有民國

其版後有修補　跋語

十三年裔孫航南補修本首增石印小像

海陵詩彙二十二卷存

目見　道光志作詩續府志錄

版本　紅格稿本所選邑人詩自清初迄同時止　順治朝起

各繫以小傳自訂例言並題詞

裔孫當時繕寫兩部一存鄒航南傳鈔殘本八

凝祕不示人一為流出殘本八卷

卷存卷五至卷八卷十三至卷十六

道光元年王有慶序

道光丁巳汪之亨序

王豫序嘉慶○○自

序未有耳山記傳及

男彥賡跋

鄒應庚字小隱庠生

海陵詩彙補遺一卷存

版本　傳鈔本自宫鴻營迄張（劉）栄止補正集之遺

漏趙瑜為之序傳抄本失此序

鄒增泰字卜盦工畫

繪事集覽未見

目見　炳鑄鄉試履歷

鄒鍾靈字儁生工畫憚於動筆遂置之然嘗

繪拳石瓶盎之屬雖小品殊有別趣

繪事粹編未見

目見　同　上

鄒

鄒茂堅 字力子 早逝

嘉穎詩存 未見

目見 自學貢卷

履歷

改名自學 道光庚戌歲貢生

鄒鋆 字美鍔 號矮山 熊姪孫 榮兆蘭門人 善詩

繼續芸香社會課 延聘羅克佽王輔為主壇

求志齋古今體詩鈔二卷 存

目見 貢卷履歷 稱求志齋 以書未梓

版本 紅格稿本 以體編次 卷上少壯之作 卷下中年

之作 俱經選存 有芸館 鐵跋

同人會課詩選一冊 存

版本 芸香社紅格稿本 羅克佽王輔評選 芸香

社續課 乙酉丙戌丁亥

三年 條規亦分先露今雨停雲三

集 以年編次 一名續芸香詩鈔

讀書分數錄十冊 存

版本 清稿本 仿紀數器例 自一數始 終於千萬

採輯羣書而成 末有道光二十二年

鄒鋆美鍔氏選

於求志齋 一行

鄒登簡 字覲卿，鑒從弟，候選布政司經歷，工詩
研卿詩集 未見
目見康伯山詩序云：覲卿大父修堂極得研材於柱礎，倩王清秋泉鏤為研，大小十餘方，舉以畀之，並字之曰研卿。且集中有古研歌，述其大父恪守不失，墜余之儷家也。撫詩話發，集錄其夜感云。

按：美鍔又有重訂吳香詩鈔、歷代僧詩選、鏡書窗典故、遺記、十國題贈錄、古文辨見錄、左譯經解、求備等名，見其空白本約有數十冊，書籤所寫上列各書名，而內葉俱係空白，未寫一字，或備謄鈔，未藏齋定，姑附名於此，俟續見。

十四畫 趙 瞿 圖 熊

趙箋霞 字書雲，甘泉趙廷煦女，仲振奎室
辟塵軒詩鈔一卷 存
版本 仲氏女史遺詩刊本。其夫振奎所選百首，并為之序，刊入家集。

記
趙琳 字文璋，諸生，幼讀書，默數行，入庠後不遇，以詩自娛
琴鶴堂詩文鈔 未見

鄒 趙

四五

目見　光緒志稿

趙

瑜字漁亭，晚號漁叟，貢生。少有雋才，弱冠知名，工詩，善書。

晋磚室詩存四卷、爨餘集一卷、詩續一卷　存

目見　光緒志稿作詩文集

版本　同治五年自刊本。以體分次，凡三百首。道光庚子客真州，爲爨餘集。金長福程宇光爲之序，及自序小像。六十歲以後作爲續集。同治十年，女人洪梅孫校刊。

律賦又新初集二册、二集二册　存

版本　同治九年墨稼山房刊本。選其同人律賦二集。光緒二年刻。

晋磚室小題文二册　存

版本　同治四年刊本自選四書制藝同學諸子評點

趙雲鶴字子鳴琳子

愛日清談一卷　存

版本　光緒三年刊本知州劉汝賢學正任凱為之序洪文翰等小序

趙雲芬字小漁瑜子工詩

琴鶴山房詩一卷北山裴園詠物詩二卷　存

版本　光緒八年退齋刊本詠物詩雲芬選同人唱和之作

（明）

趙琦美字元度丈毅公子以父廕歷官刑部郎中損衣削食假書繕寫得善本而刻之其跋自署清常道人藏書室曰脈望館

趙

僞吳雜記二卷 未見

目見 淡生堂餘苑月錄

（元）

趙子威 真定人，至正十年泰州尹（按道光志秩官表載州趙嚴至正間任州尹，餘無趙氏，子威係其號）。平反王晥寃獄，有政聲。

趙泰州平反寃獄詩 佚

目見 夷白齋藁 陳基序略云：至正十年泰州尹真定趙公子威平反王晥寃獄事，吳中士大夫因相率爲詩以美之，凡若干首。王晥故江浙行中書省參知政事王浮光之子，以才選爲淮東帥閫奏差，督責膳夫，命杖二十，越五日死。揚州錄事判官與晥有郄者，遂嗾膳夫妻訴晥遠獄。趙公讞之，明白晥之繫獄也。然則詠歌之發乎情者，是不可無以序作者之意，又爲子威作烏

（清）瞿　宣　字月三號塵齋乾隆武舉人遂棄其業刻意為詩與胡西垞鄭板橋唱和五言尤擅長

樂清堂詩鈔　未見

目見　道光志　續府志

（清）團　鴻　原名雯字雲蔚儀徵人貢生遷居泰州博學工詩文嘗游京師公卿招致之

練光草堂詩四集　存

目見　道光志

版本　乾隆六十年團書田寫訂本　雖分編年前後凌亂首有目錄自康熙乙卯至己亥止約千首末附未編年詩又補乙卯男豐根跋并硃圈點按此集中缺辛酉乙丑戊辰至癸酉丁丑戊寅凡十一年

瞿園

四七

天放草堂集　滇黔遊草　燕遊草未見

目見　道光志

按天放草堂係其初名康熙己丑游滇黔己卯入都各詩俱編入練光草堂集中

練光草堂文選三集存

版本　乾隆元年閔書田寫訂本凡三集天集上選地集次選人集應酬文選各集有子目各文以體編次并圈點

閔昇字冠霞號鶴鼓鴻之孫康熙丙子副榜官贛文訓導善教士子年八十八而終

暇年日錄四卷畫山樓詩十卷文四卷未見

目見　道光志

畫山樓遺詩一卷 未見

目見 道光志傳稱為門人陳燮姜鳳喈編次

繼聲集 未見

目見 桐軒詩話 先生將繼聲集已刻十數頁而事左難行遂中輟此本今在余篋中曾經靜軒審勘則近體出色者少而古風通韻者多走韻蓋師年近九旬精神未到而目力又昏程燮矯存之

卧游集八卷 未見

目見 桐軒詩話 鶴筏師集國朝人游山水詩名卧游集兼采時人拙作列十二首編成八卷未付梓而歸道山此稿佚

圓 師

四八

團維墉字雒高號椒燈一號蕉墩昇之姪乾隆辛卯副榜十歲善屬文長工詩古文辭邃於經學名重江淮年七十司鐸含山修補縣譜勤課諸生

春秋表一二卷 存

目見 道光志 儀徵志 府志

版本 嘉慶壬申刊本 錢唐吳錫麒鑒定并爲之序首戴書法大旨及二百四十二年横表其書分六節以未有伯始無有伯終係分貫洽析表於一故名表一

窮交十傳一卷 存

版本 民國五年刊本 蕉墩所交者先窮或後窮縶懷成傳凡十人附從叙及流寓三人嘉慶丙辰自序夏退庵鈔藏編入辟蠹山房叢書之一未刻邑人王翮謀照刻之

(明)

小畫山房詩鈔十二卷 序

目見 儀徵志 府志

版本 嘉慶丙辰刊本 首有嘉慶丙辰袁枚丁卯吳錫麒二序以年分集曰蕭卷集曰左署集曰西園集曰北園集居泰之作曰邗上前後集曰北游集曰渡江前後集曰甕江集曰觀海集曰退室集皆客游之作凡十集編為十二卷

熊兆 字號未詳端本社教讀、

孝經集講一卷 未見

目見 四庫存目 天一閣書目 寫本明泰州熊兆撰 浙江

採集書錄 光緒志稿

圃 熊 四九

提要原本首題直隸揚州府泰州端本社學教讀後學草茅臣熊兆集講又有直隸揚州府知府延陵直隸監察御史再呈看過收受字蓋鄉曲陋儒投獻於進之書也其訓釋皆詞旨鄙陋一無可觀前列一圖以圈内為五品人倫之正圈外為萬物之偏邪又以元為天父君亨為長男中男少男利為長女中女少女貞為地母后又演為天經地義人行之圖修學致用推孝為忠之圖皆迂謬穿鑿毫無義理蓋無知妄作之尤者也

泰縣著述考卷七　　　　己丑陸銓次公重訂

十五畫　潘　鄭　蔣　劉　魯　德

(宋)
潘汝一　字古玉，貫經史，善文章，紹興中以進士久次得官，歷州縣卒。

羣玉府十卷　鳳池集十卷　佚

久稅澄江南通志

(元)
潘元紹　字仲昭，其先姓趙，以避禍易今姓，淮張之壻，仕江浙行省左丞，納七姬，張羽作權厝志。

目見　道光志　府志

左丞潘公尉吳江華嚴寺浮圖詩　佚

目見　袁白齋藁：至正十六年，陳基序略云：吳江傳金人渡江及宋人西征，元兵南征，過此皆射焉。華嚴寺有矢，著浮圖鐵鑽上，世裁久，失，寺僧更設一矢以存故事。今年夏，中書右

潘　　十五畫　卷七　　一

（明）

丞潘公將兵過其下時夜月見浮圖上影矢公異之取弓矢一發正中其巔舉軍皆賀好事者爭為詩歌以壯之

潘永　歲貢生元末由蘇遷泰

遷海詩鈔　佚

目見　潘曜三鄉試履歷

潘逢元字　槩生潛心考據淡於仕進

湛泉詩集　佚

目見　同上　並云錫陳應芳為之跋

潘導光字海凌　逢元子郡廩生研究理學王文成公過師事甚謹并增其詩王心齋沈鳳岡作跋

圃

（清）

暘谷軒文集　佚

目見　曜三歷履

潘昌類　字龍壽貢生

花月樓詩　佚　潘子制義　佚　目見　雍正志

目見　道光志

潘昌第　字　拔貢生歷任州縣至黃州知府六載訪東坡遺蹟康熙元年致仕歸里

鑑湖詩鈔　菊圃逸史詩鈔　佚

目見　曜三履歷　晚年愛菊因號菊圃逸史名其集

潘紀宗　字沙浘昌名子歲貢生

潘

二

沙隄清波集 未見

目見 曜三履歷

潘慶齡 字餘庭號予亭必選子嘉慶六年舉人官祁門蕭縣教諭

致經書屋詩鈔一卷附淮黃策畧一存 作詩文稿

目見 光緒志稿 續府志

版本 道光十八年刊本 其子曜三編次首有法式善書戴蘭王有慶序

又自序淮黃策畧兼濟運五議 嘉慶十八年上松司寇

汲綆齋圖題跋一卷存

版本 道光十九年刊本 繪圖徵詠前列外邑名彥次即鄉里同輩凡七

十七人各體俱備首為自序 目見 先我集

考三作龍城消夏錄

龍城消夏詩集 竹書紀年五言詩 山海經類聯

未見

目見 曜三履歷

潘曜三字星廉號樂山一號芙臺慶齡子道光壬辰舉人任江浦教諭

授經書屋詩文鈔 未見

目見 潘氏世系圖

潘

潘淮沂字有壬曜三子

水法天機 未見

潜

三

目見　潘氏世系圖

潘淮湘字子蘭雅三子家世青烏術益加研究歷任餘
杭蕭山永康縣丞

潘氏地理合解二卷　存

目見　宣統志稿誤作地理辨正二卷

版本　光緒乙未汲綆書屋刊本　依地理辨正理氣繪成圖說推
演九運生旺上卷顛倒法下卷
收水法劉法曾爲之序及自序

潘昌齡字趾蕃寶應人諸生嘗游吳陵與宮霜友善選
其詩又霄崢集

吳陵游草　未見

目見　霄崢集　寶應志

(清)

鄧漢儀字孝威一字舊山一稱舊山農舊山叟舊山梅農先世姑蘇人徙居泰州康熙乙未召試博學宏詞以年老授中書舍人

慎墨堂筆記一卷 未見

目見 退庵筆記余藏有鈔本字體模糊疑先生手筆

淮陰集未見

目見 發幽錄游淮陰之作 道光志

官梅集一卷 存

目見 發幽錄 退庵筆記據詩觀善如須和贈先生詩注云集名官梅取官閣梅花先生客揚州時之作

鄧

四

刊版本　順治四年刊本　順治丁亥客揚州詩編，濟南潤孔中鑒定，凡一百二十首，龔鼎孳、劉孔中、葉襄、方苞等序。月里陸舜升歌此爲編年詩之一。傳鈔本　從刻本出

過嶺集　未見

目見　發幽録　退庵筆記　順治丙申龔端毅奉使粵東，邀先生遊，裒其入粵詩爲過嶺集　江蘇詩徵　續府志

按此集有陳維崧序及陸舜序，載入慎墨堂詩拾

濠梁集　未見

目見　發幽録　游穎上之作

燕臺集　一名燕市酒人篇　未見

目見　發幽録之作（游燕京）　吾炙集（作燕市酒人篇）

甬東集一名甬東游草。未見

目見　發幽録之作　退庵筆記　其甬東游草鄭縣李杲堂為之序

被徵集　未見　禁書總目注無撰人姓名一名多暇一名塵濯

目見　發幽録以上各集皆逐年編次　退庵筆記康熙己未膺博學宏詞入都之作王漁洋序之以上五種版行與否無從考余皆未見

慎墨堂詩前集　存

目見　外部應燬書目　江蘇詩徵作慎墨堂集

版本　康熙間江都鄭熙績技刊本以年編次自甲申迄壬辰

鄭

輾 及

凡九年之作每年另為起訖不分卷第未注計詩若干首先删再删首數再删者為熙績選刻當不止一集有後集似傳鈔本

慎墨堂詩拾十一卷 存

版本 傳鈔本邑人夏荃輯詩四百首以體編次並録各集舊序及贈答詩採輯書目弁於卷首末附詩餘及諸子勵相等詩故名詩拾道光丁亥周庠為之序未及付梓陳守吾鈔藏本今屐轉傳録

各體文 未見

目見 發幽録 各體文古數百篇藏於家

清籟詞 未見

二

目見　蘅香詞鈔況周儀選其詞四首　殘幽録　道光志
俱作詩餘一　昭代詞選、瑤華集　按清平初選後集有蘅成詞

天下名家詩觀初集十二卷二集十四卷別集一卷
三集十四〔三〕卷別集一卷　存

目見　傳是樓書目作十五卷疑為三或一集耳　抽燬書目查有應禁之人及違礙語句應請抽燬　四庫總目詩觀十四卷別集二卷選輯國朝諸人之作別集則閨閣詩也抽此本或二三集之二　淮海英靈集作四集中有應禁之人抽燬行世　退庵筆記湯文雨生處有詩觀初集大字本無卷數與今行世詩觀初集本不同

陶廬雜録　販書偶記誤作仲之琮重刊　乾隆江南通志未注卷數

六

版本　康熙十一年慎墨堂刊本諸子參閱二集同學吳儀評選
十七年刊三集十二八年刊各集皆有自序
及張潮序板心下有慎墨堂廣中藏稿字樣乾隆
十三年如皋仲之琮補刊本購其版屬胡西圮校
訂仲之琮并序今世
傳本字跡完好者無仲序係其初印後因抽毀版
繼解江寧藩署仲氏懼禍來敢取回版毀於火

慎墨堂名家詩品　未見殘本
目見　退庵筆記　藏有殘本所輯王阮亭梁蒼巖
王敬哉王胥庭彭羨門諸家每
家各分卷次無目錄
家數卷數無從考

詩觀二集　凡例云名家詩已刻十餘品
家皆杜精嚴無敢濫入

詩觀三集　卷八方渭仁蜀道詩余久評成詩品
行世

蕭樓集　未見
目見　退庵筆記　選詩觀諸集四方郵筒所寄閨
閣名媛之作先生別輯為蕭樓

集尤西堂吳菌次爲之序

鄧最采字扶風號次德漢儀子諸生

我笑軒稿 未見

目見 詩觀 江蘇詩徵

鄧邵榮字若雍號顧亭漢儀次子

鄧尉山人稿 未見

目見 同上

詩觀四集四卷 未見

目見 友聲集邵榮與山來書云拙選四集已梓多篇又書云潛心先生詩承允成

徵碑始末 存

碑本 碑蠹山房叢書抄本 惜男勵相紀其父漢儀應博學宏詞科入京末有

漢儀誌語云作碑之役三男同予抵京故見聞猶詳

叙置雅潔

廣西州學題詠作白

抄人

蔣

一 其 言有 江蘇詩徵

葵 字水心 號藥林 蔣煜女弟 幼慧讀書過目不忘 于歸陳氏 所適非偶 削髮為尼 名德月 號悟觀

拂愁集 未見 卯集送其詩十四首並作傳

目見 閨秀正始集

鏡奩十詠集 未見 綠硯二集存十首 其女弟蕙十詠後附蕙和作

目見 江蘇詩徵 道光志 府志

集尤西堂吳蔄次爲之序

鄧晶采字扶風號次德漢儀子諸生

我笑軒稿未見

目見 詩觀 江蘇詩徵

鄧邵棨字若雍號顧亭漢儀次子

鄧尉山人稿未見

目見 同上

詩觀四集四卷未見

目見 友聲集邵棨與山來書云拙選四集已梓多篇又書云澹心先生詩亦允成

詹雨竹堂題詠作白
描人

梓值此在四卷之
看必得佳吟

鄭勵相字方回號冠城漢儀三子

文選樓稿未見

目見　詩觀　江蘇詩徵

蔣葵字水心號藥林蔣炤女弟幼慧讀書過目不忘于歸陳氏所適非偶削髮為尼名德月按修觀

拂愁集未見　詞集送其詩十四首並作傳

目見　閨秀正始集

鏡奩十詠集未見　修觀二集存十首　送其妹女弟蔣蕙十詠後附蕙和作

目見　江蘇詩徵　道光志　府志

（明）

劉萬春 字思孚（一作保衷孚）萬曆丙辰進士，官至浙江布政司參政，纂修邑志。

守官漫錄五卷 存 臺灣影印作劉若愚

目見 傳是樓書目 全燬書目 心齋疏傳合編選彙選標題注劉衷孚 嘉慶府志陳佐傳注引國學圖書館善本書目

版本 萬曆庚申刊本 國學圖書館藏本有木犀香館藏印

（清）

劉樾賢 字愚公，萬春子

璧庵詩 佚

目見 詩觀二集

蔣 劉

八

劉樾贄字質公號僅三萬春次子貢生

雪村草未見

目見　詩觀　詩徵

劉樾勛字賡公號堯叟萬春三子順治辛卯舉人

貧山園遺稿未見

目見　詩觀

劉九皋字鶴亭元慧子生平好友耽游吟詠

棲餘草未見

目見　詩徵　道光志

劉之湋字竹其康熙辛卯舉人父歿以母老不赴禮闈

左傳意佚

目見　道光志

靖字阮仙九皐子廩生工詩擅長著述尤富

劉

太乙閣詩　槐蔭堂草存

目見　詩徵　道光志　退庵筆記見鈔手詩稿數册

版本　手稿本二册未分卷次各體詩及雜文若干首未署集名有塗抹

劉育然字卓庵一字凡若之湋子雍正八年進士官潞安知府

東竹軒詩鈔未見

劉

九

目見　霄峥集

劉芳字湘南歲貢生貧無家室讀書郡城安定書院閱數十年爲諸輩器重至老不遇卒于齋舍

湘南遺稿未見

目見　道光志同學張馨棱續府志其遺稿梓行

劉汝梅字和羹號庚舉嘉慶子例補刑部雲南司郎中道光元年入都供職好與名士游尊學

翠柏書屋詩集二卷趨庭集未見

目見　光緒志稿

劉承業字蔚伯任雁翅墩博雅好古搜羅金石益富

浮雲柳絮山房古今印存未見

目見　春暉草堂文稿　咸豐六年程紹昌爲之序

劉漢臣　字藝樵任姜堰鎮例授州同性嗜書籍精於鑒賞晚年研究醫理搜集古今名印拓印一集

衛青軒書目　脉學指掌　內經摘要　經世日記

目見

還讀堂詩稿　未見

光緒志稿　按以上各種皆未付梓其書目乃所藏書籍中經散出余所見搜輯剩餘編錄一目惟采元槧本未獲寓目是誠憾事

失名

劉振疆　字贊君居姜堰北官莊少習騎射游庠後雅工吟詠尤留心金石文字擅長鐫刻刀法更極遒媚生平所作惜多散失

朱子家訓印譜　存

劉

目見　宣統志稿　吳陵野紀

版本　硃拓本各體俱備無一相同
吳熙載為之題詞

陰騭文印譜存

目見　同　上　吳陵野紀

版本　硃拓本凡八十餘方每方鐵有款字署道光十三年至咸豐五年[illegible]二十餘年
乃完成大觀萃一生精力
於是邑人陳晋元題詞

澄懷軒筆存存

目見　吳陵野紀

版本　硃拓本已殘僅存九葉　余搜集拓印本詳上
仍藏劉氏

滕王閣序　蘭亭集序　百壽圖諸譜存

目見　吳[illegible]野紀

壬辰得劉氏家藏存二十方
皆其摘句朱印必刻數面
有旁款凡印四面方自道
光二十八年至咸豐四年假我
拓印五冊[illegible]

傳及陳晉之題句於首仍取
澄懷軒名之

版本　硃拓本　百壽圖皆採輯經傳中壽字不與世
俗同　嘗拓印堂幅及屏條贈人惟
為左能慶壽而作　揚州道葉香步作
品贈以胡筆吳陵芥一枚之作

劉天榮字春墅諸生
自怡堂吟稿一卷　存
版本　光緒七年刊本　詠雁字詩三
十首并序

劉桐字唐封住海安鎮庠生工文善詩少從宮前溪遊
一字琴川
琴川詩稿㊞一卷　存　吳善施載仲吳江吳善日歷
劉
目見　宣統志稿未收錄　有文存
版本　同治戊辰孫侃刊本

劉法曾字心白漢臣姪光緒戊子舉人　同治三年揚州知府朱
工詞賦仕中華書局編輯　怀平及從學陳克劭
清史纂要一冊　存　採擷凡古今偉人千人
首有知仲孟甫馬墨
十一初之作

版本　民國五年中華書局排印本

外史蒙求四冊　存

版本　光緒二十八年上海漢文局石印本　潘淮　湘增

輯凡二十篇以四字爲句

旁及注釋便於蒙誦課本

覆瓿漫存六卷　存

版本　民國十二年泰和陳氏排印本　門人陳伯雛編

散體文卷二儷體文卷三四詩卷五詞卷六隨筆

吳同甲單肇墉爲之序

（明）

劉國柱　字則鳴　齋講學　江西人游學四方後至泰州私淑王心

易宗二卷三通衷略　佚

目見　道光志　心齋師承表

（清）劉孔中字槃生濟南長山人順治二年知泰州事創吳陵社以課士

吳陵國風八卷　存

目見　退庵筆記　道光志名宦傳吳陵詩選作

版本　順治四年州署刊本知州劉孔中選刊唐允甲鄧漢儀為之序及自序所選宮繼蘭沈復曾潘乾劉楷賢宮偉鏐童希舜王務聰張幼學吳家駒杜維甫王勵品丁日乾鄧漢儀陸舜劉樾贊黃雲宗定九凡十八人附李又白

（清）魯嘉祥字楓橋號魋仙芸香社友

餘生詩鈔一卷　存

魯　德

十二

德

版本　道光間自刻本首有自序并跋松陰夢覺圖小照附康發祥等輓詩十六人

溥字百泉泰興人住持岳墩下放生禪院詩筆清拔大江南北知交最廣過吳陵者必下榻矣與邑人田鶴長程文穗唱和

腰雪堂集四卷存

目見　紅椒山房詩鈔　江蘇詩徵

版本　乾隆五十二年精刊本今藏岳墩臨湖禪院

乾隆丙申魏周琬王仝樹壬宗朱青

選徐鎔韋淑序丁未自記

十六畫 諸 盧 錢 臧

（清）

諸惟詮 字子臧號蓮汀山陰人道光元年泰州吏目七年再任

冬青館詩 未見

目見 蘭言集 跋按冬青館在吏目署內並書其額故以名集當在泰作無疑

（明）

盧千駟 字善德建文二年進士避靖難由蘇遷泰隱居綽子灣絕意仕進

俛仰悲鳴說劍揉琴滄桑泡影諸集 佚

目見 盧求古貢卷履歷

盧

瓘 字以德號東灣明處士源子

東灣吟藁談薈十二卷 佚

諸 盧 十六畫 十三

目見 求古履歷

盧竹庵通號清庵子東鄉咸家梁人

陰騭文注釋雜詠一卷 存

版本 光緒己卯飲香塾刊本 逐句分詠或詩或詞附十勸十戒同

邑王烜注釋并序及游鏜周以藩

王國楨姜堉楊東渙諸序

盧福保字菘亭號茨如拔貢生晚年匿於老善道號覺銓

小學音義十二卷說劍山堂吟草八卷 未見

目見 宣統志稿

金剛經提要一卷 存

版本　民國七年石印本引用各家注釋參以己意義甚淺近俾為了解末有八十一老人自跋

盧承澧　字秉侯號正信居士研究佛學皈依太虛法師

正信錄一册　存

版本　民二七年仿宋排印本輯本縣佛教研究會紀要

盧有誠　字欣木福保孫道古子生平善弈尤喜戲劇年三十而卒

海陵潮　存

版本　稿本仿廣陵潮小說例描寫本邑社會污穢已成十餘回二十一年八月逐日披露於泰報

盧

十四

錢端字瑞新號狂人羅塘詩人幼嫺弓馬勝庠有聲

攝山游草一卷 存

版本 道光壬辰刊本 其孫樂軒輯刊首載游記
一篇延令吉瑤士陳晉元
張茂丞為之序揭絕
祖孫廷颺題詞

錢桂森初名桂枝字辛白號犀庵道光二十九年進士
内閣學士兼禮部侍郎督學安徽

一松軒詩稿二卷 存

目見 光緒志稿

版本 民國十年徐氏天津精刊本門人徐世昌
校刊并為之
序僅刊其詩十分之一

錢乾　字暢齋住海安鎮與王華豺友善

暢齋詩文稿一卷　存

版本　光緒初年自刊本凡雜文十三篇雜詩道情及七十首述若干首陸續付梓故無首尾光緒元年雜舉張書仁序

錢錫恒　字子人桂楨子幼穎異從上元許宗衡學古文年十七卒

論史文畧一卷　未見

目見　泰縣志稿

錢廷貞　字幹庭桂森孫庠生好佛依太虛法師

蓮邦眷舊錄　存

錢

十五

錢金書字百城任江村鄉
改王星彩佛
五聲新譜識字捷訣
十四卷存
版本 稿本 與羅塘王星彩運糧
河宋文藻合輯光緒癸
卯王星彩又刻序
并凡例未刊（清）

臧虎桑字濟川工鉄
筆畫八分只
尤精於篆刻
供耕斋印譜存
版本 自摹拓印本

版本 十五年佛化周刊本 輯泰邑僧俗成道事略刊載周刊第二十至三十期

錢荷玉字蘊清姜堰人王光國室

香露軒吟賸一卷存

版本 十九年排印本 王漢民編刊 游昌甲撰傳 沈世德為之序

錢國珍字子奇江都人道光舉人工詩避居泰安曲塘鎮後任浙江瑞安縣

峯青館詩鈔七卷存

目見 光緒志稿

版本 同治六年刊本 以年編次 五十歲以前之作 居泰酬唱極多

十七畫 謝 濟 薛 韓 繆 優

(清) 謝儒 偉字玉孚諸生

小青山館吟草 未見

目見 蘭言集

(清) 濟 教字巨冶泰州毛姓子住香山白馬寺廣通大藏 吳梅村為撰塔銘

巨冶禪師語録二卷 未見

目見 梅村集 文徵附録載其塔銘

濟 生字元度一字太促別號東魯拙道者(見印章)歙縣人即王尊素也雍正二年北(主茅山景德寺

謝 濟 十七畫 十六

善書能詩每書一幅皆有
水旁相傳水星能辟火

閲覽隨筆二卷 存

目見 府志 東臺芳山志

版本 雍正三年揚州福國庵刊本遍覽經典每得一解闡明其義統太穆節解并續一卷各爲之序 光緒九年天寧寺重刊本汪國鳳及聽潮重刊序宣統元年藏經院補刊一次

大藏秘要五卷 存

版本 民國七年金陵刻經處刊本

玄度遺集 未見

目見 遺民詩 茅山志

（清）

薛 芬字舍生任梁垛場

雉啼集佚

目見 江蘇詩徵 東台志

薛奇芳字方平諸生與張海房友善并序其詩

一夕惑興詩前後二集佚

目見 海安考古錄詩序并識符驥

（明）

韓士文字伴松精於岐黃遠近徵聘無虛日也

薛 韓 十七

休休樓集佚

目見 道光志 府志

（清）

韓昌允字季康，本姓蕭，無錫人，避兵至泰，遂家焉。隱於醫，所活多，毅工詩，與合肥婁東諸家主持風雅。其詩載同人集。

醫宗孤白集未見

目見 獨善堂文集王大經序謂：諸賢所注仲景之經，尋其指歸，精妙刪繁剔冗，摘與鈎元，彙成一集，額曰孤白。其言約而意簡。

韓敍字遜之，歲貢生，昌允子，究心理學，尤深於朱陸異同辨。序之旨，張伯行邀至撫署講貫累日。

目見　道光　海陵文徵 全載其文

韓鰊 字似鯉號訥庵敏次子雍正癸卯拔貢生潛心經史制藝兼工詩古文辭

響泉文集 未見

目見　江蘇詩徵

韓國鈞 字紫石號止叟光緒己卯舉人歷任河南鎮平縣事奉天交涉司及葫蘆島商埠督辦民國初年官至皖蘇省長兼蘇省督辦生平研究水利晚年歸里不仕卒年八十五

鑄錢述畧 一卷 未見

目見　自訂年譜 光緒二十四年奉委河南鑄錢局總辦時所作

隨軺日記 一卷 存

十八

（眉批傳鈔時可不錄）

年譜 光緒廿五年作[illegible]

永城土產表一卷 存

版本 光緒年版[illegible]

從出石印本 第二集 第十册

南京圖書館藏本

中國師船表 中國

[illegible]人姓名表

目見　自訂年譜

版本　光緒二十五年刊本　光緒十六年[illegible]隨使幕[illegible]年[illegible]經[illegible]吳學[illegible]豫有九

十六縣山川道里民情

風俗利病諸事並繪行經道里圖光緒己亥松江雅維昌序

北行日記一卷　未見　及自序

目見　自訂年譜光緒二十六年卸永城縣事引見入都之作

實業界之九十日　存

版本　光緒三十二年日本排印本　光緒三十一年奉派東渡

考察實業凡九十日所作日記附插圖并自序韓

棠跋相傳棠留學日本為棠所述

東三省交涉要覽　未見

年譜云光緒二十八年引見奉旨以道員歸河南補用，充礦務局〔實用商會〕總監督。

目見　自訂年譜宣統二年任東三省商埠督辦時所輯

永憶錄二卷　存

版本　民國三十一年仿宋排印本　自述生平言行二十七年

自序及丹徒支偉成序門人龐樹森校刊并跋之

止叟年譜一卷　存

版本　同　上　自訂僅至八十二歲避居坂埝止門人龐樹森校刊首有小像及蔣[illegible]

維喬私謚

止叟臨書譜七十帖二冊　存

版本　民國二十年珂羅影印本　譚海陵序印　華商局出版

十九

夫人王氏誄辭一冊 存

版本 民國十五年金屬版影印本 康有為趙爾巽張一麐撰

增祥等三十人書撰、像贊

誄辭編印成冊以贈友好

海陵叢刻二十三種 存

版本 民國十年陸續排印本選刻本邑人遺著

俱有自跋目列左

一退庵筆記附宋石齋筆談六客之廬筆談二

梓里舊聞 三退庵錢譜 四海陵集 五林東

城集 六小學騈支 七運氣辨 八依歸草附

遺文 九敬止集 十庭聞州世說附先進風格

十一微尚錄存 十二春秋長曆集證 十三

海安考古錄 十四綸事微言 十五陸筦泉醫

書 十六崇雅堂集 十七東皋詩集 十八發幽

錄 十九雙虹堂詩合選 二〇先我集 二一

保越録 二二北轅録 二三袁景寧集

韓潮字漱白少有雋才工詩

獨樂詩集 未見

目見 宣統志稿

韓佩芬諱小雲室性嗜丹青尤好臨古人粉本所作士女花卉鳥獸莫不出於一家

題詠畫譜一册 存

韓

二十

盋

（元）

繆思恭字德謙號菊坡至正間官淮安總管卓習之為作墓誌銘

至正庚辛唱和詩一卷　存

版本　民國十五年石印本吳叔文編上海華商書局印

目見　歷朝詩集　乾隆浙江通志引歷朝詩集　四庫

存目　元詩紀事庚申誤作　國學圖書目

版本　明郁嘉慶編刊本至正二十八年八月思

恭招集南湖以杜甫不

可久留豺虎亂南方猶有未

招魂為韻周伯為之序　藝圃搜奇續集刊本

近時東台陳振東排印本　舊鈔本盋山圖書館藏從嘉

慶本傳錄凡三十八頁半頁十一行二十一字

墨筆披過并有曾經八千卷樓所得及松老二印

構李

存目提要至正庚子辛丑閒思恭等分韻唱和之作庚子為張士誠亂後辛丑則游景德寺作也先後共詩二十八首重見者二人共二十六人明郁嘉慶因考其爵里為考世編附於後其名公手翰二十二條則嘉慶以意附編非原書所有後朱彝尊亦嘗編訂是書於每詩之前人各為傳所出與考世編相出入其跋云舊本姓名之下縣無爵里事蹟特一一考而補之蓋未見嘉慶本也中有王綸字昌言構李人為嘉興教授見劉基集及邵復孺懷左詩注而嘉慶與彝尊皆未之見信乎考證之難矣又鮑恂字仲孚彝尊作仲子以其名推之蓋彝尊筆誤云

（清）

繆肇甲（府志誤作肇田）字墨書號補山歲貢生於城北築清響園讀書其中集名流觴詠以自娛

芳芭亭文集　問月樓詩鈔（一作集）　昭代詩選（一作傳）　未見

目見　道光志　府志　江蘇詩徵　詩觀二集同作

繆　月樓詩

廿一

繆尊字黄目號敏子諸生工詩

逵園稿未見

目見 詩觀

沅字澧南一字湘芷肇甲子康熙己丑探花官至

刑部左侍郎

繆

撥米集未見

目見 道光志 府志 餘園詩鈔金志章序稱雍正乙巳奉

命平糶江西得詩七百首都爲一卷

名曰撥米集今審之殆無一存云

蘭渚浮山西溪諸集未見

目見 道光志

版本 繆靜軒手抄本 未刊孤本藏泰州仲氏

餘園詩鈔六卷 存

目見 江左十五子詩選 康熙四十二年宋犖選其詩一卷 江蘇

詩徵 道光志 府志

版本 乾隆十年葆素堂精刊本 長洲沈德潛金志章選 男集校刊各詩以體編次 黃叔琳、張廷玉、史貽直、同孫嘉淦、陳孫朋、沈德潛、金志章、程盛修諸序 末為男集琬跋 繕寫付梓所印未幾版毀於火 重刻更名詩選

餘園古今體詩精選四卷 存

版本 乾隆三十八年精刊本 其子檉補輯較詩鈔稍有刪汰 以年編次 仍存舊序冠於首 增題詞墓誌銘 末附檉念先公抵湘山寺七古一首并跋 繕刻字體較肥大

廿一

繆

嘉慶二十一年王世豐補刻本與宮起堂詩合印總名兩先生詩鈔

繆集字義圃號慎齋沅子雍正丁未進士任應州知州

昌志堂詩文稿 未見

目見 道光志 續府志

繆琬字香令號玉叔沅三子雍正甲辰舉人任廣東澄海知縣

閒亭集 西谿片羽集 未見

目見 霄崢集

繆櫰字曉巖號海峯沅四子雍正己酉舉人任廣西左州知州年八十三乞歸

自怡集一卷 未見

目見　道光志　續府志作蘊真堂詩稿　江蘇詩徵

繆昆璨字汝玉集子任陜西潤清縣知縣

聿修堂文稿　佚

目見　道光志

繆永烜字時亮號葛峰琬子貢生初任中城兵馬司陞

廣西橫州知州

嗜書堂未定稿一卷　存

目見　江蘇詩徵作集　道光志作詩鈔

版本　乾隆三十八年精刊本　自選刪訂得詩七十首乾隆癸酉陳

燦任大椿於震爲之序

與餘園詩選同一版式

繆

廿二

繆永煦 字方升號靜軒貢生

靜軒詩鈔 霜篠詩稿 未見

目見 續府志 俞塤編年詩有題霜篠詩稿後六絶 叢談

偶録 君晚年鈔詩四本前兩序皆用余作

靜軒楚餘草一卷 序

版本 自刻本 凡六十一首皆香豔之作蓋遭回祿二次刻版故名之

拾瀋集五卷 未見

目見 伯山詩話 退庵筆記 前選其婦翁於震詩三卷後自編詩

五卷初名拾瀋集嘉慶丙辰蘊真堂災後所訂名也又曰米玉集手自抄成未付剞劂

江左英靈集 未見

目見 桐軒詩話 余助静軒編其集李保泰爲之序園維埽爲之傳以刻資中輟不知版歸何處矣

版本 稿抄本

繆汞鈞 字鐍增號善夫之瀛子貢生

寒翠軒詩四卷 存

目見 道光志 續府志

版本 嘉慶十六年自刊本 凡獨旦草一卷拜潮集二卷江村集一卷以年編次門人參校趙翼張燾沈當業爲之序

繆祖培 字晴嵐號敦川昆煓子乾隆戊午會元

繆 茁

修月樓詩詞稿 詞存

目見 道光志 府志一作詩稿 江蘇詩徵

版本 乾隆三十三年刊本 目邑宮國苞選刊四家詞選各爲一卷此

其一 中有諸家評點 青箱塾傳鈔本

繆篆 字子才 厦門大學哲學教授 所著尤以有物有則釋

原名子駿 清代生 他充十八年任

顯道一卷 存

版本 十七年厦門大學油印本 二十年中華

仿宋排印本 章太炎鑒定并序及蔡元培題 分上中下三篇 即老子古微綱領

老子古微 存

注意良製法口载密

徵曹操入法文字林料

解釋神妙深奥擇

爲法文度發於歐美

因別版

國語韋氏注補正
國策高注補正十二卷
版本　于才新舊錄
刻鉛印本宣統二年預
計出版僅有
樣張附尺牘刊行

版本　十七年夏大油印本分上下兩篇凡八十一章採摭周秦諸說
間及近人以說文為主講
授之作乙丑自序
齊物論釋注四冊
版本　十七年夏大油印本　國故論衡子部注十二冊存
名學十書存
版本　同　上凡十種甲六微篇乙九用七屬篇
丙袁儀篇丁狀色言聲篇戊孔子
觀人篇己曾子觀人篇庚荀子觀人篇
辛尹文子壬人物志癸士緯
東三省政要存
版本　稿本章太炎為之序
及程習從跋

繆

廿五

有全附說

黑龍江[illegible]一册

鉛本民國二年石印本[illegible]

[illegible]出版[illegible]以

俄文為主、並參攷

有二十種、分別民名

族航权船舶林礦鐵

路交通軍備外交

紀事[illegible]武進魏

声餘东台丁氏忠為之

序及跋[illegible]

[illegible]一

繆篆叢書第一集二十册存 精裝四册

版本 十七年廈大油印本 凡十二種 一原學注

四原名注 五明見注 六辨性注 七爭教注 八訂孔

注 九道本注 十齊物論釋前四行注 十一顯道篇

十二名學十書

尹文子譯本存

版本 中英文對照印本 與瑞士人同譯

道藏術語存

版本 中德文對照印本 與德國人同譯

馬氏文通答問 德文動字變化必讀表 英句構

（衹一六三）造分析圖解 存

版本 民國十八年合印本

字平等性語平等性集解 存

版本 中梵文對照印本

繆文彬字質君號賊菌國文教員嘗投稿報端任江泰日報主編

蟄庵隨筆一卷 存

版本 稿本 記本邑掌故二十年投載江東日報

優

祥初名寂祥王光孝寺派（法）易今名字常惺如皋朱氏子十七歲卒業師範轉入華嚴大學具戒實

繆 優 共

華習禪天寧依諦閑師習天台教觀各宗學理靡不研究主辦佛法學校民國十一年受法光孝寺退居後講學浙江廈門北平昆明諸學院二十七年十一月圓寂於滬上

常惺法師集六卷 存

版本 民三十七年光孝寺排印本嗣法門人曇光(南亭)等編刊凡專著經釋雜著講演函牘爲五類丁亥沙門靄林爲之序楊世良歐陽正明佛学概論序南亭後記末附哀輓錄

佛學概論一卷 存

版本 十八年排印本在昆明講授凡十章以緣生互助之旨說明宇宙觀新安楊世良重印弁言 全集本編入卷一專集

賢首概論一卷 存

版本 全集本凡十章編入卷一專著

大方廣圓覺修多羅了義經講義一卷 存

版本 全集本壬戌皖省迎江寺講稿編入卷二論釋

大乘起信論講要一卷 存

版本 全集本丁丑上海世界佛教居士林講稿逐日刊載佛教日報以廣法緣首有自序編入卷二

因明入正理論要解一卷 存

版本 全集本在安慶及閩南學院講授學者病其太繁乃撮畧大要十九年自序

優 廿七

於北平編
入卷二

佛法是迷信消極的嗎　存

版本　十八年五台山佛教會印本　十八年在五台山極樂寺
講述迷信四節消極四節　朱
慶瀾為之序　胡瑞霖書後　全集本　編入卷四雜著

佛法兩的性問題　存

版本　華北居士林印本　金書琴記分三段講述
一普通的缺陷　二小乘
的斷愛　三大乘的　全集本　編入卷五講演
真愛

佛家的懺悔主義　存

版本　北平朝陽大學印本　馳濟等記在朝大
講述人生觀念　全

集本編入卷五講演

十八畫　顏　蕭　戴　儲　魏

（清）顏鑑澄　字鏡芙，歲貢生，性喜研究四子書，得其精奥。

陋巷書屋文鈔　未見

目見　光緒志稿

顏　十八畫　廿八

顏　馴字仁卿鐵澄子道從同治丁卯解元品學純粹詩亦雋技

蠹餘草一卷　存

目見　光緒志稿

版本　民國十年北平排印本門人陳執儀裒其遺詩六十三首光緒丁酉自序刊於北京後有執儀跋

(清)蕭右興字芑塘工詩

芑塘詩草　未見

目見　蕭檉貢卷履歷

（清）

蕭瑞生字芍亭號選樓廩生續芸香社友

菊圃唱和詩未見

目見　同　上

戴皇恩字浩如諸生見十六試不售遂究心文史至老弗懈年八十二卒

詩經指南　禮記正詮　樊川草堂詩集未見

目見　道光志　府志誤作百川草堂

戴雪舫字芝盤世業幼科善治痘疹嘗改沈虛明痘疹書亦多發明

幼科雜症繩墨二卷一存　一名幼科要訣

目見　光緒志稿

版本　傳鈔本集其臨證之擷要分門別類編成

戴聖徵字岳子休寧人愛游白嶽以舟載其石歸因號石桴與吳嘉紀同歌嘯於安豐野水間其詩清淡甚於嘉紀也

石桴詩鈔二卷　存　一名河干草堂集

目見　道光志　府志誤作勝徵又載河干草堂集

版本　乾隆十六年戴氏刊本　岳子生平積稿成二十卷貧未能梓待至族人戴鈺選詩三百首付梓首有吳嘉紀序戴夢麟原序乾隆丁卯戴鈺等刊大序封面署河干草堂集

(明)

儲

儲巏字靜夫號柴墟成化甲辰進士官至户部侍郎劉瑾用事引疾歸里瑾誅復起調南京吏部侍郎卒謚文懿事蹟具明史

儲文懿公奏疏 存

目見 道光志 府志 按奏疏已刊入全集中未見單行本二志乃重見

皇明政要二十卷 存

目見 明史藝文志 焦志 天一閣書目作皇明政要録 注傳是樓書目 販書偶記刊本

版本 嘉靖五年刊本 漢陽戴金為之序

柴墟文集十五卷 存

儲

目見　焦志　明志　脈望館書目　傳是樓書
目　四庫存目作柴墟齋集　浙江採進書録作文懿公集　道
光志　府志　乾隆江南通志
版本　嘉靖四年儲洵泗陽初刻本從子洵台州二尹時所刻於郡齋邵寶爲之序卷首不署校人名　萬曆三十三年儲耀重刊本卷首署曾孫耀文振甫等校梓一行首增靈徵圖記詩輓事合爲一卷劉宏宇儲昌祚及耀序跋繕楷付梓　康熙十九年儲澐補刊本有六世孫儲澐跋　海陵叢
刻本從耀刻澐補修本校印列入第十六種誤宋定爲
存目提要是書爲其曾孫耀所刻詩五卷序文三卷墓誌銘一卷雜著一卷奏疏一卷書

簡三卷嵯嘗與李夢陽何景明徐禎卿相唱和其
詩規彷陶韋文亦括雅至於才力富健則不及夢
陽等
也

駉野集 未見

目見 道光志 柴墟集自題駉野稿後稱錄前歲在讖輔閒技馬紀行
若干首與史御 明人詩鈔
史著別云

七言雜字詩一卷 存

版本 墨稼山房刊本集俗語成七律一百四十二首分為天文地理各門
中多冷僻字句仲貽梨花漁人刪訂鈔本嘉慶庚辰馮雲
光刊版存九經堂
虹跋校訂原本有刪易并續八十傳鈔本詩有
一首易名俗語雜字詩增刪

儲

丗

儲嵐字潔夫，別號雲崖，巏弟，以子洵封兵部主事。工詩，日吟野趣堂中，成長短集句。其子洵撰其墓誌。

東莊集句録　佚

目見　儲氏宗譜載其正德己卯自引、庚辰東園八十翁張巘序、嘉靖庚寅陳之輔序、布衣里人胡桂跋。

野趣堂集句　佚

目見　儲氏宗譜載正德丁丑梅巖作跋。

簡三卷嵯峨嘗與李夢陽何景明徐禎卿相唱和其
詩規仿國章文亦括雅至於才力富健則不及夢
陽等
也

駉野集 未見

目見 道光志 柴墟集自題駉野稿後稱錄前
歲在戩輔間按馬紀行
若干首與史御
史著別云 明人詩鈔

七言雜字詩一卷 存

版本 墨稼山房刊本 集俗語成七律一百四十
二首分為天文地理各門
中多冷僻字句仲貽 梨花漁人刪訂鈔本 嘉慶庚辰馮雲
光刊版存九經堂
虹跋校訂原本有刪易并續八十 傳鈔本 詩有增刪
一首易名俗語雜字詩

儲

廿

儲嵐字潔夫，別號雲崖，璀弟。以子洵封兵部主事。工詩，日吟野趣堂中，成長短集句。其子洵撰其墓誌。

東莊集句錄 佚

[illegible]八十翁張巘序，嘉靖庚寅陳之[illegible]

儲𥔲字□甫，號梅田，嵐三子。以府吏授文敬從階承事郎。梅雲溪竹亭，詩昆季之隱，以為歲時伏臘之會。

集古詩 存

目見 宗譜附錄云：溪竹亭八景集古（茅山牧笛、雁蕩耕簑、蒼灣漁釣、荻埂樵歌、邊城村舂、古墓曉渡、軍校風帆、西溪雪漾），皆東坡詩雖不可拘於和韻。梅雲共見詢和詩，弟玟作長歌，嘉靖戊子高相作賦。

望雲記 未見

目見 宗譜世系傳

簡三卷嘗與李夢陽何景明徐禎卿相唱和其詩規仿閩章文亦括雅至於才力富健則不及夢陽等也

駉野集 未見

目見 道光志 柴墟集自題駉野稿後稱錄前歲在戲輔間按馬紀行若干首與史御史著別云 明人詩鈔

七言雜字詩一卷 存

版本 墨稼山房刊本集俗語成七律一百四十二首分為天文地理各門中多冷僻字句仲貽梨花漁人刪訂鈔本嘉慶庚辰馮雲光刊版存九經堂

一虹跋校訂原本有刪易并續八十首易名俗語雜字詩傳鈔本詩有增刪

儲 廿

儲

目見　儲氏族譜載正德庚辰東園八十翁張巘亭

洵字平甫嵐子正德辛未進士官至兵部侍郎遷

汭陽台州同知漳南僉事

建文革除錄佚

目見　絳雲樓書目　道光志　府志雍正　乾隆

江河伏流編未見　江南通志

目見　道光志續府志　宗族譜載其自序稱為

紀略列傳略三考　族譜類六首聖諭略淡本

述略遺文略互略

汭陽河防志序

目見　山雪崇附錄全篇詳述作刻數十首。

儲頊字行有號瀛溪嵐次子國子生任江西弋陽縣

近園詩稿 佚

目見 儲氏宗譜載其兄㫬引及嘉靖壬子徐嵩跋

儲汶字源甫號齊南嵐四子國子生任鄱陽縣丞

問芝亭稿 佚

目見 儲氏宗譜

晰

儲步雲字湘船晰子歲貢生以[illegible]能文乾隆間胡劍萬吳四學使俱刻其試牘

卅一

目見 江蘇詩徵 道光志 湖海集載山[illegible]嘉作於康熙戊辰

晚香詩集 未見

目見 道光志 續府志

儲夢熊，字漁溪，附貢生。阮元未遇時，嘗主其家，與之訂交。任浙江運判，有政聲，兼工填詞。

並蒂花二卷 存

版本 自刻袖珍本。二女士合傳，亦無序跋。

余樓書屋詞稿一卷 存

目見 宣統志稿

版本 道光五年西泠署刊本，與吳會竹所詞合刻。

儲

才，字兼三，熙亭子。幼穎，童試每前列，入南洋講武堂，騎兵。又砲工專科畢業，任吳淞砲台教練

野野集未見

目見 道光志 宗譜載其自序

儲堪 字中游號丙峰雍曾孫崇禎丁丑進士浙江龍游縣知縣崇祀鄉賢

紅葉山莊集未見

目見 道光志

（清）

儲澐 字山濤堪孫貢生含山縣訓導與黃交三友善

霞起樓詩文集未見

目見 江蘇詩徵 道光志 湖海集載山濤均華序 嘉作於康熙戊辰

昕

儲步雲 字湘躬昕子歲貢生以[illegible]能文乾隆間胡劉萬莫四學使俱刻其試牘

卅一

晚香詩集 未見

目見 道光志 續府志

儲夢熊，字漁溪，附貢生，阮元未遇時嘗主其家，與之訂交，任浙江運判，有政聲，兼工填詞

並蒂花二卷 存

版本 自刻袖珍本，二女士合傳，亦無序跋

余樓書屋詞稿一卷 存

目見 宣統志稿

版本 道光五年西泠署刊本，與吳會竹所詞合刻

儲

才，字兼三，歷亭子，幼穎，童試每前列，入南洋講武堂習兵及砲工專科，畢業，任吳淞砲台教練

官後遊京師任
內務財政部員

盲吟集三卷　存
目見　程萬齡撰墓誌銘

儲傑字漢三熙亭子

馬譜圖說一卷　存
版本　傳鈔本山陰張湘繪百駿圖其壻傑述其
論分爲六編若干章壬戌自序及傑序陳三立宗
孝忱楊雁儕序

(清)
魏錫祚字長穗萊蕪人康熙五十三年任泰州事至雍
正五年解任去沿泰十三年多善政
儲魏

卅二

海陵治牘三卷 未見

目見 退庵筆記河牘中請浚下河條陳疏務修築係地方利病民生疾苦娓娓千百言言之亹亹法而非公牘空言者比

修安定祠詩二卷 未見

目見 退庵筆記康熙間重修泰州安定祠落成紀事同時屬和者近百人各體備具彙而梓之首有郡人殷譽慶序繕刻精絶其和者邑人計三十八

魏茂林字笛生龍巖人嘉慶乙巳進士授內閣中書改部曹擢直隸通永道解任寓居泰州大東橋李宅主講胡公書院

駢雅訓纂十六卷 存

後知不足齋刊本見八
千卷樓書目按後知不足
齋叢書共四函並無此種
或是單行本

目見　光緒志稿
版本　道光二十五年自刊本 明朱謀㙔撰茂林訓纂並徵引羣書
而作首錄原序跋及徵引書目為序目一卷每卷
附補遺即咸豐元年補刻也祝慶蕃潘錫恩路慎
為之序邑人田寶臣校訂並光緒辛巳成都崙
所著小學駢支即其補不足也
雅齋重刊本 板心下有崙雅齋藏版五字 光緒二十年積山書局

國朝同館詩賦解題十四卷 序 印袖珍本 首有儀一齋主人名印小引
版本　道光二十八年自刊本首為三十五科八卷次十二科六卷
吳其泰原輯茂林增補分韵編次首有重刊巾箱
祝慶蕃趙搢及各自序凡例參校姓名
本 備場屋用
桃花紙印

魏

苗

二十九聞　類海探原未見

目見　二家詩鈔篓畧其孫紹仁跋稱先大父著述甚富尚有二十九聞類海探原諸書皆未竟之業惜未能付梓也

有不為齋文稿殘

目見　䟦書偶記

版本　殘底稿本無目錄存壽文四祝文一祭文一書一傳三跋八書後四記四

識語十一輓序五計四十二篇

少佳齋存藁殘

版本　紅格底稿本僅存文數篇附楹帖并注鈔清字樣函署有道光庚子寫

海陵自題老笛二字此其手筆亦有不為齋稿之一

有不為齋詩鈔 未見

目見 光緒志稿誤作二知軒詩鈔

文法一揆四卷 存

版本 道光二十一年鍾承露刊本 輯其四書制義文摘句以百字為綱領所採自成宏迄近代名作道光辛丑周際華為之序龍舒鍾承露校刊

十九畫　譚　　羅

譚德鍾字組雲號髙譚居士又號海鄰曉霞海陵老人居海安領少讀書試冠軍好刻石游江南八年縱觀金石善本臨摹諸家李息翁稱賞其筆觸書滬上善隸草工鈎法間寫蘭竹能入神妙又工詩設海陵書畫股教授生徒抗日事起返里家居未幾而殁

海香詩鈔未見

目見　神州吉光集六期傳

版本　十八年金屬版印本莊景周編集作品華商書局出版

三譚書畫冊序

海陵自題老笛二字此其手筆亦有不爲齋稿之一

有不爲齋詩鈔　未見

目見　光緒志稿誤作二知軒詩鈔

文法一揆四卷　存

版本　道光二十一年鍾承露刊本　輯其四書制義文摘句以百字爲綱領所採自成宏迄近代名作道光辛丑周際華爲之序能舒鍾承露校刊

畫冊甚多

海陵書畫舫一冊存

版本　民國十五年金屬版印本周敬庵編集組雲及其孙少雲小雲等傑作上海華商書局鑄銅版影印

三譚書畫萃一冊存

版本　十八年金屬版印本莊景周編集作品華商書局出版

三譚書畫冊存

版本　華商局金屬版印本沈綠編選其精品

海陵老人金石書畫集一冊存

版本　十九年珂羅版印本馮趣園編吳昌碩譚延闓沈子培朱彊邨為之跋集其近作

三譚書畫寶一冊存

版本　十八年珂羅版印本胡祥麟編

譚海陵太夫人家傳一冊存

版本　華商局印本莊景周書

譚海陵夫人墓誌銘一冊存

譚　十九畫　廿六

版本　華商局印本李息翁書

譚志仁字少雲號鳳皇山人德鍾長子隨父客都中以能書畫嚴守家法辛亥後僑居滬上

白龍鳳皇名畫合璧一册　序

版本　十八年珂羅版印本白龍王震別號華商局合印

（清）羅一桂字碧山號笠澄晚號金粟山人與黄仙裳鄧孝威結詩社足不入城市者三十年

自娱集　愛雅堂集　北游草未見

目見　芸香詩鈔

羅克佽字夏園諸生芸香社友

槐西斗室初稿 殘

版本 舊鈔本僅存乙丙兩集以體分次每集詩百首當以天干分集缺其甲集故無序目可考此爲傳鈔

（明）

羅汝芳字惟德江西南城人嘉靖癸丑進士官布政使參政又號近谿容居海陵師事王心齋

仁訓一卷孝訓一卷鄉約語要一卷 存 乾隆江南通志注泰州

目見 蘇州圖書目注明刊本 道光志作仁孝仕學訓未注卷數

版本 萬曆四十六年刊本附全集

近谿先生全集十卷 存

目見 蘇州圖書目 道光志作羅子全集

羅

世

（清）

版本　萬曆四十六年刊本

羅慕庵本徽籍移家泰州醫不取利其持論先調理而後湯藥災疫流行施藥救人全活無算

醫宗粹言四十卷　佚

目見　江南通志乾隆　道光志刊謬作者州人　醫林尚友錄

圖書集成藝術典醫術名流列傳引江南通志

二十畫　嚴

嚴邁學字耀秋日本明治大學師範科光緒三十二年畢業任本縣勸學所長

泰縣視學報告一冊　存

版本　民國四年排印本　任縣視學時所調查概況并自序及鄭輔東序

二十一畫 顧

（明）顧廷對 字子瑜號直齋嘉靖己未進士官至御史

江右奏疏 尹河末議 佚

目見 崇禎志傳稱二書梓於家 府志

（清）顧紹美 字景先博洽宏覽固守清貧居與黃仙裳相近西家燈火相映絃歌互答時慕其高

瑟庵集 佚

目見 詩觀 江蘇詩徵 府志

顧瀛 字仲瑜一字臣盧[illegible]自號倦組居士才性敏捷一日十行終身不忘於詩授徒於如皋

顧湘靈詩一卷 存

嚴 顧

二十一畫 二十二畫

卅八

詩存詩卷四十三選文詩七十一首

顧

版本　辟蠹山房鈔本夏荃選輯得詩百首　樊東年

鴻字漈飛號秋江諸生康發祥弟子早歿

顧

讀易堂課藝一卷存

版本　道光十五年刊本康發祥選其時文賦帖附以古今體詩若干首

金長福康發祥為之序

名字君義北京大學畢業大夏教授

基本國文一冊存

版本　民國二十五年上海印本所選中外古今散體文一百三十篇備大夏大學教授編譯館出版

泰縣著述考卷八

巳丑陵　銓次公重訂

不著編輯姓名

天啟泰州清丈田地魚鱗文冊　佚　現存殘頁　余藏

目見　崇禎州志　天啟三年清丈總計官民田地九千二百八十頃有奇

版本　天啟藍格寫本　刻成版格每頁分四開之上端方形為繪圖下栽六行分里長業主積弓畝數四至五項右長行坐落逐項填寫版心上題泰州清丈田地魚鱗文冊十字邊際有騎縫州印白棉紙殷印

按通考載明洪武二十六年弘治十五年萬曆六年三次頒行州縣丈量田地泰州於萬曆九年奉例因水患未行迨至天啟三年始成丈量

乾隆泰州所屯田魚鱗弓口圖冊　佚　現存零頁　余藏

不著編輯姓名　卷八　一

備采錄一卷　存

版本　道光四年曹一桂刊本　前錄康熙姜岭覔夫姜及雍正教坊碑示因年久殘缺道光元年得拓本付梓以備修志采錄四年陳晉元為之序一變校刊石並題簽備采錄

咸豐泰州正田運丁四柱清冊存 朱莊

版本 咸豐三年抄本 泰州衛所備造道光二十九年編查起至咸豐三年止包括泰台如皋兩縣詳丁姓名年歲及所佃田畝爲簽圖缺又運丁數不詳 就收運丁四百名開除老故三十六名[illegible]實在八百三十八名計泰州一百七十二頃十二畝八分六厘道光志所載乾隆四十年考訂二百十四頃十五畝有奇相差四十二頃有奇

目見 道光志乾隆四十年考訂原額正田計一百十二分每分一百八十七畝五分三釐共田二百一十頃有奇科徵麥米銀與志略有異

版本 乾隆藍格寫本 版式依明制略有改變每闈下截分七行凡第幾正姓名坐落莊名田畝積弓數及每畝起科麥米銀數左右邊闌有江南泰州守禦所總關防棉紙蓋印

民國泰縣清丈土地坵形圖冊存

版本 藍格寫本 二十六年清丈全縣廣袤六千二百餘方里分為十區二百六十八鄉鎮以千文編字號自天字至馨字止實丈田地二百五十八萬二千四百三十一畝有奇各按土質分為三等八則以科稅率其冊式亦依舊制稍有增益共繕二份正本存政府副本留存鄉鎮公所

民國泰縣户主領坵冊存

揚州衛三幫各船舵水年親算斗清冊 存

版本 道光二十二年藍格寫本 泰州邗千總于口御造呈送江安督糧道備核共編有四十二号船夫姓名每船額定十名刻成格式分開填寫頭目駮縫蓋有江寧安徽地太廬鳳踩淮揚徐滁和[illegible]六泗海通等府州衛糧道之關防

版本 黑格寫本 二十六年清丈之後分區田地為各户主領[illegible]畝數併列統計爲[illegible]或轉業[illegible]收[illegible]王要根據編製各開逐一填注稅額名二十五年整理一次惟九十[illegible]兩應[illegible]失

大明泰州入學全案 殘

版本 舊抄本 僅存萬曆四十一年以後至崇禎十六年止每科學使姓名及入學姓名額數并試題仿題名錄之例間有注廩京鄉會此本未刊省志相傳錄

清泰州入學全案 存

版本 傳鈔本 自順治二年開科起至光緒三十年停科止體例同前所傳錄以何時所鈔為止

皖試歲科文武童子錄 一卷 存 余藏

版本　乾隆卅十九年刊本　學院李因培識揚郡之縣生員首以府學次
商灶文武入學姓名此錄無東台尚未分縣也

歲科備考九學同登錄一卷　存　余藏

版本　咸豐八年刊本　學院李聯琇主試揚府及八縣歲科併入故名九學

泰州新建學堂徵信錄二冊　存

版本　光緒三十年刊本　首載碑記及各項收支清冊三十一年續刻一冊為

學田收租
清冊

泰州教育會規則一冊　存

版本　宣統二年鉛印本　光緒三十一年創設組織規程及會員表

時敏中學高中戊辰留別紀念刊一册存

版本　民國十七年鉛印本

蘇泰時中初二校友會刊一册存

版本　民國二十三年鉛印本

縣立初級中學一九三五級臨別紀念刊一册存

版本　民國二十五年鉛印本

城東兒童一册存

版本　民國二十四年鉛印本學生文藝作品

民衆教育館規程一册存

三

版本　民國十九年鉛印本

縣立圖書館書目一卷存

版本　民十四年石印本

公共圖書館概況二册存

版本　十七年油印本十九年增訂續印一次

泰縣改良私塾宣傳週特刊一册存

版本　二十二年教育局鉛印本

重修倉聖祠錄
一冊
版本光緒 年刊
此號刊本
一文愿徵信錄一冊 存
版本 道光十六年刊本 泰州
知州陳彭成及士紳王世輝
倡康數百年塞徵
舉行一文愿捐以防
荒拯救之急所有
存錢廿二千多戶廿二
和二百八十千有奇存
在典息生息 指有
彰又及姓名以刻捐

陳公祠事記一冊 存
版本 嘉慶八年刊本 吉水陳氏所記祠堂墓地祭田之事
王氏義莊條規一冊 存
版本 民國己未活字刊本 義莊主尚文創建施置田房設立學校所錄規則 義田清冊
清節堂徵信録二冊 存
版本 道光三年刊本 又道光二年收養婦名孀女 又收支清冊
海安育嬰堂徵信録十一冊 存
版本 民國十一年鉛印本 每年編印一冊 由二年起 公佈各項收支
四

戶名泰州公田，朱恒
勗程其昌子孫啟興朱
裕丰張集生吳肇裕
等

捐修泰州考棚徵信
錄一冊

版本 道光十九年稿本 原載道光十
三年學臣王光霽奏稟上
請學使捐修，欲往考棚
吳棧等至廿四年完竣
按期刻成。

泰縣公善堂聚產存徵錄一冊 存

版本 民國八年鉛印本 備集普濟育嬰清節同仁四堂附貧兒院各堂院款產向未公布歷久難稽爰就實錄以編刊邑人李鍾彬為之序

新安同善堂徵信錄二冊 存

版本 光緒乙酉刊本 仿京師新安會館之例搜集祀典暨文公啟條規及捐款租項分為十類 光緒癸未程朴生程遵道許之軫為之序

泰城紅十字分會徵信錄一冊 存

版本 民國十七年鉛印本 十四年創立至十六年兵燹止會務紀要

泰縣水災急賑狀況廿冊

版本　民國二十一年鉛印本　本邑水災調查災況紀錄　縣府翻印　八

泰城豁免加釐保璽全案一卷　存

版本　民國二年鉛印本　宣統元年姜泰釐捐局違章苛收商会聯名控訴上憲書札及二年秋前請勿啟埧稟稿李壽開爲之序陳葆慶後跋

曲塘鎮取銷小車苛捐原案一卷　存

版本　民國十年鉛印本　八年曲塘分卡苛收糧食車捐鎮民聯名控訴財廳案牘至十年而終是年刊行

縣代表大會議決案二冊　存

版本　泰縣民國十八年石鉛印本　縣黨部討論縣政工作紀錄　一

五

泰縣縣政工作報告一冊 存

版本 民國三十二年鉛印本 首以沿革及組織概況分民政財政建設教育警務五組 縣府編印

斷泰汽車路概算書一冊 存

版本 民國十五年鉛印本 由泰西倉廷至江口五圩止計測路綫及概算書

泰州光孝寺同戒錄八種 存

版本 嘉慶年間刊本 序西林傳戒并修撰跋 道光十九年刊本 自序靄亭 二十五年刊本 自序看雲 同治三年刊本 自序寶宣 光緒十六年刊本 自序妙蓮 二十三年刊本 自序德厚 宣統二年

刊本谷鳴自序及賂年沈鑄序 王民國二十二年石印本常惺自序及仁山韓國鈞張燁諸序

北山閣化禪寺同戒録存

版本 光緒十五年刊本省覺傳戒陳文鐸序及退居曦輝序

淨因寺同戒録存

版本 光緒 年刊本源谷傳戒并自序

北茅山景德寺同戒録存

版本 雍正二年刊本元度傳戒并自序

大

邑志

邑有志，國有史，其信今傳後一也。古今作者如林，完善罕覯。然以存當時什之一，留後人之考徵，則有足多焉。吾邑志乘創於宋，名吳陵志，已散佚不可考。至明正德始有泰州志之編纂，以後萬曆、天啟均有修輯，原本流傳絶少。今所見者僅崇禎自明後至清代志書耳。茲就管見所及，彙而録之，畧加辨正。

淳熙吳陵志十卷 佚 宋淳熙壬寅修

目見 文獻通考 書録解題 不著撰人名氏。淳熙壬寅修，後三年乙巳

邑志

太守錢塘萬鍾元亨屬僚佐輿地紀勝徵引吳陵志參證刻之泰州在唐為吳陵十數條又碑序石刻目稱萬鍾　焦志　康熙府志誤作王寅修卷三十五道光州志沿康熙府志之誤　乾隆江南通志作王寅敘

按壬寅為淳熙九年至乙巳十二年萬鍾知州則在淳熙十年任後三年而刻之道光州志秩官表誤作紹熙三年任又藝文載吳陵志三十五卷淳熙間王寅編纂謬甚蓋沿康熙揚州府志注淳熙王寅修雍正府志淳熙間王寅修纂嘉慶府志仍之三誤以壬為王以干支為人名竟未一考究何也又府志以十

卷作三十五卷見於何書亦未指出姑置之以待證此為吾邑最初之志惜久佚不傳矣

淳祐吳陵志（一稱海陵）十四卷佚（淳祐間學官項預重修）

目見　宋史藝文志　庭聞州世説（引海陵志二則又稱海陵志從外家周公陽岡（諱山甫）理學履得公手抄本云）明雍正州志（名宦傳李德貞傳德貞字幹臣東平湯穀人皇慶二年以內廷被旨尹泰州暇日訪耆老得宋淳祐海陵志捐俸付梓）

按項預任泰州學官道光州志秩官未注到任年月、遂無可考、此志距淳熙志相隔五十年、餘至元皇慶二年李德貞重刊行世明正德間修志時猶見淳祐

邑志　八

志、清初刻本已少、宫紫玄先生僅得周暘岡鈔本而已、今則鈔本宋志亦罕觀矣、

泰州郡志節要一册 佚

目見 明内閣書目 千頃堂書目

按此志在明代藏於内府、僅見内閣及千頃堂書目、祇注鈔本、未詳纂人及纂修年月、已久無考、

正德泰州志 一名嘉靖志 八卷 嘉靖元年學正陳琦修 未見

目見 明史藝文志 千頃堂書目 沅編天一閣書目 泰州新志八卷刊本嘉靖龍飛儒學〻正陳琦修舜泰州謝源序

按此志為明代最初之志，其先有邑人儲巏、全英二公創稿，未成而卒。正德間，州牧金廷瑞（十四年任）與通判謝源，留心志事，於學正陳琦處得宋元舊本及儲全二公遺稿之半，因屬諸生等共贊厥成。至嘉靖元年刊行。雍正府志載正德志金廷瑞修，嘉靖志全英修，以一為二，誤矣。

萬曆泰州志（一名甲辰志） 十二卷 佚 邑人章文斗纂輯

目見 徵尚錄存（萬曆三十一年修）

按雍正府志作州人章文舉修，甚誤。徵尚錄存當引

九

萬歷辛丑（一六〇一）陸君弼撰揚州府志、有泰州
辛文升芝撰名
之惜未見原本
天啟泰州志十卷佚 天啟三年沈〻篆輯
目見 徵尚録存沈〻字潤〻 無錫人
按天啟志初為州牧周夢龍倡修未竣解任去惠來
翁延壽繼任志適告成首列周翁兩序而沈〻獨無
故無知其為沈〻所纂者徵尚録存詳其説雍正府
志府作翁延壽修失考雍正州志備考書目載泰州新
志天啟癸亥劉萬春修則又因崇禎志而誤載矣
崇禎泰州志一名大參志 十卷存 崇禎癸酉邑人劉萬春修

目見　徵尚録存　四庫存目　故宫展覽書目

提要萬春字公孚泰州人萬曆丙辰進士官至浙江布政司參政是書成於崇禎癸酉與他志體例畧同而主黜偽存真頗不徇其鄉曲其論學究蕃墓理學之堂方伎而剔隱君之本及讀缺墓之文雖工而不録者皆切中州郡志書之弊也

按天啟癸亥與崇禎癸酉相距十年而兩次編纂出自手實兩志也此取天啟志而畧增删者計分八志曰職方曰建置曰賦役曰官師曰選舉曰人物曰方外曰藝文每志後附如皋縣志注如皋二字以資别識首有魏應嘉姚思孝兩序及自序刊於崇禎六年

十

初印本絕少清康熙四十八年州牧萊蕪魏錫祚因崇禎志版漫漶重付剞劂於志文無增補僅刪去如皋一邑考康熙時皋邑仍隸泰州未知何故刪去時稱魏志一名康熙癸亥志首有魏序亦稱重刊非重修也

泰州志稿 一名徽尚錄存 六卷 康熙十二年宫偉鏐修存

目見 康熙府志 春雨草堂別集 退庵筆記 清初最先修志者爲宫紫玄太史時康熙癸丑（十二年）志局設太史北園窖修者爲興化陸公廷掄邑人黄公雲張公秉共襄其事太史序稱蹇圖仙裳九草之功不可沒蓋紀實也然其編纂秩官人物志數卷餘皆

百

闕如雍正州志凡例云舊志止於明季本朝百餘年未經全修又云海陵百年無修志之事此宮志未成之一證不知當日何以未勤成書今春雨草堂全集有州志稾六卷才百葉初名微尚錄存其單行本余曾見之有序有例言有圖點圖朝人物如俞公鐸李公嘉允張公幼學董公大用皆有傳外傳有淮張劉夫人兩傳與春雨草堂集中所刊志稾小異惜其書不全諸傳闕如無从採錄卷帙體例頗龐雜當非完本草綱羅舊聞不使湮沒則亦足資修志者之考證也

按此志刊載春雨草堂別集卷二十九至卷三十四止較初刻單行本有異如序例及俞公等傳爲別集本所無此本秩官人物至明季止所引宋海陵志明嘉靖志萬曆志天啓志及新增重訂俱注篇末凡分

十一

記五論贊六攷辨論十論五秩官列傳二十八名賢等傳二十二綜計七十六篇釐定六卷雍正州志祇稱人物志四卷雍正府志作順治間纂修誤近時海陵叢刻從別集抽出排印行世

雍正泰州志一名褚志十卷存 雍正六年知州褚世暄等修

目見 府志 道光志 世暄字筆峯宣化人任泰州事蒞修邑乘刊本

按此志係依崇禎志體例彙合崇禎志魏刻宮志中十場志而成新增亦依録原文不加編次各門重見疊出者甚多真率作也首列宸章一卷及舊序凡例

目序卷第悉依崇禎志惟卷六人物志爲上下兩卷則與崇禎志稍異其初印本有殊印宸章世稱紅諭者爲收藏家所珍一名褚志

嘉慶續志稿四冊存嘉慶間學正諶配道纂

目見　道光志刊謬續志稿係嘉慶十一二年間修揚州府志時學正諶配道纂編

現存四冊

按道光志諶配道江寧人舉孝廉方正嘉慶十四年任學正與刊謬曹云十二年間修年分不合恐有遺亦誤此志刊本無首尾僅成人物志以備府志採錄

十二

道光泰州志三十六卷 存 道光七年曹楙堅纂

目見 刊本 光緒戊申補刊

按楙堅字艮甫吳縣人道光五年以附生監掌教胡
公書院後聯捷進士道光四年州牧王有慶倡修邑
志未成至七年陳道垣繼任督促尤力行將成書丁
憂去未逾月即付剞劂遂請陳爲序并諸卷首纂輯
則屬曹楙堅手仿嘉慶府志例分三十四門秩官選
舉皆立表東台舊隸泰州人物各門在未分縣前仍
錄入其無關地方事蹟者删汰之序稱簡明典核非

虛語也版久漫漶至光緒戊申補刊一次

道光泰州志刊謬二卷存邑人任鈺等編

目見　刊本道光十年刊附志後

按刊謬之作因道光志刪除汰冗濫收私傳興訟藩憲批飭任鈺等七十五人將原志舛謬簽出與曹懋堅互相辯駁計各門簽出二百餘則勒成一書定名刊謬附刊志後以俟後之修志者有所攷證道光十年刊行

光緒續修泰州志三十四卷存光緒三十三年高爾庚修

十三

目見　油印本民國十年志書局印傳抄本

按此志邑人高甬庚王貽年主修自道光七年以後迄光緒三十三年止依道光志體例增新政數門稿成未刊當時僅刻與圖數十頁民國十年設志局始付油印數十部以資編纂者之參考

續修泰州志條約一卷光緒三十三年釐訂存余藏

目見　志書局刊本

按條約即續志體例附以採訪事實凡三十則志局付刊以資編纂及採訪者之參考

宣統續修泰州志（一名宣統志稿）三十六卷 民國十年韓國鈞等修 存

目見 傳鈔本 未刊

按此志取光緒志稿增訂迄宣統三年止所闕於民國以來事蹟亦附錄於後編次凌亂散漫尚待名手潤色調整也

民國泰縣志稿三十六卷 存 二十年單毓元等纂

目見 傳鈔本

按此志斷於民元迄二十年止故以名泰縣其體例依江蘇通志分類門目首列大事記次以天文、地理、

十四

內政、財政、司法、教育、軍備、水工、交通、物產、農業、工業、商業、社會、宗教、人物、藝文、金石、藝術，凡十九門。末爲軼聞，各門另分子目，間有附表繪圖，雖然成書，圖則未製，而各門分纂者亦有重複，尚待綜核較正。

以上專志

西溪志 一名古晏溪志 二卷 佚 不著編纂姓名

目見 道光志 東臺志

按西溪今屬東臺，本鹽場地，昔范文正公監西溪鹽倉於此，又名晏溪者，則以宋晏殊曾監西溪，名之崇

禎泰州志嘗引此志今則不可復見矣

淮南中十場志四十二卷佚明天啟五年徐光國纂修

目見　雍正志　鹽法通志

按徐光國常山人附監生天啟二年任泰州分司此志首有邑人王相說序及自序十場在明代隸泰州故著錄之

中十場志十卷存清康熙十二年分司汪兆璋修

目見　道光志　鹽法通志

按此志為汪兆璋倡修邑人王大經纂輯體例頗嚴

小海場志二卷乾隆初年

候官林正青纂修

存

目見東台物志

刪繁就簡釐定十卷首爲汪兆璋王大經序分圖經建置星野疆域、古蹟、食貨、災眚、風俗、賦役、學校、武備、公署秩官選舉、循良人物壇廟藝文計十八門各爲小序康熙壬子付梓

海安考古録四卷清道光乙酉邑人王華蔚纂 存

目見 續府志 海陵叢刻

按此録采輯海安一隅文獻仿縣志體例分建置水利、寺觀祠祀、古蹟、人物列女、冢墓、禁令、藝文、雜記十一門、康發祥沈濚陳篤慶余穀諸人序、其首崔辰跋

其尾稿成於道光乙酉未付剞劂近時韓國鈞刊入
海陵叢刻

以上一隅分志

泰州鄉土志課本二冊 存 馬錫純編纂

目見 光緒三十四年石印本 上冊歷史 下冊地理

泰縣鄉土教材一冊 存 朱榮拯編

目見 二十六年油印本 二十九年姜堰石印本 全書四十課 附以習題 備高小學生習作 三十六年重訂鉛印本

姜堰鄉土志課本一冊 存 嚴錫萬編

分四大綱為四十八課

鄉土課本

十六

赤城新志二十三卷

明邑人陳相修

存

目見 善本書室藏書志 明宏治十年刊本

按相字子鄰，号省竹，成化乙未進士，收廣西布政使司右參政，入台州府名宦。此志收台州知府特修赤城謝鐸所著，宏治十年海陵陳相序其版嘉靖天啟間補刊 台州出

目見 民國六年石印本 分為七章三十課

姜堰市鄉土志課本一冊 存 沈祖榮編

目見 民國八年石印本

樊汊鄉土志課本 存 張文衡

目見 民國四年第四師範校誌

以上鄉土教材

撫州府志二十八卷 明邑人呂傑修 未見

目見 天一閣書目 刊本 知府呂傑修并序 光緒志稿

按傑宏治十五年進士，官撫州知府，正德元年卒於

書續編重刊南京
圖書館藏

北京大圖書館藏本

官此志當在宏治末年所修

定海三賦志畧 佚 明章文斗著

目見 道光志

按文斗以歲薦授浙江定海縣丞，著有此志畧，久佚

不傳

湖廣通志八十卷圖一卷 存 宮夢仁纂

目見 販書偶記 康熙二十三年刊本

按夢仁丁憂服除，補湖北驛茶道，所編纂此志。上海南大

靖江縣志十八卷 存 王大經纂

邑人箋志

十七

目見　康熙二十二年刊本知縣鄭重主修大經同纂并序分為二十二門各有小序

嶧縣志五卷田顯吉重修存

目見　康熙癸丑刊本并自序　余藏

按顯吉原名毓蕙崇禎舉人清初成進士出知山東嶧縣多惠政此志為田氏家藏有田寶臣印世所罕覯如故宮金陵東方各圖書館方志目均未著錄　北京圖書館藏本

沅江縣志　朱永輝纂修　未見

目見　道光志永輝字潤生康熙間知沅江縣修邑志刻揚忠愍公集政聲大著

射洪縣志十卷 唐麟翔纂修 存

目見 故宮方志目 康熙五十一年刊本

按州志本傳知射洪縣捐俸修文廟置祭器未言及纂修縣志射洪縣在四川龍安府 故宮藏本已叔運台灣去

崇明縣志二十卷 沈龍翔纂 未見

目見雍正目見方志綜錄 雍正五年刊本

道光志本傳原名默字興之康熙五十二年順天中式嘗修崇明縣志

醴泉縣續志三卷 宮耀亮纂修 存

目見 故宮方志目 乾隆十六年刊本

按耀亮字武鄉康熙五十六年舉人知陝西醴泉縣

十八

北京上海各圖書館有藏本

胥修邑乘多致聲南京北京兩圖書館有藏本

諸城縣志四十六卷 宮懋讓修 存

目見 故宮方志目 乾隆二十九年刊本并自序

㮣懋讓字杜洲由八旗教習授諸城縣留心金石琅琊台石刻晋銘録秉之

江川邑志 宮庭修 未見

目見 光緒志稿 庭字彤九乾隆乙卯舉人授雲南江川縣

郓州志十五卷 陳夔龍修 存

目見 嘉慶十六年刊本 任學正時纂輯并自序

方志綜錄 嘉慶十五年刊本 浙江圖書館藏

潁上縣志十八卷附采備　彭壽山纂修

目見　西江觀政録載其序

亳州志二十卷存　袁登庸䇿修

目見　光緒二十年刊本并序

按登庸字允伯同治二年副榜亳州學正以終老

以上邑人纂修外邑志

興寧縣志十二卷　仲振履纂修　桐城張鶴齡續纂

目見　國學圖書館書總目　方志綜録　嘉慶十六年刊本　咸豐六年刊本

按振履嘉慶十六年任興寧縣當在此時所纂其後

十九

咸豐六年續修　廣東圖書館藏本

臨汾縣志八卷　宮懋言修　存

目見　方志綜録　康熙五十七年刊本　北京、湖北各圖書館藏本

輿圖

泰州輿圖一卷 光緒三十三年志局繪印

版本 刊本 係續修光緒志輿圖四境及公署古蹟爲志之首

泰縣全境圖一幅 淮揚徐海測量局測製

版本 民國十一年測量局晒印

又 七幅 淮揚徐海測量局測製

版本 十五年套色石印 五萬分之一平剖面加紅色同高綫 全縣面積六千二百八十方里 九零以公尺爲準

又 一幅 戴貽銓製

版本　二十一年三色石印平面二十萬分之一附鄰縣及蘇省中部簡圖

有交通下河通江關係　二十五年石印陸地測量局五萬分之一

三十年第一集團軍石印五萬分之一南至江口西宜陵

泰縣々道圖一幅建設局測製

版本　十八年藍晒印

泰縣自治區域圖一幅縣政府製

版本　十八年藍晒印十五萬分之一

泰縣分區鄉鎮圖一幅縣政府製

版本　、三十四年第三科石印一十五萬分之一劃分十區　三十六

年建設科石印劃併鄉鎮保甲三十七年套色石印十萬分之一縣

道區界紅綫

泰縣城廂圖一幅 淮揚徐海測量局測製

版本、十一年本局二色石印七年實測千五百分之一七、三十

二年建設科三色石印公路紅綫河道綠色一九四九年蘇北

軍區三色石印四張併二幅 上 民國三年陸軍測量局石印二十江蘇都督派員

姜堰市圖一幅 同 上

版本 十一年本局石印七年實測五百分之一七千

海安市圖一幅 同 上

廿一

版本　十一年本局石印

曲塘區全圖一幅　×區公所製

版本　二十六年石印　五萬分之一

泰縣水災簡明地圖一幅　建設局製

版本　二十年十二月石印

魯蘇皖邊區泰縣形勢圖　游擊指揮部製

版本　二十八年晒印本　四十萬分之一

蘇北游擊區全圖十六幅　總部製

版本　三十四年三月石印　包括泰東興如泰靖通×縣　五萬分之一

蘇北全圖四幅 蘇北軍區製

版本 一九四九年三色石印 四十萬分之一 包括皖南皖北蘇南三行政區直轄泰揚通鹽淮五分區

泰州分區圖一幅

版本 一九五一年三色石印 二十萬分之一 無出版處

泰縣清文田地區鄉分段圖二百六十八幅 建設局製

版本 民國二十六年繪製原底 一萬分之一 未有出版留存檔案 解放後散失 余收得第四區姜埝油坊頭梁徐坡邨三鄉各三幅并有某御垃形底各四幅

廿二

泰州城廂圖一幅蘇北軍區石印

版本 一九四九年三色石印四張併幅

泰州市圖一幅民政廷設科合製

板本 一九五四年晒印改併區鄉二萬五千分之一五六年晒印

無區鄉界線

族譜

姜堰丁氏族譜 未刻

版本 傳鈔本 民國十五年重修

南鄉于氏族譜

版本 活字刊本十五年重修

義門王氏族譜四卷 萬曆間創稿

版本 乾隆四十一年刊本 十六世王德著修 光緒十二年

族譜 丁于 廿三

義門王氏族譜

王氏宗祠在泰州北鄉孫家莊明崇禎十二年建
總祠在山徽州

世系 王氏系出太原、唐左散騎常侍王仲舒之後、宋王希翔遷山徽、宋季、王吞禎遷蘇、入元、再遷泰、居孫家莊、四世文質、明、永樂太醫、六世安、（字祖泰 成十歲貢選）成化大理評事、八世同居、弘治七年、敕賜義門、故名、九世敞、（字近溪）嘉靖禮部郎中、始居州城、出王繼儒、王樹（字大樹）、王家相（王家植）、王輔、王蓀、諸人、分支、泰州、東臺、高郵、常州、族甚蕃昌、

第十九世王學鎬子宗甫謹識

一九六四年
甲辰六月十日

世居姜堰鎮、自五世分南七支、北三支、七世出王一庵、為明代大儒、令為姜堰著姓矣

海安王氏族譜八卷 明八世王好問創稿 萬曆二年

族譜

姜堰丁氏族譜 未刻

版本 傳鈔本 民國十五年重修

南鄉于氏族譜

版本 活字刊本 十五年重修

義門王氏族譜四卷 萬曆間創稿

版本 乾隆四十一年刊本 十六世王德著修 光緒十二年

族譜 丁于 廿三

義門王氏族

世系　王氏系

季、王谷

六世安、（字近滄）

嘉靖禮

泰州、來

活字刊本十八世王荃續修

世系　元末王谷楨由太原遷泰至六世王惟泰成化戊子入貢選大理寺評事五世月堂敕賜義門故名分支居下河孫家莊出王大樹王家楨王輔諸人

三水王氏族譜十二卷　明八世王肇初創稿

版本　光緒五年活字刊本十六世王燮堂民國十六年活字本十七世王彝續修重修十四卷

世系　明初王伯壽由蘇遷泰安豐鎮次子國瑞析居善堰鎮自五世分南北支北三支七世出王一庵爲明代大儒今爲善堰著姓矣

海安王氏族譜八卷　明八世王好問創稿（萬曆二年）

版本　順治五年刊本（十世王相說修）康熙十六年（十一世王孫懋修）同治二年刊本（十四世王華苛續修）

世系　元末王千三由安徽池州遷泰之海安，分支梅垈、泰城。出王紀、王相說、王相呂，顯達一時。

白馬廟王氏族譜　八卷（康熙二十五年十一世王敬塘創稿）

版本　嘉慶二十四年刊本（十六世永仁修）光緒十四年活字本（二十世王雲梯重修）民國十二年活字本（二十世王雲露重修）二十八年活字本（二十世王鳳恇續修）

世系　元末王處俊（行千五八）由金壇避亂，兄弟分散，徙於四方。處俊徙海陵，傳八世玉環，成宏間徙居徐家莊，今之白馬廟，為開基始祖。至十一世少塘、敬塘分東西兩支。東支未及備載，外譜載王氏發源之始，下接金壇分支。

海陵大旺莊王氏族譜　六卷（乾隆十年十三世王祚修）

版本　民國六年（活字本）　一九三〇年（活字本）（十四世琅修）

世系　明王仁（字尚呂）避亂由三□遷居大旺莊

世系 明季王普庵由蘇遷泰之東鄉胡家集(謝王河)歷八傳至王茂公分南北西支為北支之始祖以農起家聚族一鄉与謝氏最峙 至十二世字派以賢善培元厚興宗毓德隆十字

正定王氏家傳六卷

版本 光緒十九年刊本 十九世王耕心著 自十八世王蔭祐居泰

尤氏宗譜二卷

版本 光緒三十二年活字刊本 二十一世尤琇創修

世系 明洪武初尤用福建尤溪人官指揮使統海防軍屯戍泰州子孫襲職遂占衛籍世居城内文利坊(東門)入清改制千户所千總至十二世士祿徙居栟茶場

戈氏宗譜四卌 康熙十五年戈延提創稿

版本　順治五年刊本十世王相說修　康熙十六年十一世王孫熈修
同治二年刊本十四世王華蕚續修

東鄉王氏北支家乘八卷

版本　道光四年刊本十一世王嘉謨創修　咸豐四年刊本十四世王華桐續修

世系　明季王普應由蘇遷泰之東鄉胡家集(謝王河)歷八傳至匡茂公(分南北西支)為北支之始祖以農起家聚族一鄉与謝氏為峙至十二世字派以賓善培元孚興宗毓德隆十字

正定王氏家傳六卷

版本　光緒十九年刊本十九世王耕心著自十八世王蔭祜居泰

尤氏宗譜二卷

版本　光緒三十二年活字刊本二十一世尤琇創修

世系　明洪武初尤用福建尤溪人官指揮使統海防軍屯戍泰州子孫襲職遂占衛籍世居城內文利坊(東門)入清改制千戶所千總至十二世士祿支徙居拼茶場

戈氏宗譜四冊

康熙十五年戈廷提創稿

版本　傳鈔本　增修數次俱未刻自

世系　元末戈勝四一世至十八世遷泰次子戈澄洪武舉金齒衛至十世戈允禮天啟進士工部右侍郎祀鄉賢其後有析居東台出戈公振

孔氏族譜　未詳

版本　傳鈔本未刊

世系　明先聖六十一世孔宏清由蘇遷泰塘灣孔家莊至八世分三支其字派宏聞貞尚衍興毓傳繼廣昭憲慶繁祥令德為賢友二十字今已至令字聚族以居耕種自給

朱氏族譜四冊　未詳

版本　傳鈔本

尤孔戈朱

芸

世系 明洪武初朱通甫由蘇遷泰子朱甫官山東武定州歷傳至十世朱熹志貲富一鄉居大東橋棋竿巷住宅甚爲廣大稱朱家大門

白米朱氏宗譜

版本 民國十七年活字刊本

世系 明朱近泉由蘇遷泰之白米鄉

仲氏支譜四卷

版本 光緒三十二年活字刊本 先賢六十八世仲文濤創修

世系 先賢五十六世明建文時仲子宣由蘇遷泰之富安歷傳至六十世析居如皋泰城分支此其泰州支爲諸有如皋富安兩支

維德根據汪三省堂家乘二冊 清宣統三年汪時瑞創修
版本 民國十六年鉛印本 唐熙國公四十三世孫聲玲刊
世系 由汪士雄起徑商于處始以蘇叶後子孫科第起家自公

坂埨田氏家譜一卷
版本 十八年石印本 八世學澄創修
世系 明天啟三年田成由蘇遷泰之北鄉西坂埨

石氏世系誌一卷
版本 傳抄本 未刊 十年世石如嵩創稿僅鳳城一支
世系 明末石孟山由蘇遷泰居東門至廿三世連城彩城鳳城分支鳳城支析居南門此其世系

港口宋氏族譜十卷 明崇禎癸未八世宋世功創稿
版本 康熙丙戌刊本 九世宋濬修 光緒壬寅活字本 十六世宋瑜續修

仲田石宋 共

全文八房，總成本字汝，僅大四六三房所知詳其世系。

鮑家壩李氏族譜十八卷 明嘉靖丁未七世李福曾創稿

版本 同治三年活字刊本 十五世李之湞第十次重修

雙河李氏家乘十三卷 七世李羽丹創修

世系 明初宋道真由蘇遷泰港口鎮生五子仁義禮智信 今五支第二支失考其後析居於城

版本 乾隆十九年刊本 九世李飛雲修 五十九年刊本 十世李玉再修 道光丙申刊本 十一世李國榮重修 同治十一年活字刊本十卷 十二世李恩培修 民國二年活字刊本 十三世李桂枝重修

世系 明成化間李廷秀由蘇遷泰東南隅雙河村至十世李克猷就北河濱建屋移居族人成塘灣市雙河 今名李家莊

張甸李氏族譜二卷 光緒十六年十三世李廣春創修

版本 光緒二十五年活字刊本 十四世李柏林續修

世系。元末李重八由蘇遷居泰興梁墟鎮西北楊木溝，分為兩支。其東支居汊河，族最繁。其西支散處不聚，一則家泰州鮑家垻，一則家城南之南垻塘，居泰之鮑家垻支。乾隆間有李承吉、李士彥，嘗為居重鄉里。至清末有李星南

世系。明五經博士李允珍避燕王之亂，由蘇隱居泰興城北甸頭。至八世李自立，清初還居海陵東南鄉張甸，復興莊，生二子，分支。

洪氏立本堂支譜 二卷 光緒六年洪文翰編纂

版本 傳鈔本

清初由歙縣業茶，占於泰，遂聚族而居，仍隸徽籍焉。本續溪積德堂分支。

宮氏族譜 二卷 明七世宮大壯創稿

版本 乾隆五十七年刊本一卷 十二世宮增祐纂修，僅世系表

光緒五年刊本 十五世宮本昂續修

世系。明初宮智遠，靜海人，官泰州知州，遂居於泰。至三世宮富能，居句容縣，歷傳十世宮偉鏐支，生十一子，以文科顯達；偉銓生二子，以武科揚耀。凡十房繁衍，為一邑之盛。

李 洪 宮 艾

宮氏族譜後集三冊未刊　十二世宮爲坊輯

版本　乾隆壬子宮營駉鈔本所輯宮氏嘉言懿行之作附諸後待梓

姜氏族譜一冊　十一世姜海田創稿

版本　民國二年活字刊本　十三世姜欽蘭修

世系　明萬曆五年姜東泉由浙江鄞縣遷居泰州北門外至乾隆間出武科極盛詩人姜鳳喈自十四世起字派以國統承恩澤貽謀永世昌十字

柯氏族譜六卷　道光己酉十三世柯鳳苞創修

版本　光緒己卯活字刊本十四世柯瀛菴修　民國二十二年活字刊本柯傑南續修

世系 明季柯元清由蘇遷泰之崔母鎮歷傳至六世柯翹林析居泰興柯村桂林支仍居本鎮

俞氏族譜

版本 康熙創稿本　年刊本

世系 明永樂間俞興一由蘇遷泰北關外歷傳七世俞庭龍祀鄉賢科第由此而顯自八世以後更立名取五行偏旁字序其世系

紀氏宗譜 二卷

版本 光緒三十三年活字本 九世紀觀海纂修

世系 明季紀君萬由歙縣遷泰城外多兒巷後析居城內復遷居東鄉子由橋五世紀引年出繼外家夏氏改名近賢另有世系附後

姜 柯 俞 紀　廿八

帥氏族譜四卷
版本　民國二十　年活字刊本
世系　泰之大汈莊

高氏遷泰支譜一卷
版本　光緒　年滋亨刊本　民國十
四年刊本十世高清續修
世系，明末誥贈武德將軍高林為始祖，其籍貫失考
歷傳至四世高琖子二分為兩支

蔣垤高氏宗譜　卷 明崇禎八世高瑩創稿
版本
乾隆戊寅刊本十一世高玉亮修　道光壬寅刊本三十

世高照言續修　同治三年活字刊本　十四世高
高元礼再修　興爵重修
世系、明洪武初高安一由蘇遷泰之東南隅蔣垈鄉
其地遂名高家灣生子二長富一次富二分為
東西
兩支

夏氏族譜二卷

版本　民國二年活字刊本　十世夏彭
燿創修
世系、清初夏日旺由蘇遷泰城東街
咸豐間夏寅夏釗武科舉人
一卷　附紀氏譜後
四世夏嘉穀篹

又

世系、清乾隆間紀引年改姓夏氏子震孫蘭荃蓉分
三支世居城內大林橋附紀氏从其溯也
明十世徐燿創稿

海安徐氏宗譜　十九

師高　夏　徐

徐氏宗譜六卷

版本 光緒戊申活字本 十四世孫藻芳修

世系 明徐大尚洪武初由蘇遷泰北關外東棋坊至四世分爲文少川居西倉街稱西支南川仍居東街稱東支

版本 民國二十年石印本

世系 明初徐茂盛由蘇遷泰之東村歷十世徐耀崇禎進士僉都御史十五世徐曉峯以武功擢福建汀漳龍兵備道殉職賜謚剛毅祀昭忠祠

章氏族譜十卷

版本 嘉慶十九年刊本 三十二世章墀纂修 民國十四年活字刊本 三十六世章文彬續修

世系 宋太傅十九世章千三明初由蘇遷如皋歷六傳國才國輔國賓國諍兄弟四人分支明嘉靖間國諍析居泰州東鄉章郎莊其字派以傳家惟孝友榮世在詩書厚德貽謀遠崇光錫慶餘二十字

陳氏家乘十卷 明六世陳汶創稿

版本 康熙 年刊本 十世陳忠靖修刊 乾隆十一年刊本 十一世陳宋修 嘉慶十一年刊本 十一世陳安策重修分上下兩集上集世系表下集世傳坊表林墓行狀碑誌詩文雜著之類

世系 明洪武初陳道興由江西吉水縣遷泰之城內業桂坊明清之際科甲蟬聯進士達三十人明陳為百歲壽官以百歲為堂名其門聯云百歲壽官舊第五朝科甲名家稱盛一邑之冠

陳氏家譜一冊 十世陳恩涵創稿未刊

世系 明陳八山由丹徒遷泰歷三傳文衍明進士任浙江餘杭縣事歷十世陳恩洽光緒進士授主事清乾隆間設酒坊名陳酒為邑著名至今猶存

海安陸氏族譜 未刊

章陳陸 三十

版本　傳鈔本

世系　唐曹達公之後元末仲高公任如皋縣令遂由吳郡徙居海安鎮爲遷泰始祖歷傳至清初吳州公習學兩浙祀鄉賢其後子孫繁衍西遷至泰城者皆爲一族

泰城陸氏支譜一卷　道光五年陸鴻遵纂　末刊

版本　傳鈔本　首有鴻遵自序世系　續有增補

世系　始祖未詳僅由明末天錫天植兄弟自姜堰徙居於泰城分二支天錫居席行植席行支二十七世失考上接海安宗系

海陵曹氏族譜二卷　道光二十九年十二世曹士榮創修

版本　光緒六年刊本　十三世曹于山修　光緒二十九年刊

泰

本十三世曹子閭重修 民國十二年活字本 十三世曹子松續修

世系 明永樂間曹良由蘇州避居之東南鄉官垈子二嶢崎析分前後莊嶢支先考崎支繁衍十房散居張家垈泰興謝家灣

大泗莊曹氏族譜 二卷

版本 民國元年活字刊本

世系 明正德間曹林由江都三岔河遷居泰州大泗莊

姜堰黃氏家乘十四卷 清初創稿

版本 順治三年刊本 九世黃呈理纂修 道光辛卯活字刊本 十六世黃慶芳續修

陸 曹 黃

廿一

世系 明洪武初黃安三由蘇遷泰生子三長福一析居安豐場次福二無嗣三福三居姜堰鎮歷七世分十三支派惟天祥支系另有譜子姓繁衍甲於一鎮

姜堰黃氏天祥公支譜四卷

版本 民國二年活字刊本 二十世黃道光纂修自安三始祖起至七世黃崙(字天祥)另爲一支世系

大埨莊黃氏族譜八卷

版本 嘉慶十七年刊本 八世黃嶽纂修 同治二年活字本 九世黃致城修十卷 光緒十九年活字刊本 十世黃騶再修

世系 始祖失考明季黃僊橋起至十一世黃犀杰光緒進士翰林院編修世居大埨莊白米區

喬氏族譜六卷

版本　光緒十九年活字刊本　十四世喬鶴年纂修

世系　始祖元喬帖木耳明洪武二十年歸附中國征雲南有功領調泰州所守府永樂間賜姓喬至五世喬國襲職遂家於泰南門外喬家莊生子二長仁次侃侃仍居揚州西山八世分為四支十二世以後字派壽鶴增芝瑞同振廣發榮祖宗貽厚澤永遠振家聲二十字

張氏族譜二冊　未刊

版本　傳鈔本

世系　宋末張三六遷居泰城至四世張願明宣德舉人子文鮮元四傳至鎰分支從居溱安再五傳出張符驤康熙進士授館職以古文名於世

黃　喬　張　廿一

泰州張氏支譜二卷

版本　光緒三十一年活字本七世張桂郁修刊

世系　始祖張清初由泰興移居於泰南門外聚族而居俗謂衙西張即指此

姜堰張氏支譜一卷

版本　同治十一年活字本十四世張茂承纂修

世系　明末張于皋由揚城史閣部盡節後逃入泰州東鄉朱家舍其先蘇州人

費氏家乘四卷　清三世費禹開創稿未刊

版本　傳鈔本八世費文溶續修同治十年傳鈔

世系　明費陶然由浙江湖州遷居於泰州新城北俗呼費家田至八世費及雲移居東垻口

海安解氏族譜

版本　民國　年活字刊本　十四世解逢時纂修

世系　明解德照由蘇遷泰之海安

姜堰翟氏族譜　乾隆間十世翟于蕃創修

版本　道光庚戌刊本　十二世翟利仁續修

世系　明永樂間翟仕進由蘇遷泰

顏塔翟氏族譜一卷　殘抄本

世系　明初翟銓由泗州分支徙居泰州南鄉顏塔隱於農至十二世翟宣居城南武舉人

萬氏宗譜一卷

費　解　翟　萬　　廿二

版本　民國元年石印本十世萬棟臣修　明季萬士煒由蘇遷泰

潘氏族譜　康熙七年七世潘昌筞創稿

版本

世系　元末潘永臨由蘇遷泰歷傳四世潘昌積以後文才不絕

蔣氏宗譜二卷　道光戊申九世蔣大慶創修　九世蔣大書修

版本　同治十二年刻本　活字　光緒廿三年活字本十世蔣光緒　十三世蔣國之修

世系　明嘉靖間蔣君英由蘇遷泰之南鄉蔣家莊子孫析居於城君英与蔣科稱从兄弟而世系不載或有另譜

姜堰劉氏宗譜十六卷　乾隆三年九世劉滋創修

三十一年十世裕和修

版本 嘉慶三年刊本十世劉耀宗續纂 道光戊戌活字
刊本十五世劉蒼谷修
世系 明永樂間指揮副使劉福春由蘇遷泰姜堰西北劉家球歷五傳天球支從居如皋赤岸鄉清
出劉榮慶劉國慶兄弟武科狀元顯著一時

姜堰劉氏家乘四卷

版本 民國二年活字刊本十五世劉步階纂修自六世劉廷式分支

南鄉劉氏族譜四卷康熙間創稿

版本 嘉慶丁丑刊本 光緒十三年活字本廿四世劉景壽修劉民
國元年活字本十五世劉春發再修 廿七年活字本十六世劉一礼修

劉滿蔣 冊

世系明永樂初年劉子華官青州知州避靖難由蘇
居泰州秀水鎮今繆灣歷五世分西支東支析
居塘灣西支仍居繆灣

吳越分錢氏泰州宗譜十卷　明五世錢東㬥創稿

版本　崇禎六年刊本　八世錢乾隆世金修　年刊本

十三世錢渭重修　光緒十三年活字刊本　十六世錢錫爵續修

世系明建文時錢綱避靖難由蘇滄伯仲兄（失考）至
泰州姜堰之南時莊歷四世分十一支至七世
析居姜堰鎮東西各分五房
十五世出閣學錢桂森

儲氏宗譜十卷　明七世儲頂創稿

版本　道光五年活字刊本　三十二世儲士俊重修　乾隆六年
刊本　三十一世儲抒修

世系　明初儲毅七由宜興藏林遷泰至六世儲巏
成化解會元官吏部左侍郎諡文懿七世儲
洵淳南兵備道十世堪龍游知縣均祀鄉賢取名
以五行偏旁為世次

以下頂格寫

新城盧氏族譜　盧緒創稿
未刊

版本　傳鈔本

世系　明初盧師貴由蘇遷泰之新城子五仁義禮
智信五支信祀鄉賢外郎盧源正統舉人大
同府教授至今仍聚族而居
邑稱北盧

繆氏族譜十二卷　明四世繆之遠創稿

版本　同治四年活字刊本十卷　十六世繆光緒樓續修
十一年活字刊本　十七世繆潔魚續修

錢儲盧繆

三五

世系　元末繆侃偕弟倫儀由嘉興遷泰之徐家莊倫擇居栟茶場儀居如皋歷傳至明末繆歡以糧長上書免泰州浮糧民頌其德再傳繆玩探花繆倩嵐會元數世甲科不絶

韓氏宗譜二卷

版本　民國十四年活字刊本

訂誤

興亡金鏡錄　金傅慎微著

目見　千頃堂書目注泰州沙溪人又補遼金元藝

文志亦注泰州沙溪人禮部尚書

按金史慎微傳作泰州沙溪人檢邑志不載其名又（為河北之泰州非作者之泰州。）

無沙溪地名則黃氏誤秦為泰錢氏仍沿其誤

玉機微義五十卷醫經小學六卷　明劉純著

目見　千頃堂書目注泰州人洪武中名醫

按四庫提要載此書明徐用誠撰劉純增純字宗厚

訂誤　三六

咸寧人以證黃氏之誤

古韻叶音六卷同佐録五卷　清楊慶著

目見　四庫存目注慶字憲伯泰州人前明諸生

按小學考著録列甘肅通志注隴西人四庫存目並

注陝西巡撫採進本當是泰州之譌

幾何原本六卷

按道光志誤作陳厚耀著此書係西洋歐里几得所（几里）

著陳氏家傳稱曾受賜原本一部云而道光志竟誤

其自著

筭法纂要一卷　已钞本删去

按道光志作厚耀著此書康熙御製陳氏家稱監修筭法乃得賜筭法纂要一部而邑志又誤矣

天傭子集十卷　清張符驤著

目見　道光志

按此集明東鄉文南英著符驤評點并刻之張序言之甚詳不知修志者列入張著竟未加考證歟

痘疹金鏡録詳註四卷　俞天池著

按天池句容人自號句曲逸士道光志依據何書而訂誤

三〇

謐泰人

唐詩神　繆肇甲編

目見　道光志

按此詩脱去韻集二字係王漁洋所選見分甘餘話

並云泰州繆肇甲黄泰来刻之非完書也道光志則

誤爲所編著

戊寅五月初校訖自記